Hang Xu
許 珩

戦後日華経済外交史
1950-1978

Economic Diplomacy and Postwar Japan-Taiwan Relations 1950-1978

東京大学出版会

Economic Diplomacy and Postwar Japan-Taiwan Relations
1950–1978

Hang Xu

University of Tokyo Press, 2019
ISBN978-4-13-036275-7

戦後日華経済外交史 1950–1978

目次

戦後日華経済外交史　1950–1978

装幀　間村俊一

序章

開発援助は新しい外交政策の道具として機能するだけではなく、新たな国際関係の形成にも役に立つ。

—David C. Engerman

1 本書の課題

本書の課題は、東アジアの「冷戦」や日米関係とも深く関わる戦後の日華関係を経済協力の観点から見直すことにある。従来、戦後の日華関係は、主に政治外交を軸として、一九五二年四月の日華平和条約、一九七二年九月の日華断交を区切りとして語られてきた。だが、経済協力関係に注目した場合、実は戦後に展開した日華間の実務関係の形成過程で、新しい外交空間が漸進的に形成され、一九七二年の断交よりも前に断交以後へと結びつく経済関係が育まれており、それが断交を経て現在にまで延長されることになったのではないか、と筆者は考える。つまり、日華断交によって外交関係から民間の実務関係へと移行したというのではなく、むしろ断交以前に経済協力面で育まれた実務関係が、断交以後にも継続して行ったのではないか、というのが本書の着眼点である。

従来、日本と中華人民共和国との間の日中国交正常化へ至る過程を「表《おもて》」の歴史とすれば、日華関係史は言わば「裏面史」として扱われてきたきらいがある。それだけに、日中国交正常化というハイライトの裏面である中国承認問題をめぐる中華民国側の反応や日華断交が重視されてきた。しかし、日華関係は日華関係の実務関係に即して考察することがまずは求められるのではないか、ということが本書の問題意識である。そこで、主に経済協力を取り上げ、それをめぐる日華二国間関係、国際場裏における日華の関係性について考察する。

(1) 戦後日本と中国・台湾[1]

一九四九年一二月、中華民国政府(国府)は中国の内戦に敗れ、台湾へ撤退した。一九四九年一〇月に北京で中華人民共和国の成立が宣言され、北京政府と台北政府の二つの政府が存在することになり、中国はいわば分断国家となった。以後、日本と北京、台北の二つの政府との間で複雑な戦後史が展開し、東アジア国際秩序の形成に大きな影響を与えた。

台湾へ移転した国府は「大陸反攻」というスローガンを掲げつつ、中華民国政府が中国の正統政府であることを主張し続けた。一九五〇年までは、この政権が存続できるかどうか見通しは不透明だったが、朝鮮戦争の勃発によって、台湾がアメリカ合衆国のアジア冷戦戦略に組み込まれ、冷戦の前哨地となった。一方、敗戦後、連合国に占領された日本は、主権回復、国際社会への復帰を最大の目標とした。また、中華人民共和国政府と中華民国政府という「二つの中国」との関係性について、日本はアメリカの圧力もあって、台湾の国府を選択し、一九五二年に日華平和条約を締結し、外交関係を樹立した。その後、日華間の外交関係は一九七二年の日中国交正常化が実現されるまで二〇年にわたり維持されることとなった。

一九七一年七月のキッシンジャー(Henry A. Kissinger)アメリカ国家安全保障担当大統領補佐官の秘密訪中と翌年のニクソン(Richard M. Nixon)大統領の訪中の発表は、各国の中国政策に大きな影響を与えた。日本はニクソン訪中から間もなく田中角栄首相の訪中を実現させ、北京との国交、台北との断交に踏み切った。一九七二年九月二九日に調印された日中共同声明では、台湾問題について、日本政府は、「中華人民共和国政府が中国の唯一の合法政府であることを承認する」、また、「台湾が中華人民共和国の領土の不可分の一部である」という中国政府の主張に対して、日本政府は、「十分理解し、尊重し、ポツダム宣言第八項に基づく立場を堅持する」としたのだった。[2]

断交後の台湾との関係について、大平正芳外相は周恩来総理との交渉の中で、「正常な日中関係を損ねない範囲内において」台湾との「各種の民間交流」を維持すること、「何等かの形で民間レベルの事務所、コンタクト・ポイントを相互に設置する必要が生ずる」ことを表明した。[3] それに対して、中国側は日華断交をほぼ唯一の条件に、対日賠償請求の放棄を確約し、日米安保条約の現状維持と日台実務関係の存続を受け入れる方針を示した。[4] 日中国交正常化が急展開を迎えた一方で、日本政府は椎名悦三郎自民党副総裁を特使として台湾へ派遣し、「別れの外交」を行った。[5] 日本政府は最後まで「断交」について文面においても、口頭での発言においても表明することはなかったが、結局、国府が断交を宣言し、その一方で、日本の友好人士と友誼を保持するという姿勢を表明した。その後、日本側が「財団法人交流協会」、台湾側が「亜東関係協会」を設立し、「民間関係」を管理することとなった。[6]

このように、日本が中華人民共和国との国交を樹立しつつ、台湾との実務関係を維持するという一九七二年体制が確立され、現在までの日中台関係の根幹を規定している。[7] このような戦後の事実上の「二つの中国」のジレンマを解消するやり方は「日本方式」と呼ばれ、さらにアジア太平洋地域に広がり、中国承認をめぐる中台問題への標準的な対応の枠組みとして定着していったという国際的な意義を有すると言われている。[8]

日中台関係の一九七二年体制は、一種の暫定的なアレンジメントとして、日本政府が法的決着を回避した政治決着であったが、[9] その一方で中国側はそれを堅持し、台湾側はそれを打破しようとするものである。[10] その後、時間が経る中で、特に一九九〇年代以降、米ソ冷戦の終焉、台湾における民主化の進行及び現在に至る中国の台頭を背景として、日本と台湾の関係は新たな局面を迎え、中国から厳重に警戒されることとなり、日中関係と東アジア国際関係の不安定要因の一つと見られることもある。

日中台関係の一九七二年体制の現状と今後を考える際に、その歴史的な形成過程を理解することが重要である。しかし、後述するように、これまでの研究では、日中国交正常化の歴史、また中華人民共和国政府と中華民国政府のどちらを政府承認するかという中国承認問題を中心に語られることが多かった。その結果、日中台関係の一九七二年体制のもう一つの側面である日華の実務関係の維持については、十分に議論されているとはいえない。一般的な理解では、日華関係は一九七二年まで主に中国承認問題をめぐる政治外交を軸に展開し、断交以後、外交関係から民間の実務関係へ転換し、日中国交正常化以前の日本と中華人民共和国との関係に適用されていた「政経分離」が入れ替わるかたちで日華関係に適用されるようになったとされる。一方で、特に一九七二年以前の経済関係を中心とする実務関係は民間関係として扱われることが多く、日本と中華民国の政府間関係において看過されてきたといえよう。

本書は、このように従来は日中国交正常化の裏面史として扱われてきた日華関係、とりわけ一九五〇年代から一九七〇年代までの日華間の経済協力問題に着目し、日本と中華民国の実務的な政府間関係を見直すことである。この経済協力関係に注目することにより、戦後に展開した日華間の実務関係の形成過程において新しい外交空間が漸進的に形成され、一九七二年の断交よりも前に断交以後へと結びつく経済を中心とする実務関係が育まれ、それが断交を経ても継続して現在に至っているのではないか、と筆者は考えている。つまり、日華断交によって外交関係から民間の実務関係へと移行したというのではなく、むしろ断交以前に経済協力面で育まれた実務関係が、断交以後にも継続して行ったのではないか、というのが本書の着眼点である。そして、そうしてこそ、従来日中関係の「ネガ」とされてきた日華関係を、「ポジ」の観点から改めて見直すことができるのではないか、と考えている。

(2) 新しい外交空間としての日華経済協力

一九四五年八月、日本の敗戦によって、台湾は中華民国へ復帰し、その経済も日本の経済圏から中国経済圏に編入された。しかし、一九四九年末に国共内戦に敗れた国民党が台湾へ撤退し、また一九五〇年の朝鮮戦争の勃発によって、台湾の経済は再び中国大陸から離脱し、対外的にアメリカ及び日本との経済関係に依存しながら、独自の経済圏を模索することとなった。一九六〇年代の後半から急速な経済成長を遂げた台湾は、「東アジアの奇跡」の代表の一つとして称賛される。戦後台湾の経済成長の過程において、アメリカ、日本及び華僑資本を中心とする外国資本が大きな役割を果たし、特にアメリカ及び日本からの経済協力は、台湾の経済再生産循環の二つの柱となった。[11]

アメリカ政府の対華援助（米援）は、一九六五年に中止されるまで三つの段階に分けられる。第一は、一九五一年から一九五六年にかけて、防衛支援、技術協力及び軍事支援の三つの項目によって構成され、無償贈与がメインの方式で、「救済」の性格が強かった時期である。第二は、一九五七年から一九六〇年にかけて、無償贈与と借款が組み合わせられた時期である。第三は、一九六一年から一九六五年にかけて、借款が主要な方式となった時期である。

日本の場合、一九五〇年代には、輸出の拡大を中心に経済復興を図ろうとし、台湾の重要な貿易相手国となったものの、資本の進出は技術協力を中心に行われ、その規模もまだ大きくはなかった。一九六〇年代になると、日本の経済力の増大に伴い、台湾への経済協力も多様になった。代表的なものとしては、一九六五年六月に米援が中止される直前の同年四月に、日本政府と国府の間で一億五〇〇〇万ドルの借款協定が結ばれたことがある。これによって日本はアメリカの対華援助を代替する存在として登場することになったと思われる。

戦後台湾の経済発展におけるアメリカからの援助、すなわち米援については、従来の研究の中で多く取り上げられてきたが、戦後日華の政府間の経済協力関係を考察する研究はまだ不十分である。さらに、この経済協力関係が戦後日華関係においてどのような意味を持つかという問題もあまり議論されていない。

アジアの戦後は冷戦に大いに規定された一方で、一九五〇年代からアジアの開発の時代が始まっていた。経済開発による貧困からの脱却、工業化の追求は、アジア諸国が共通して直面した課題であった。冷戦と経済開発という二つの文脈の中で、国府は戦後台湾の経済発展を遂行する過程において、日本と深い経済関係を築くことになった。また、戦後日本にとって国際社会への復帰、そして外交面での打開を図るために経済外交が重要であったことは言うまでもない。日本は国府に対しても、貿易、資本、また経済領域の国際参加などの方面において多くの協力を与えた。ただ、この事実は戦後台湾の経済開発におけるアメリカの多大な貢献に覆い隠されてしまった。このような日華の経済協力関係がどのように形作られたか、中国承認問題をめぐる政治関係と並行しながら、どのように展開されてきたのかという問題は、本来戦後日華関係を考察する上で無視することのできない重要な課題となるべきだと考える。

また、このような経済協力関係は日華の実務関係の重要な一部であり、断交を経ても影響を受けず現在まで維持されている。日本と台湾の実務関係は、清水麗が指摘したように、「経済・文化・人的往来などの交流を指すだけではない」、「本来外交問題となりうる懸案に対して公式のチャンネルを代替する準公式チャンネルによって対応する関係である」[12]。この実務関係は、断交以後の台湾にとって国際空間を拡大する「務実外交」（李登輝より）や「活路外交」（馬英九より）の手段であり、日本にとっては、引き続き中国と異なる存在空間を確保した台湾とのつながりであった。すなわち、実務関係には、中国承認問題をめぐる日華関係以外に新しい外交空間が存在する余地が残されていた。従来の研究においては、日華関係の断絶が注目され、実務関係について断交及び断交以後の状況が取り上げられることが多かった。さらに言えば、史料の制約もあり、連続性の観点から、断交以前の日華の実務関係を扱った実証研究は少ない。

本書は日華の経済協力関係を新しい外交空間として位置づけ、その実態を明らかにし、外交面においてどのような意味を持つかということに焦点を当てる。ここで言う新しい外交空間を、筆者は次の三つの視角から導き出そうと考えている。第一に、日華の経済協力は外交政策の指導者の認識枠組みの中にどのように位置づけられていたのか。第二に、日華の経済協力はどのように外交交渉の場として機能したのか。第三に、経済外交が進展することによって、政治外交史としての日華関係はどのような新しい可能性を見出していったのか。なお本書は、戦後日華の経済協力の全体像あるいは戦後台湾の経済発展における日本の貢献を明らかにすることを意図したものというよりは、むしろ史料の整理・分析を通じて、各時期の経済協力の主要なケースを取り上げ、それらのケースにおいて経済外交がどのように行われてきたかを検討することを意図している。

(3) 研究対象時期

本書が研究対象とする日華関係の時期について説明を加えておきたい。日本と台湾の関係をめぐっては、研究主題によって時期区分が異なるが、外交史や国際関係史の分野では、台湾問題が日中関係の一部として位置づけられ、また中国承認問題が中心となってきたため、日華平和条約締結の一九五二年から日中国交正常化及び日華断交の一九七二年までの時期が取り上げられることが多い。本書は、従来の政治外交史の叙述に経済要因を加味するため、経済関係と政治外交関係の連関を重視する。そのため、まず、国府が台湾へ移転してきた一九四九年から、日本との経済関係がどのように樹立されたかという問題を本書の起点とする。そのため、日本が連合国の占領統治下に置かれていた時期から考察を始める。また、本書は経済領域における外交空間を考察するため、一九七二年を画期として日華関係史を区分するのは、必ずしも適切ではないという立場をとる。一九七九年に米中国交正常化が実現され、そして中国が改革開放を開始したことによって、アジアの国際政治経済秩序は大きな転換点を迎えることとなった。このような台湾問題や日華関係に影響した要因と、さらに一九七〇年代以降の史料の制約も考慮して、本書は一九七八年までの時期の日華関係を対象とする。

（1）政治外交史

「台湾問題は、戦後日中関係を通底する政治課題であり、日中国交正常化に至る両国の最大の争点であった」[13]ため、戦後日本外交史あるいは日本の中国政策研究において日華関係が多く取り上げられてきた。これらの分野において、膨大な先行研究が存在し、研究史の整理もすでに行われているため、ここでは本書の研究に関連する代表的な研究を取り上げ、以下の点を指摘しておきたい。

陳肇斌は英米の一次史料に依拠し、日本政府は日中貿易を戦略手段に利用し、「政経分離」を通じて、国府と中国政府の二重承認を意味する「二つの中国」政策を一貫して戦略的に模索してきたことを論じた[14]。この日本の中国政策の一貫性を批判し、対中外交の多元性及び政策決定過程を重視した井上正也は、中華人民共和国と国交を樹立する上で、国府との国交関係をいかに扱うかという中国承認問題と、中国大陸と分離した独立政体としての台湾をいかに扱うかという台湾確保の問題に分けて、日本政府が台湾問題に対処するアプローチとその挫折の原因を検討した[15]。また、神田豊隆は日本の政治家の秩序観を「日米中」提携（中ソ離反支持）と「日米中ソ」提携（米ソデタント支持）に類型化して、一九六〇年代の日本の中国政策をこの二種類の戦略を持っていた日本の政治家間のやり取りとして描き出し、日本政府の台湾問題への対応を論じた[16]。

また、日中関係の裏側としてではなく、日華関係を正面から取り上げた研究者も少なからずいる。代表的なものとして、清水麗は一九五〇年代から九〇年代までの中華民国外交を振り返って、中華民国外交がいかにして次第に選択肢を失って台湾外交へと転換したのかという過程を論じた[17]。その一連の研究において、清水は五〇、六〇年代における日米をはじめとする各国の政策転換と柔軟性に乏しい蔣介石の外交とが、七〇年代の中華民国の外交孤立を招いた過程を明らかにし、また、七〇、八〇年代を中華民国外交の過渡期として位置づけ、この時期における実質的な行動様式の変容と実質関係の積み上げを基盤として、九〇年代に台湾外交が展開されていくことになると主張した。そのほか、石井明、川島真は、周鴻慶事件、日華断交、また六〇年代の日本の外務省の蔣介石に対する認識などの主題を取り上げ、個別の実証研究を行った[18]。以上の研究は台湾側の史料を駆使し、国府の目線を重視するが、やはり一九七二年以前の日華関係について政治外交を中心検討したものである。

以上のように、外交史としての日華関係の研究を総じて見るに、主に日華平和条約の締結、日中LT貿易協定の締結、周鴻慶事件、日本の対中ビニロン・プラント輸出などの一連の事件により勃発した日華対立、国連における中国代表権問題、一九七二年の日華断交の政治過程などの問題を中心に研究されてきたと言える。これらの研究によって、中国承認問題をめぐる日華関係の展開はすでにおよそ明らかになっている。しかし、多くの研究は戦後における日華間の緊密な経済関係と政治関係の関連性を無視するか、あるいは政治関係の従属的な要素として捉えてきたといえよう。

(2) 経済史

次に、経済史の先行研究が提供してきた知見と本書の内容との関連性を中心に、戦後日華関係に関する経済史研究について簡単に回顧しておきたい。

戦後の時期に関しては、代表的な研究者である劉進慶が従属理論の視角から戦後台湾の経済構造の対米・対日依存を強調している[19]。近年の洪紹洋とやまだあつしの一連の研究は、一九五〇年代の日台の経済関係の実像を明らかにしつつ、従来アメリカによる援助の重要性が強調されたことに対して、台湾の経済発展における日本の役割を指摘した[20]。他方、多くの台湾の研究者は、台湾の史料を用い、日台の貿易外交の研究を進めてきた[21]。総じて、これまでの日台関係に関する経済史研究は、一九五〇年代を中心に検討され、また貿易関係や個別の産業などが集中的に考察されることが多く、五〇年代から七〇年代までの日華の経済協力問題は必ずしも明らかにされているとはいえない。さらに、これらの研究は日華の政治関係との関連性について十分に説明しているわけではない。

本書は、台湾の経済成長の原因究明を目的とするものではないため、経済史分野の論争を取り上げて個別に評価することはしない。ただ、経済史の先行研究は戦後台湾の経済発展における日本の役割を強調し、また、国府内部における経済発展をめぐる論争と経済官僚の動向及び政策決定における役割を明らかにしており、本書に対して貴重な示唆を与えてくれた。

例えば、瞿宛文は戦後台湾の経済成長の原因について、日本の植民地統治の遺産やアメリカ援助の貢献を否定してはいないものの、国府の大陸時代における近代国家を目指す意欲と努力を継承し、戦後台湾においても現代化を目指す政策の遂行及び経済官僚層の役割といった要素が最も重要なものであったと主張した(22)。

実際に、戦後台湾史における経済官僚層の役割を強調したのは瞿宛文一人にとどまらない。郭岱君は一九五〇年代の経済発展をめぐる論争を明らかにし、陳誠、尹仲容、李国鼎、厳家淦、徐柏園などの経済官僚の役割を評価した(23)。松田康博は戦後台湾の土地改革過程における中央政治学校地政学院出身者および中国農村復興聯合委員会を中心に、国府が社会・経済政策を決定する際のテクノクラートの役割を考察した(24)。また、カービィ（William. C. Kirby）も、国府の大陸時期と台湾に移って以後の経済政策及び経済官僚体制の連続性を強調し、脱政治化の専門主義を容認するという国府の経済政策の特徴を指摘した(25)。しかしながら、このように戦後中華民国史における経済官僚の重要性がしばしば強調されてきたものの、日華関係において彼らがどのような役割を果たしたかということについてはあまり言及されてこなかった。

（3）日台関係の一九七二年体制＝「政経分離」

日華関係における政治関係と経済関係をリンケージする研究としては、「政経分離」に関する議論に言及しなければばならない。本来「政経分離」という言葉は、政治と経済を分離して、中国大陸と経済関係を維持しようとするという日本の対中政策を指す言葉である。他方、日華関係について、日台の一九七二年体制＝「政経分離」という枠組みに注目し、分析を加えた代表的な研究として平川幸子と張啓雄の研究が挙げられる。

平川は冷戦時期における中国・台湾の分裂状態を解消すべく、二つの中国政府について、承認していない方の「中国」の間では、政治領域には触れず、民間組織や経済・文化などの分野を通じ「政経分離」によって実質的な外交関係を保持した方式を「日本方式」と名付けた。(26) 平川によると、この「日本方式」の起源は一九六二年の「日中総合貿易に関する覚書」（LT貿易）に遡ることができる。池田政権は「二つの中国」を目的として「政経分離」の民間関係を謳いつつ、実質的には政府間の関係であるLT貿易を推進したという。その後の日中民間交流の積み重ねを経て、一九七二年の日中国交正常化交渉に際して、池田政権期の対中政策は日中国交正常化において「逆政経分離」方式として復活し、他方、中国側は台湾問題について政経分離の関係継続を認めることとなった。平川は一九七二年の日台の実務関係の維持について一九六〇年代の日中関係に起源を遡っているが、これは日華関係に内在する論点を踏まえたものの議論というわけではないだろう。

平川が日華関係の断交後のモデルがいかにして一九七二年に形成され、その後アジア太平洋地域のほかの国々に伝播していったかという過程を中心に論じたことに対し、張啓雄らは断交以前の日華関係も含め、戦後初期から日中国交正常化・日華断交までの日中・日華関係を類型化した。具体的に言えば、張らは「名実論」の視角から、現代国家の対外政経関係について、「有名有実」的「政経一体」（サブ類型―「不完全な政経一体」）、「有名無実」的「政経失調」、「無名有実」的「政経分離」（サブ類型―「不完全な政経分離」）、「無名無実」的「政経断絶」という四種類のモデルに分類し、その上で、一九五二年から一九七二年までの日華関係は戦後初期の「政経一体」から、日中の第一次民間貿易協定の締結により、「不完全な政経一体」に転換し、その後「不完全な政経分離」へ転換したと論じた。(27) 張らの研究は、戦後日華関係の枠組みの転換について政経関係の視点から分析したものであるが、その政経関係の展開及び転換の過程が、日華関係の実態に照らして実証的に検証されているわけではない。

(4) 戦後アジア国際政治経済史

近年、冷戦の展開とアジア経済開発の相互連関に着目し、戦後アジアの国際秩序を考察する研究が目立つようになった。秋田茂は経済開発・工業化を志向した一九五〇―六〇年代のアジア諸地域の政策を三つの類型に分類し、南アジアのインド、東アジアの台湾と韓国及び東南アジアのシンガポールにおける経済開発政策を事例として考察し、アジア国際経済秩序の独自性を明らかにしようとした(28)。秋田はこの研究の中で、戦後アジアの国際秩序の形成におけるアメリカのヘゲモニーを相対化し、被援助国としてのアジアの国々の自主性及びイギリスや日本といったほかの援助国の役割を重視すべきであると重要な指摘をしている。

しかしながら、インドを主な事例としたため、東アジアの実証研究がやや不足している面がある。台湾の事例については、同書ではアメリカの援助を中心に考察され、第一次円借款をはじめとする一九六〇年代半ばからの日本の援助の重要性も強調されているものの、実証的な検討は行われていない。本書は、戦後アジア国際政治経済史の研究アプローチを参照しながら、日本と台湾の経済協力関係を検討し、戦後アジア国際政治経済秩序の形成に関する研究に対して、一つのケースを提供することを視野に入れている。

3　分析の視座

本書は、以上の先行研究を踏まえつつ、従来、承認問題などのハイ・ポリティクスを軸に描かれてきた日華関係について、経済協力というロー・ポリティクスの側面に注目し、戦後の日華関係が中国承認問題をめぐる政治関係において展開しつつも、他法で経済領域においてどのように外交空間が創出されてきたかということを考察する。

本書では、以下の二つの視点から分析を行う。

第一の視点は、政治関係と経済関係を結びつけて戦後日華関係を捉え直すというものである。秋田茂が指摘したように、「従来の国際関係論、国際関係史の諸研究では、戦後のアジア国際秩序を考察する際に、公開された各国の外交文書を駆使した二国間の外交・軍事（安全保障）の側面に研究が集中し、経済的側面からの検討が十分に行われてきたわけではない」[29]。第二次世界大戦後のアジア国際秩序の形成を考察する際に、冷戦・脱植民地化が強調されるが、アジア諸国が新たな政治体制の正当性を示すために行った国内的な経済開発・工業化と、対外的な要因である冷戦・脱植民地化の展開は、十分に結びつけて論じられてこなかった[30]。また、戦後アジアの国際政治経済史のアプローチは、特に一九五〇年代から始まる「アジアの開発の時代」において、主導権とイニシアティブを発揮する被援助国のアジア側諸国の政治エリート層と経済官僚の役割を無視することはできないと強調している[31]。

戦後日華関係は、中国承認問題をめぐって盛んに論じられてきたが、その一方で、戦後アジアにおける経済開発という時代の主題は、看過されがちであったといえよう。日本は、一九五四年にアジア及び太平洋の共同的経済社会開発のためのコロンボ・プランに加盟して以降、ビルマ、フィリピン、南ベトナム、インドネシアへの戦時賠償を兼ねた経済協力や、一九六〇年代半ばからの台湾・韓国への円借款供与を通じて一定の影響力を行使してきた。一方、国府は戦後台湾の工業化過程において、貿易、技術、資本などの面で大いに日本に依存していた。本書は、そうした経済協力が日本の中国政策や日中関係をめぐる日華の政治対立の中で、どのように展開されてきたか、また日華関係全体に対してどのような意味を持っていたかに注目しながら考察を進めたい。

第二の視点は、日華双方の政策決定及び相互作用に注目し、政治家、外務、経済官僚を含むマルチアクターによる、中国承認問題と台湾確保問題という二つの問題をめぐる外交交渉を、経済協力の側面を中心に検証することである。すなわち、国府内部の政策決定、特に経済という要素が対外関係にいかに波及したかということ、また、日本政府の対華経済協力に対する認識及び政策決定に注目し、双方の相互作用を考察して、戦後日華関係史を再構成するというものである。先行研究の整理においてすでに述べたように、戦後日華関係史の研究においては、日本の政治家や外務省の台湾政策が多く取り上げられてきたが、日本の対台湾経済政策について論じられることは少なかった。特に、日本の東南アジア経済外交や対韓国の経済協力に関する研究が大いに進められてきた状況とは対照的に、戦後日本の台湾への経済協力に対しては十分な注意が払われてこなかった。本書は、既存の外交史と経済史分野の先行研究の成果を取り入れながら、貿易の問題だけではなく、借款と台湾の国際経済組織への参加も含めて、日本政府の対華経済協力に対する認識及び決定過程を総合的に明らかにし、さらにこの経済協力政策が戦後日本の台湾政策においてどのような意義を有していたのかを考察する。無論、史料の制約により、完全な政策決定過程の解明は容易ではないが、外務省の史料公開状況の進展を利用し、戦後日本の対華経済協力の枠組みを可能な限り明らかにしたい。

一方、国府側については、反共政策や日中関係の進展を阻止するための対応を中心とする日華の政治交渉に関心が集中してきた。そのため、日華の経済関係が政治関係の従属要因として見られるのが一般的であった。本書では、国府の政策決定における経済官僚の役割及び経済議題の重要性を強調したい。

国府が国共内戦に敗れて台湾に撤退して以降、その政権の存続は国際社会における中国代表権問題及び経済の安定と成長という二つの柱によって支えられてきたといえる。したがって、戦後台湾をめぐる国際関係を考察する際に経済の視角を無視することはできない。実際、一九五四年に蔣介石が総統、陳誠が副総統に就任してから、尹仲容（経済部長）、徐柏園（財政部長）をはじめとする多くの経済官僚が起用された。日本の外務省はこれらの経済官僚の重要性にいち早く注目していた。一九五四年六月五日、駐中華民国日本大使館の芳沢謙吉大使は外務省宛の電報において、以下のようにコメントしている。「特に現在の国府が当面する最大問題たる財政方面に重点が置かれた人選が行われたことは注目に値する。また台湾省政府主席が前財政部長厳家淦に決定したことは行政院各部長に財政経済の実力者が多く任命されたことと共に中華民国政府の今後の施政の重点が財政経済の立て直し、島内自給自足体制の確立に置かれておることが窺われる」[32]。経済官僚の重要性は瞿宛文の研究がすでに強調している。また、中華民国の外交官であった田宝岱の回想録によれば、後に台湾における重要な経済官僚となった李国鼎などを含む中華民国の留学生たちが、アメリカで「仁社」という組織を設立しており、彼らは中国の近代化を追求するという理想を掲げていたことが指摘されている[33]。

本書の目的は、戦後台湾が目覚ましい経済成長を遂げた原因を探求することではない。むしろ、以上の戦後台湾の経済官僚に対する観点から示唆を得て、大陸時代から中国の近代化を理念として掲げた経済官僚たちが反共という軍事・政治路線とは異なる理念を持つことで、戦後の国府の外交においても、従来の研究が重視してこなかった経済路線を打ち出すようになった点に着目する。本書は、経済協力に対する日華双方の認識と政策決定を解明し、その相互作用を重視しながら、戦後日華関係史を再構成するものである。

4　利用史料

本書は、戦後の日華の経済協力関係を明らかにする研究であるため、主に日本、台湾、アメリカの公文書を中心に、マルチ・アーカイヴァルな手法によって分析を行う。

まず、日本政府の公文書としては、日本の外務省外交史料館で公開されている外交記録を利用する。特に、近年、大量の文書が外交史料館に移管されるようになり、本書の研究に関連する多くの新しい外交記録が公開され、戦後日本と中華民国の関係をより広い視野で見ることができるようになった。

台湾側の史料としては、主に中央研究院に所蔵されている外交部档案及び経済部門の档案を利用する。従来、日本の中国政策あるいは日華関係についての先行研究は、主に蔣介石、総統府秘書長及び戦後国府の対日外交の担当者であった張群、また外交部という三つのアクターに着目してきた。本書は、日華の経済協力関係に焦点を当てるものであり、その観点から言えば、この問題に携わる国府側の担当者は必ずしも従来の研究において提示されたアクターと一致するわけではない。本書の執筆に当たっては、従来あまり重視されてこなかった陳誠、厳家淦などの視点も含め、最高指導層が日華経済協力をどう見ていたか、また政策の提言・実行の側面から、経済・技術官僚層がどのように関与していたかという多層的な視点を意識しつつ、台湾側の史料を収集・閲覧した。具体的に言えば、本書は対日経済議題に関する外交档案、行政院国際経済合作委員会をはじめとする経済部門の档案を主要な史料として利用し、また、近年出版が進められている国府要人の日記、回想録などの個人史料も補助的に用いる。

また、本書は日華の経済協力関係が構築されていった過程において、アメリカがどのような役割を果たしたかということを解明するため、アメリカ国立公文書館カレッジパーク分館（National Archives and Records Administration, College Park）の所蔵史料及びその他の公刊史料を用いる。ただ、日華の経済協力関係は必ずしもアメリカの冷戦やアジア政策の一部として位置づけられるべきものではないため、本書は日華それぞれの目線を重視し、主として日本と台湾の史料を利用する。

5　本書の構成

本書は時系列に即して、以下の章構成をとる。

第1章では、一九五〇年代の前半において、日本と中華民国が戦争期の敵対関係から冷戦下での自由主義陣営同士となる過程を、経済協力関係の構築を手掛かりとして考察する。まず、極東委員会における日本の海外商務代表の派遣、日本の台湾への商務代表の派遣、在台事務所の設置、日本の企業関係者の来華問題をめぐる政治過程を明らかにし、日華平和条約締結までの日華それぞれの思惑を分析する。そして、日華平和条約締結以後の経済協力がいかにして構想されたのか、日中民間貿易の進展とどのような関係があったのかを検討する。最後に、日中民間貿易関係をめぐって日華間の齟齬が生じ始めた状況の下で、非正式な交渉ルートである日華協力委員会が成立した過程を明らかにする。

第2章では、一九五〇年代の後半において、日華貿易会議及び岸政権の東南アジア開発基金構想における日華経済協力に着目し、同時代の反共をめぐる政治関係、また第四次日中民間貿易協定によって引き起こされた日華紛争の政治過程にも目配りつつ、日華関係が経済協力を通じてどのように展開していったかを検討する。

第3章では、一九六〇年代前半の池田政権期に行われた第一次円借款の交渉過程を考察する。本章では、この一九六一年から一九六五年までの第一次円借款の交渉が、同時期に起きた日中LT貿易協定の成立、周鴻慶事件、また、日本の対中ビニロン・プラントの輸出などの一連の出来事と絡み合いながら、どのように展開していったのかを論じる。

第4章では、一九六〇年代後半の佐藤政権期に行われた第二次円借款の交渉過程を明らかにする。台湾をめぐる国際情勢の変化の下での、台湾の経済成長の政治的な意味、日華の相互認識及び日華政治関係の行き詰まりを考察し、日華間の第二次円借款の経緯、国際政治の動揺による変化と日華それぞれの対応を究明する。そして、それを踏まえた上で、佐藤政権期の経済をはじめとする実務関係がどのように進展したのか、当時の日華関係にとってどのような意味を持っていたのかを検討する。

第5章では、日本が一九六〇年代のアジア地域主義外交の中で、台湾をどのように位置づけたのかという問題を解明する。特に、一九六五年以後の佐藤政権期、またベトナム戦争勃発以降、様々な地域構想の流動的状況の中にあった東南アジア開発閣僚会議及びアジア太平洋協議会に焦点を当て、日本政府がこれらの地域協力組織の創設過程において、国府の参加についてどのような立場を取っていたのかという問題を検証する。

第6章では、日華断交以後、日華の経済関係がいかに再編され、また世界銀行（世銀）と国際通貨基金（ＩＭＦ）における台湾のメンバーシップの問題がどのように処理されたのかという二つの問題に焦点を当て、一九六〇年代からの連続的な視点から、一九七二年体制下の日華関係が経済協力の領域においてどのように展開していったのかを考察する。

以上全6章の議論を通じて、「結論」では、日華の経済協力関係の内容及び展開過程をまとめ、経済領域において創出された新しい外交空間とは何であったのかということを論じる。

註

（1）本書では、「中国」「中国大陸」は中華人民共和国を指しており、一九四九年一〇月に成立した中華人民共和国中央人民政府を、「中国政府」と表記し、「中」と略称する。一九二七年四月に成立した南京国民政府以降の中華民国政府を、その実効支配領域の変化を問わず、便宜上「国府」と表記し、「華」と略称する。また、「台湾」とは一八九五年四月に日本が清朝から割譲を受け、一九四五年一〇月に中華民国が接収した地域、および台湾へ撤退した以降の中華民国政府が実効支配を続けている全領域のことを意味し、「台」と略称する。一九四九年以後の中華民国の有効支配領域は台湾に限定されるため、本書は中華民国と台湾を区別せず混用する場合がある。

（2）『日本国政府と中華人民共和国政府の共同声明』http://www.mofa.go.jp/mofaj/area/china/nc_seimei.html アクセス：二〇一七年一月一五日（以下略）。

（3）石井明・朱建栄・添谷芳秀・林暁光編『記録と考証　日中国交正常化・日中平和友好条約締結交渉』岩波書店、二〇〇三年、七〇頁。

（4）井上正也『日中国交正常化の政治史』名古屋大学出版会、二〇一〇年、五四四頁。

（5）「別れの外交」について、川島真・清水麗・松田康博・楊永明『日台関係史一九四五―二〇〇八』東京大学出版会、二〇〇九年、一〇五―一一五頁、また川島真「中華民国外交档案に見る『別れの外交（日華断交）』――椎名悦三郎の訪台を中心に」（加茂具樹・飯田将史・神保謙編著『中国　改革開放への転換「一九七八年」を越えて』慶應義塾大学出版会、二〇一一年、一九九―二二〇頁）を参照。

（6）二〇一七年一月一日から、「公益財団法人交流協会」が「公益財団法人日本台湾交流協会」に名称変更した。http://www.nikkei.com/article/DGXLASDE03H03_T00C17A1PE8000/。

（7）台湾問題に関する一九七二年体制について、若林正丈は一九七〇年代初頭以降、国際社会における台湾の扱いに関する一種の国際的アレンジメントと定義している。若林は以下のように説明をしている。「この国際アレンジメントには、二つの側面がある。一つは、中華人民共和国に有利な「一つの中国」原則によるアレンジメント、すなわち、①中華人民共和国と外交関係を持つ国家が台湾の「中華民国」を国家承認せず、これとの関係を「民間関係（非政府関係）」に限定する、②国連をはじめとする政府参加の国際機関は台湾の参加を拒否し、中華人民共和国と国交のある国家も台湾のこれらの機関への参加を支持しない、というものである。（中略）第二の側面は、このアメリカのいわば「平和解決」原則に基づくアレンジメントである」。詳細は若林正丈『台湾の政治――中華民国台湾化の戦後史』東京大学出版会、二〇〇八年、三六七―三七六頁を参照。

（8）平川幸子「『二つの中国』ジレンマ解決への外交枠組み――『日本方式』の一般化過程の分析」『国際政治』第一四六号、二〇〇六年、一四〇頁。

（9）井上前掲書、五四三頁。

（10）川島ほか前掲書、九五頁。

（11）劉進慶『台湾戦後経済分析』人間出版社、二〇一二年、三五八頁。

（12）川島ほか前掲書、九五頁。

（13）井上前掲書、五頁。

(14) 陳肇斌『戦後日本の中国政策――一九五〇年代東アジア国際政治の文脈』東京大学出版会、二〇〇〇年。

(15) 井上前掲書。

(16) 神田豊隆『冷戦構造の変容と日本の対中外交――二つの秩序観一九六〇―一九七二』岩波書店、二〇一二年。

(17) 清水麗「蔣経国時代初期の対日政策――日台断交を一事例として」『筑波大学地域研究』第一七号（一九九九年）、二三七―二四八頁、「蔣経国体制への移行と日華断交」『二一世紀アジア学会紀要』第五号（二〇〇七年）、一七―三七頁。「『第二次吉田書簡（一九六四年）』をめぐる日中台関係の展開」『筑波大学地域研究』第一九号（二〇〇一年）、一七五―一八七頁。「戦後日中台関係とその政治力学――台湾をめぐる国際関係」筑波大学国際政治経済学研究科博士論文（二〇〇一年）。『台湾外交の形成――日華断交と中華民国からの転換』名古屋大学出版会、二〇一九年。

(18) 石井明「一九六〇年代前半の日台関係―周鴻慶事件から反共参謀部設立構想の推進へ」『国際法外交雑誌』第一〇一巻第二号（二〇〇二年）、一四三―一七一頁。川島真「思想としての対中外交――外交の現場からみる蔣介石・中華民国・台湾」（酒井哲哉編『日本の外交　第三巻　外交思想』岩波書店、二〇一三年、二五七―二八〇頁）。「中華民国外交档案に見る『別れの外交』（日華断交）――椎名悦三郎の訪台を中心に」（加茂具樹・飯田将史・神保謙編著『中国改革開放への転換――「一九七八年」を越えて』慶應義塾大学出版会、二〇〇一年、一九九―二二〇頁）。

(19) 劉進慶『戦後台湾経済分析――一九四五年から一九六五年まで』東京大学出版会、一九七五年。（中国語版）『台湾戦後経済分析』人間出版社、二〇一二年。

(20) 洪紹洋「中日合作策進会対戦後台湾経建計画之促進與発展」『台湾文献』第六三第三号（二〇一二年、九一―一二四頁）、「戦後初期台湾対外経済関係之重整（一九四五―一九五〇）」『台湾文献』第六六第三号（二〇一五年）一〇三―一五〇頁。「一九五〇年代台、日経済関係的重啓與調整」『台湾史研究』第二三第二号（二〇一六年）、一六五―二一〇頁。やまだあつし「一九五〇年代における日本の台湾輸出」『人間文化研究』第一六号（二〇一一年）、一一九―一三二頁。「一九五〇年代日本商社の台湾再進出」『人間文化研究』第一八号（二〇一二年）、二一三―二二二頁、「一九五〇年代日台貿易交渉――一九五五年第二回交渉を中心に」『人間文化研究』第一九号（二〇一三年）、九一―九八頁。

(21) 林満紅「政権移転與精英絶続――台湾対日貿易中的政商合作（一九五〇―一九六一）」（李培徳『大過渡：時代変局中的中国商

人』（香港）商務印書館、二〇一三年、一五六―二〇一頁）。廖鴻琦『貿易與政治――台日間的貿易外交（一九五〇―一九六一）』稲郷出版社、二〇〇五年。劉淑靚『台日蕉貿網絡與台湾的経済菁英（一九四五―一九七一）』稲郷出版社、二〇〇一年。王文隆『中華民国経貿外交之研究（一九四九―一九七九）』国立政治大学歴史系研究部博士論文（二〇一一年）。陳怡文『亜太政治経済結構下的台日風梨貿易』台湾師範大学歴史所修士論文（二〇〇三年）。

(22) 瞿宛文『台湾戦後経済発展的源起―後進発展的為何與如何』（台北）中央研究院・聯経出版、二〇一七年。

(23) 郭岱君『台湾経済転型的故事：従計画経済到市場経済』聯経出版、二〇一五年。

(24) 松田康博『台湾における一党独裁体制の成立』慶應義塾大学出版会、二〇〇六年。

(25) Kirby, W. C. "Continuity and Change in Modern China: Economic Planning on the Mainland and Taiwan, 1943–1958." *The Australian Journal of Chinese Affairs* 24（1990）: 121–141. "The Chinese War Economy." In J. C. Hsiung and S. I. Levine（eds.）, *China's Bitter Victory: The War with Japan, 1937–1945*（New York: M. E. Sharpe, 1992）, 185–212. "Engineering China: Birth of the Development State, 1928–1937." In Wen-Hsin Yeh（ed.）, *Becoming Chinese: Passages to Modernity and Beyond*（Berkeley: University of California Press, 2000）, 137–160.

(26) 平川幸子『「二つの中国」と日本方式――外交ジレンマ解決の起源と応用』勁草書房、二〇一二年。

(27) 張啓雄、葉長城「『政経分離』対『政経一体』の『名実論』的分析――戦後日本の両岸政策の形成と転換（一九五二―一九七二）」『人文学報』（京都大学人文科学研究所）第九五号（二〇〇七年）、一六三―二三八頁。

(28) 秋田茂『帝国から開発援助へ――戦後アジア国際秩序と工業化』名古屋大学出版会、二〇一七年。

(29) 秋田前掲書、二頁。

(30) 秋田前掲書、一頁。

(31) 秋田前掲書、二〇三頁。

(32) 駐華大使芳沢謙吉発外務大臣宛「台湾省主席および省政府委員の任命に」一九五四年六月五日、外務省外交記録「中華民国内政」（A'4112）、外交史料館。

(33) 田宝岱著、張力編『田宝岱回憶録』中央研究院近代史研究所、二〇一五年、二五頁。

第1章　敵から「友」へ

——戦後日華関係の樹立過程と経済協力　一九五〇—一九五六

はじめに

本章では、日本の敗戦後、とりわけ占領下にある日本と台湾の経済関係の再編から、一九五二年の日華平和条約締結を経て、一連の諸協定が締結される時期を扱う。戦後に新たに形作られた日華関係については、この段階で既に政治の側面に限界性があり、経済面に支えられていたことを指摘したい。

第二次世界大戦の終結によって、日本帝国が解体し、東アジアには権力の空白が生まれ、新たな秩序の再建が進められていった。帝国主義支配の下にあった地域が自立と解放を目指す脱植民地化運動を展開していた一方で、中国では、国民党と共産党の内戦を経て、共産党が勝利し中華人民共和国が成立した。また、一九四七年からヨーロッパで本格化した東西両陣営間の冷戦は、この中国共産党の勝利を契機に東アジアにも及び、一九五〇年六月に勃発した朝鮮戦争によって定着するに至った。こうして、日本と台湾の関係は、脱植民地化、中国の内戦及び冷戦の交錯の中で展開することとなった。

日本の植民地であった台湾は、一九四三年一一月のカイロ宣言における「満洲、台湾及澎湖島ノ如キ日本国カ清国人ヨリ盗取シタル一切ノ地域ヲ中華民国ニ返還スルコト」という規定があったこともあり、一九四五年一〇月二五日に中華民国政府に接収された。一九四九年末以後、内戦の敗戦によって中華民国政府は台湾に移り、台湾の脱植民地化は「独立」や「解放」ではなく、母国復帰を意味する「光復」と表現され、あるいは「中華民国による新たな植民

地化の下で、日本に対する脱植民地化を行った」と見なされている。(1)

一九五〇年六月に朝鮮戦争が勃発すると、アメリカ合衆国のトルーマン（Harry S. Truman）大統領は「台湾海峡中立化声明」を発表し、国民党に対する批判的な立場から台湾海峡防衛へと、方針を転換した。台湾海峡への介入を決めたアメリカ政府は、国府との関係を強化し、一旦停止していた軍事援助及び経済援助を再開し、一九五一年二月に国府と「共同防衛相互防衛協定」を締結するに至った。このように、東西冷戦は朝鮮戦争を機に台湾海峡に波及し、中国の内戦とも連結されることとなり、台湾はアジアの冷戦体制に組み込まれ、冷戦の前哨地となった。

一方、一九四八年以後、アメリカの対日占領政策は、共産主義の浸透に対抗できるように日本の経済復興を促し、自立を求める方向へと転換した。対日講和は冷戦の深化に伴って、日本の再侵略の芽を摘むことを主要な目的とした「ヴェルサイユ型」から「冷戦型」に移行しつつあった。(2) 対日講和において、中華民国を支持するアメリカと中華人民共和国を承認したイギリスの間の対立によって、結局、双方をサンフランシスコ講和会議に招請せず、日本がどちらの中国政府と講和するかということは日本が決めることになった。アメリカは当然日本が中華民国政府を承認することを想定していた。日本の中国政策は必ずしもアメリカと一致していたわけではなかったが、一九五一年暮れにアメリカの主導によって作成された「吉田書簡」（第一次）がアメリカに送られ、日本は中華民国を講話の対象として選ぶことになり、以後、日華平和条約締結への道を歩むこととなった。

従来の日中関係の研究においては、戦後日中関係の原点と見なされている日中講和や日華平和条約に着目する研究が多かった。しかし、中華民国と日本がどのように関係を正常化させたのかということについては、川島真が指摘したように、一九五〇年の日台通商協定から、日華平和条約を経て、通商、文化交流が制度化されるプロセスとして把握されるべきである。(3) この文脈で日台貿易関係に着目したものとして、廖鴻綺とやまだあつしの研究が挙げられる。(4)

また、徐年生は総合的な実証研究を行い、日台通商協定の締結から日華平和条約交渉までの過程を解明した。除は、通商貿易のアプローチを利用し、また諸外国との経済関係を維持しつつ、最適な「政治関係」を打ち立てるというのが戦後日本の対中外交の典型であると指摘した[5]。また、除は日華平和条約締結後の吉田内閣と鳩山内閣の日華関係について、以下の二点を指摘した。第一に、吉田内閣は日華「政治」、日中「経済」という政経分離の態勢で、中共側との経済関係促進を図ったのに対して、国府との政治関係は「つかず離れず」になるよう外交を展開した。第二に、鳩山政権期において、日本政府の「二つの中国」論の論調に対する国府の不満を解消するため、自民党の政治家たちは国府の訪日親善団を要請し、「政・党分離」の対国府外交のパターンが形成された。

こうした点を踏まえ、本章は、日華通商関係の交渉、日本の在台事務所の設置、日本の企業関係者の来華問題、日華協力方式の模索、交渉ルートの確立に着目し、必ずしも一九五二年四月の日華平和条約を転換点とするわけではない、より連続的な視点から、一九五〇年代前半の日華関係について検討することを目的とする。そして、この段階ですでに露呈していた政治関係の限界性と経済関係によって創出された外交空間について描き出したいと考えている。

1　日華通商関係をめぐる政治交渉

(1) 冷戦、経済復興と日華貿易

一九四四年以降、アメリカは国府に中国国内の多様な政治勢力が参加するような連合政府の実現を求め、蔣介石に圧力をかけた。一九四五年一二月、アメリカ政府はマーシャル（George C. Marshall）を国共調停のために中国に派遣し、「中国の統一」のあり方をめぐって論争が行われたが、この段階ではアメリカも中国も、中国を中心に据えながらアジア地域の安定を構想する点ではほぼ一致していた[6]。しかし、ルーズベルト（Franklin D. Roosevelt）大統領の時期に考えられた中国を大国化し戦後アジアの安定勢力とするという構想は、その後の中国の国共内戦によって次第に

変化していった。他方、初期の占領政策の方針を決めたアメリカは、日本の非軍事化、民主化を目指し、平和憲法の制定推進、財閥解体、農地改革などを後押しした。

一九四五年一一月に来日したポーレー（Edwin A. Pauley）を団長とする調査団は、アジア諸国の水準を超える工業施設は賠償としてアジア諸国に引き渡し、日本人の生活水準をアジア諸国より高くない水準に留めるという厳しい賠償計画を提唱した。しかし、一九四七年から一九四八年にかけて米ソ冷戦が激しさを増し、さらに中国における国民党の敗北によって、アメリカは対日占領政策の見直しを迫られることとなった。一九四七年に二度にわたり来日したストライク（Clifford S. Strike）調査団、また一九四八年三月に来日したドレーパー（William H. Draper）使節団は、賠償規模の縮小を提案した。一九四八年一〇月以降になると、アメリカは非軍事・民主化という占領政策を中止もしくは緩和し、対日政策の重点を経済復興に移しつつあった。また、アメリカの対日政策の転換に伴い、連合国軍最高司令官総司令部（General Headquarters: GHQ）は日本の対外貿易への統制も漸次緩和しつつあった。一九四七年六月一〇日、ＧＨＱは同年八月一五日に一部の民間貿易を許可することを発表し、一九四八年二月に外国の企業関係者が日本に自由に入国することを認めた。そして、九月には日本が外国の企業関係者と直接契約を結ぶことに同意した。

戦後日本の経済復興において、中国との貿易再開は重要な課題であった。日中間においては、中国の中央信託局による政府対政府のバーター貿易及び民間貿易の双方の方法により、日中貿易を再開するみちが模索されていた。政府対政府の貿易について、中央信託局の副理事長である楊津生は、ＧＨＱ、日本政府の貿易庁などと折衝を重ねた(7)。

一九四七年一〇月頃に政府間貿易が行き詰まりとなる以前には、中国から塩、燐鉱石、鉄鋼、味噌、豚毛などを盛んに日本に輸出し、日本から人造絹糸、毛織物、自転車、塗料、銅板、銅線、通信機材などが多く中国に輸出された。また民間貿易について、一九四七年六月一〇日にマッカーサー（Douglas MacArthur）が日本の対外貿易は同年八月一五日から再開すると発表して以後、上海の輿論では日本の経済復興及び対日貿易の再開を警戒する声が多かったが、南京国民政府は日本の民間貿易開放に中国側も参加すると声明した。

そして、八月二〇日に「赴日商務代表団組織弁法」が発表された。この組織弁法によって、中国を上海地区、漢口地区、重慶地区、東北地区、天津地区、西北地区、広東地区、台湾地区といういくつかの地区に分けて、各地区の総商会や工業協会が連合し推薦する顔ぶれの中から経済部が商務代表を決定することとなった。その結果、一〇月一九日に第一回代表五名が発表され、台湾の台東公司の代表が辞退したものの、残る四名は一九四八年一月一六日に上海から出発した。それにもかかわらず、アメリカのバイヤーの活発な日本での活動と比べると、規制制度の制定が非常に遅れたため、中国の対日貿易の再開は遅れ、活発とは言い難い状況であった。

一方、台湾との貿易について、一九四七年三月にGHQは、中央信託局と貿易契約を締結し、台湾の二万五〇〇〇トンの砂糖を日本に輸出することを求めた(8)。これに対し、中央信託局は、同年一〇月に台湾に事務所を設け、日本統治時代の台湾製糖、鹽水港製糖、明治製糖、大日本製糖の四社の台湾資産を接収して合弁させることとし、一九四六年一月に設立された台湾糖業公司が対日砂糖輸出を担うこととなった(9)。このように、戦後初期に日中貿易は一定程度回復されたが、中国の国共内戦で、日中貿易の制度化が遅れることになり、その後の日中貿易の展開も冷戦及び中国の分裂国家の形成に大きく左右された。国府にとって、日本との貿易関係は対日講和条約の締結と深く関わるものであった。

(2) 極東委員会における日本海外商務代表派遣案と国府の姿勢

戦後直後、国府は天皇制維持の容認、日本兵や民間人の日本帰還などといった対日有和政策を取ったが、日本の対外貿易の再開については当初厳しい態度を示していた。占領期にて日本の対外経済政策を決定していたのは極東委員会であった。日本の海外通商代表の派遣問題が、一九四八年四月の極東委員会で議題となった際に、カナダ、インド、オランダ、ニュージーランドは原則的に賛成し、フランスは絶対禁止の必要なしと主張したが、イギリス、オーストラリア、中華民国が反対の意見を表明した。外交部は、一旦日本の海外通商代表の派遣案が可決されると、日本製品が再び氾濫し、中華民国が戦後に獲得した新市場に悪影響があるのではないかと懸念し、対日講和条約を締結する前に、日本が海外通商を回復することに反対するという立場を堅持していた。[10] しかし、駐米大使の顧維鈞は、この問題に対するアメリカの真意を察知しており、日本の企業関係者の出国禁止案を長期間棚上げすることはできないので、海外通商の範囲を限定する案を政府に提議した。

一九四九年二月にドッジ・プランが採用されて以降、日本の中小企業は次第に休業に追い込まれ、日本の対外貿易も英米物価の下落によって多大な影響を受けた。日本は困難を打開するために、GHQに海外商務代表の派遣を要求した。GHQはワシントンに請訓しながら、日本側が事前準備を進めることを許可した。日本政府は、同年七月一日から、外務省の研修所で将来海外に派遣する貿易官を養成し始めた。[11] 各国との通商関係の回復は、戦後日本が国際社会へ復帰する第一歩であったと言える。

極東委員会で議論されていた日本の海外商務代表の派遣案のポイントは次の二点である。第一は、GHQの同意を経て日本政府は商務代表を受け入れたい外国に自らの代表を派遣することができる。第二は、同代表に海外日本人の財産権益及び私法上の事務を処理する権限を与えるというものである。このような議論の内容について、極東委員会における中国代表の李惟果は外交部宛の電報で、「これは事実上の領事館を設置させることであり、アメリカの意図は日本を支持すること」であると報告した。[12]

一九五〇年一月一〇日、駐華アメリカ大使は外交部を訪問し、一二日に極東委員会で日本の海外商務代表の派遣許可を議題にすると伝え、中華民国が賛成すれば、ソ連が拒否権を使わない場合に同案を通過させることができることを説明し、さらに中華民国が賛成にまわることによって、日本を受け入れる義務が生じるわけではないと強調し、極東委員会における日本の海外商務代表の派遣案に対する中華民国の支持を得ようとした[13]。

極東委員会を構成する多くの国は、対日貿易に期待し、さらに各国国内の日本人問題を処理する必要があったため、日本の海外商務代表の派遣に賛成する国が多かった。国府は中国の内戦で敗退し、台湾に逃れたことによって、戦勝国としての立場から次第に冷戦構造の中の一員へと立場を変えつつ、その対日政策も大きく変容させていた。日本の海外商務代表の派遣に対する当初の厳しい姿勢も次第に緩和されていった。外交部の亜東司は、前述の同案の二点目の問題を平和条約締結前に処理することはできないが、一点目に関しては、アメリカの立場に同調し、また、国府の対日宥和政策の方針に則って、日本が正常な国際貿易を発展させることを認めてもよいとの態度を取ることになった[14]。しかし、同案は極東委員会における表決の際にソ連が拒否権を行使したため実現しなかった。

GHQは、二月九日に日本政府は、ニューヨーク、ロサンゼルス、ホノルルなどに事務所を設置することをアメリカにより許可されたことを発表した。事務所のスタッフは、日本外務省に属するが、外交官あるいは領事官の身分や特権を有するものではなかった。アメリカ国務省報道官は、アメリカの決定を公表する一方で、他の国も同じ措置を取るよう促した[15]。

(3) 通商代表、在台事務所の設置と日本の企業関係者の来華問題

蔣介石は二月下旬の政工及び軍事改革会議において、対日協力政策を宣言した[16]。この頃、白団（中華民国総統・蔣介石の要請により台湾の国軍を秘密裏に支援した旧日本軍将校を中心とする軍事顧問団）を台湾に招くことで、蔣介石は日中協力の基礎築くことができるのではないかと期待していた[17]。日本と国府の関係は、GHQが介在した日台通商協定の締結によって一層進展した。国府は、中国大陸との直接的経済関係が消失して対日貿易の重要性が高まり、また、講和条約の締結も視野に入れて、日本との通商協定締結を要請した。

一九五〇年六月、国府の要請に基づき、GHQにおいて日台通商協定の問題が一時的に取り上げられたが、台湾の将来に対する政治的見通しの困難、並びに旧「チャイナ・オープン・アカウント」の残留支払いに関する技術的困難などのために交渉は停頓した。[18] だが、マッカーサーの台湾訪問以降、GHQは急遽、日台通商協定の締結を決定し、八月一五日に、経済科学局（Economic & Scientific Section: ESS）において日本側のオブザーバー参加の下で通商会談が開催された。この会談開催に先立ち、ESSは日本側に対し、目下の台湾の特殊な実態に鑑み、早急に日台間の協定を締結し、かつできるだけ台湾の購買力を高めるため、バナナのような物資を購入することとし、貿易計画は輸入それぞれ五〇五〇万ドルに増加させた旨を内話し、本協定の政治的色彩を肯定した。[19] GHQの根回しで、一九五〇年九月六日に、国府側代表の尹仲容とGHQ代表のレイヒ（A. J. Rehe）が「台湾と占領下の日本の間の金融協定」、「台湾と占領下の日本の間の貿易協定」、「台湾と占領下の日本の間の貿易計画」という三つの文書からなる通商協定に調印した。

しかし、この通商協定の締結によって、日華の経済関係が全て好転したというわけではない。九月二九日に、駐日代表団の顧問である陳地球は、太田一郎外務次官と会談し、日華貿易と商務代表派遣の問題について議論した。この会談において、双方は、日台通商協定は結ばれたが、実行に際し、まだ多くの困難が存在し、一億ドルの貿易協定があるとはいっても、実際には白紙に近い状態であることを認めた。太田は、アメリカの方法を援用し、連絡業務と日台通商協定に関する問題解決のために、商務代表を台湾に派遣することを相談した。この日本側の要請を受けて、駐日代表団団長の何世礼は、外交部に「目下、対日講和条約はすでに両国間の条約として結ばれる趨勢にあり、日本は経済成長のために極めて中共に引き寄せられやすく、我々は通商関係を通じてまず日本と準外交の基礎を築き、それによって将来の講和条約への道を開くべきである」との意見を具申した。[20]

先述したように、一九四八年に極東委員会において日本の海外商務代表派遣案が議論された際に、中華民国は対日講和条約が締結されるまでは考慮しないという立場であった。しかし、日本と早期に講和条約を締結するため、国府は立場を変更したのである。台湾における日本の海外事務所の設置や日本の企業関係者の来華は、経済的な観点から見て必要性があったが、さらに日本と中国大陸の関係を牽制し、早期に日華条約を締結することが、国府の対日経済政策における決定的な要因となった。

また、日本の企業関係者の来華問題について、一九五〇年一月二日に行政院は「日商来華貿易弁法」の制定を許可した。[21] 日台通商協定は、日本の企業関係者の来華問題について何も言及していないため、外交部は経済部、財政部及び台湾省政府に、通商代表及び日本の企業関係者の来華問題を検討するよう要請した。一二月八日に行政院は、日本の企業関係者の来華を認め、批准すると決定した。経済部、財政部、外交部及び台湾省政府は、この問題について合同会議を行い、以下のような結論を得た。[22]

目下、同盟国は日本が極東における反共の有力者であることを認識し、日本を利用しているところである。さらに、アメリカは日本の政治、経済を支持してきた。我々は反共政策を堅持している以上、日本と中国共産党の接近を防止するため、日本との密接な関係を樹立することは当然である。通商関係を通じて外交関係の基礎を築けば、将来対日講和条約が議定される時に優先的な交渉ルートを確保できる。また、日本の企業関係者は最近海外で貿易を行うことが多くなり、日本政府も代表を派遣していることから、各国が日本と外交上の連絡を図ろうとすることは明白であり、我々も例外のままでいることはできない。GHQと同じ立場を表明するため、日本の企業関係者の来華を許可すべきである。

しかしながら、国府内部では異なる意見もあった。例えば、台湾区生産管理委員会は、日本の通商代表の来華には賛成するが、日本の企業関係者の問題と一緒に処理することは希望しないとの意見を外交部に伝えた[23]。また、丘念台監察委員は、政府に対して台湾の工業を保護することを念頭に置かなければならないとする意見書を提出した。経済部は、日本の企業関係者の来華問題について、政治や政策上の配慮によって決められたものであると認識し、駐日代表団に電報を打ち、行政院が正式に「日商来華貿易弁法」を発表するまでは日本側からの要請に一切応じないよう命じた[24]。最終的に、一九五一年五月三〇日の行政院の決議によって、日本の企業関係者の来華は原則的に許可された。

日本の在台事務所の設置については、日本の企業関係者の来華問題の解決と同じ論理で、国府側は積極的に推進しようとした。一九五一年一月に、中華民国駐日代表団は日本政府の台北における海外事務所を招請したいという国府の意向をGHQに非公式に相談した[25]。日本側の同意を得て以降、外交部は「事務所の設置は日華関係を促進することに大きく関わるため、アメリカが定めた条件を参照し、日本政府との交渉を行う」よう駐日代表団に指示した[26]。一九五一年二月一四日、国府はGHQに対し日本の在台事務所の設置を正式に要請した。しかし、国府側の積極的な姿勢に比べて、日本側の対応は遅れた。また、日本が商務代表を台湾に派遣しないという噂も流布していた。この頃日本側の商務代表の派遣が遅延したのは外貨不足が原因の一つであり、実際、中国との講和問題において日本側が商務代表の派遣に積極的ではなかったこともあった。

当時、日本政府が国府をどう見ていたかということは、アメリカ政府との講和交渉の中で中国代表問題について意見を求められた際の対応から窺える。外務省の担当者は、一九五一年五月八日に中国代表問題についての対応策を以下のようにまとめた[27]。「①共産党政権に署名させることに同意し得ない。自由陣営の一員として共産世界に対抗して行こうとする日本として、これは明言すべきである。②国民政府に他国政府と同時に調印式で調印させる方式は従来からのアメリカの態度からくる当然の帰結である。（中略）③平和条約に署名すべき中国代表の問題は、現在のところ法律的に解決不能であり、政治的にも極めて困難である。関係国すべてを満足させる解答はあるまい。見通しとしては、結局、時日をかけて中国代表問題が解決するまで、中国の条約参加を延期することになる外あるまい。（中略）しかし、日本からこの方式がよいということはアメリカと国民政府を失望させる。だから、日本は『中国代表問題のような手続き問題のため平和条約の署名が延引されることは、はなはだいかんである。一日も早く一国とでも多くの国と平和関係に入りたいのが日本の熱望である』ということをいってやることで、満足すべきである」。この文書は「吉田書簡」の半年前に作成されたもので、必ずしもアメリカの圧力で作られたわけではなく、むしろ当時の日本の外交の最大の目標——できるだけ有利な立場で国際社会に復帰するということを示している。国府の要請に対して消極的な姿勢を示した日本政府には、商務代表の派遣を引き延ばすことによって、国府との交渉及び講和条約の締結において多くの利益を手に入れたいという思惑があった。

七月に井口貞夫外務次官は、日本を訪問していた立法委員斉世英に対し、日本政府の方針について以下のように語った[28]。「①英米両国はロンドン会議で中国の講和参加問題について議論したが平行線を辿った。英国は講和に参加しないと脅しをかけたため、どちらが参加するかについては棚上げにした。②英国および極東の他の半数以上の国の意見が決まる前に、日本と国民政府間の講和はしないほうがよい。③平和条約発効までわが代表団がこれまで通り存続する。ただ、適切な人物が吉田及び関係者との連絡を担当し、並びに将来のための準備作業を展開する。しかし、すべては名を捨てて実を取る。④駐台貿易代表は設立しないことに決定。河田烈を顧問として台湾に派遣する予定である（後略）」。すなわち、日本政府の新しい方針は、台北に海外事務所は開設せず、代わりに戦前に大蔵大臣を務めた河田烈を国府の顧問として台湾に派遣し、台湾の復興を支援するというものであった。たとえ国府が多国間の講和に参加できなくなったとしても、日本と国府との間に名目に拘らない実質的な協力関係を構築するために、河田烈という「適切な人物」を派遣することにしたのである。日本政府が日中講和や中国承認などの政治問題を回避し、経済協力の方式によって日台の実務関係を構築しようとする構想は、一九五〇年代の初期にすでに現れていた。

もちろん、当時の蔣介石にとっては、中華民国政権の国際社会における存続が最も重要な問題であった。一九五一年八月三〇日の米比相互防衛条約、九月一日の太平洋安全保障条約の締結に続き、九月八日には日米安全保障条約が締結された。アメリカは中華民国を対日講和会議に招請しなかっただけではなく、この段階ではアジアの安全保障体制から中華民国を外すそぶりさえ見せた。これに対して、蔣介石は極めて不安を募らせていた[29]。この頃の蔣介石の対日態度は非常に矛盾したものであった。白団による日華協力に期待する一方で、中華民国との政治関係樹立に対する日本の曖昧な態度に非常に不満を感じていた。何応欽が主導する中日経済協会の成立後、蔣介石は何応欽の対日協力姿勢を「常識外れで、遠大な視野がない」と強く批判した[30]。また、日華平和条約の交渉過程において、蔣介石は役務賠償問題をめぐる葉公超外交部長の強硬な対日姿勢を批判し、これを放棄すれば、日本が他国との交渉において援用できる前例となるので、これを梃子として、早期に日華平和条約の妥結を推進させるべきだと主張した[31]。蔣介石は日華平和条約の締結を重視したため、日本政府が提議した経済顧問の派遣に対し強く反発した[32]。

アメリカは日本の在台事務所の設置と商務代表の派遣に関心を示した。国務長官顧問のダレス（John F. Dulles）は、GHQがすでに批准したが、日本の商務代表は実際に台湾に到着したのかどうかについて顧大使に何度も問い合わせた。顧大使は、アメリカ側は日本の台湾への商務代表の派遣によって日華平和条約の将来性を判断したいと考えているという所見を外交部に報告し、商務代表派遣問題の敏感性について注意喚起した[33]。商務代表と講和条約の関連性について、顧大使がダレスに確認したところ、ダレスは国府側が台湾で日華平和条約の交渉を行うことを堅持すれば、少なくとも日本の商務代表の派遣を受け入れ、貿易協定の話から始まることができると述べた[34]。ランキン（Karl L. Rankin）公使が「国府側がもし日本との二国間講和交渉の開始に同意すれば、国務省はできる限り日本政府に商務代表の派遣を促し、また貴国政府と二国間講和交渉の権限を持つ上級担当者を派遣するよう日本政府に提案する」と述べたことに対して、葉部長は「この件が速やかに進むことを望んでいる。昨年冬以降、われわれは商務代表の来台を期待しているが、日本政府はひたすら引き延ばしている。（中略）われわれは商務代表を二国間条約代表とすることに同意する」と応じた[35]。葉部長は「アメリカの圧力がなければ、日本の商務代表の派遣は永遠に棚上げされる」とアメリカ側に働きかけた[36]。最終的に、国府とアメリカからの警戒と反発に対応するかたちで、三カ月後の一一月一七日に日本の台北事務所が開設され、木村四郎七が代表として派遣された。

先行研究は、日台通商協定の締結から日華平和条約交渉に至る過程を通じて、諸外国との経済関係を築き上げ、その上で政治外交関係を打ち立てるという戦後日本外交の原型が形作られたと指摘した。しかし、以上のプロセスからみれば、経済関係の樹立を積極的に政治関係へ拡張しようとしたのは国府とアメリカであった。日本側はむしろ対華関係については、「政経分離」によって台湾との経済関係を日本の中国政策におけるより多くの外交空間を創出する手段にしようとしていた。結局、日華平和条約の締結によって、日華関係は政経一体となったが、日本が国府との関係について、経済先行によって、政治外交関係を打ち立てようと構想していた形跡は見られない。しかし一方で、国府が商務代表の派遣及び通商関係を通じて日本との政治関係及び日華平和条約の締結を促進させようとした経験があったからこそ、後の日本と中国大陸の貿易関係に対して厳重な警戒をもつようになったものと考えられる。

2　日華平和条約後の協力関係の模索

(1) 国府の日華経済協力構想

四月二八日に日華条約が調印されたが、その直後の五月一日と二日に、外務省は国府の財政部長及び経済部次長と懇談した。国府側は今後の経済協力について以下のように述べた[37]。

経済協力はまず貿易の増進を第一とし、次いで技術協力に進むを適当とす。技術については漁業および沈船引揚などを考える。まず漁業協定を取上げることとしたくこれをもって他国に対し漁業協定の模範を示したい。石炭および硫黄の開発の面についても合作も適当であろう。経済協力については単に台湾だけのことを考えず、大陸に反攻後のことについても考慮に入れ、大きく取上げられることを希望する。貿易面について言えば、まず現在の日本台湾間の貿易協定の名称を変える必要がある。また現在の貿易協定は総額だけしか決まっていないので、早く品目の内訳を決めないと貿易協定が動かないからこの点特に強調したい。また貿易上、何よりも硫安肥料の輸入増大を希望する。一般に台湾は戦時態勢下にあるから自給自足経済を旨として居り従って軽工業品の輸入には消極的である。特に軽工業については中国大陸から軽工業に関する技術者及び資本が流入してきているので、寧ろこれなどを活用したい意向である。

なお、財政部長は「日本台湾間の経済協力のみちを発見するため、共通の経済問題を研究するための日華経済会議のごときものを早期に開催することについて個人的には賛成である」旨を述べた。

国府は、日本との経済協力について主に塩業、漁業、航業及び他の工業項目を想定していた(38)。例えば、塩業について、経済部は、台湾の塩の輸出先は日本と韓国しかないため、日本資本の加入で輸出が保証できると主張した。漁業について、国府は、もし日本と協力すれば、将来の漁業協定の交渉において有利な立場になる可能性があると考えた。航業について、国府側は、協力を通じて日本からの脅威を減少することができると考えた。また、石炭について、日本の鋼鉄業は主にアメリカから石炭を輸入し、コストが高かったため、東京共同安全分署と日本政府は台湾の南荘炭鉱に関心を持ち、日台の共同開発を期待していた。

しかし、日華平和条約の締結後も、日華間に交渉のルートはまだなく、信頼感もまったくなかった。そのため、先述の日華経済協力の交渉は、アメリカが間に入って行われた。一九五二年五月二〇日、駐華アメリカ大使館参事官のホワード（Howard P. Jones）は、葉公超外交部長を訪問し、台北共同安全分署が東京共同安全分署からの連絡を受け、日本側が台湾の塩業に投資し、塩の品質及び産量を増加させる可能性について東京共同安全分署に打診したことを伝えた。ホワードはこの投資が日本政府あるいは経済界によって行われ、日本側が台湾の塩業をコントロールする意図はないと述べたこと、また、台北共同安全分署長官のスケンク（Hubert G. Schenck）が、日本側がこのような提案を提示する際には、国府側は歓迎すべきだと語ったことを伝えた。日本側の提議について、ホワードは、東京と台北の共同安全分署は中華民国政府と日本政府の間でできる限り経済面において協力すべきであるとの立場を取っていると述べ、日本の台湾の塩業への投資が一層緊密な日華経済協力の良好なスタートになると国府側を説得しようとした。(39)

また、一九五二年八月七日に、駐華日本大使となった芳澤謙吉はスケンクと会談した。(40) スケンクは、日本と台湾のMSA（Mutual Security Act）援助の関係は極めて緊密で、輸入物資の三〇％は日本より買い付けていると指摘した。また、葉公大使は、日本の業者に対して経済協力を一層推進し、四〇％か五〇％に達することを切望すると応えた。また、葉公超外交部長は、日華経済協力について以下のように語った。(41)

わが国の外交政策はアメリカ、日本と連携し、アジアの安全の基礎を作るべきである。日本の敗戦後、わが総統は対日宥和政策を取ることを何度も宣言したが、さらに今回講和条約を結ぶ際に、総統の指示に従って、われわれの『以徳報怨』を日本側に表明した。平和条約を締結して以降、日本は日華協力の重要性を認識し、経済から始まると強調した。わが方の全般的な計画の中では日華経済協力は必要な一環だが、実力の差があるため、多くの協力計画が表面上は平等といっても、われわれに不利な結果となることが多い。われわれは必要な項目について主導的に協力を要請すべきである。

経済部にも「日華経済協力については直接交渉すべきだと主張する人がいるがアメリカが仲立ちをしたら、日本はどうしても配慮しなければならなくなる」との意見があった(42)。

以上のように、日華平和条約の締結以後、日本は中国大陸との貿易関係は封じ込められ、植民地であった台湾と経済関係の緊密化を図るのは当然であった。しかし、国府の側は、戦前の日本の植民地主義的な経済関係に再度組み込まれることを警戒していた。日本との貿易や経済協力関係は重要であったが、台湾の経済発展のために日本との経済関係を促進することより、経済関係の緊密化によって日本との政治関係を促進することが国府の目的であった。蔣介石は、一九五三年七月に対日関係における経済文化の各方針を検討する一般会議を開催し、この会議において反共の面で日本を徹底的に協力させることが第一歩であり、その次に軍事協力の面で反共するという目標を掲げた(43)。日華平和条約の締結以後、国府の内部では対日外交について立場の分岐が見られていた。張群は日本との協力関係を全力で推進しようと主張したのに対して、蔣介石はこれを理想的すぎると批判していた(44)。

(2) 日中民間貿易と日華経済協力

日華関係が進展する一方で、日本国内では中国大陸との貿易関係再開を政府に求める声が高まっていた。講和条約発効間もない一九五二年五月に、日中貿易促進会議が設立され、六月一日、モスクワ国際経済会議に参加した三名の代議士が北京を訪問し、バーター取引を中心とした第一次日中民間貿易協定を締結した。また、国内では各地方からの陳情書が絶えず外務省へ届いていた。一九五二年八月二日、田中保蔵福岡県議会議長は、岡崎勝男外務大臣へ「日中貿易促進について」という意見書を出した。田中はこの意見書において、米ソの対立によって日本の経済自立の基本線であるアジア貿易、特に日中貿易が完全に閉塞されることに懸念を表明し、日中貿易の再開に対する法的、技術的措置を早急に講じることを要請した[45]。また、八月六日に、高知県全労働組合協議会会長田村節郎は「中共地区との貿易進展こそ我国産業の唯一の活路である」という外務大臣への建白書を出した[46]。

こうした国内輿論の後押しもあり、一九五三年一〇月二九日に第二次日中民間貿易協定、一九五五年四月一日に日中民間漁業協定、同年五月四日に第三次日中民間貿易協定が結ばれた。国府が本格的に日中民間貿易に対抗するようになったのは、一九五五年の第三次日中民間貿易協定からである。一九五五年三月二九日に、中国国際貿易促進委員会の雷任民主席代理を団長とする中国政府の正式な貿易使節団が訪日した。一九五三年の第二次日中民間貿易協定の附属文書において、「双方は互いに通商代表機関を置くことに同意する」という文言が盛り込まれたが、貿易機関の設置は実現していなかった。そのため、中国側は第三次日中民間貿易協定について交渉する際に、通商代表部の相互設置を要求し、政府代表もしくは政府代表に準ずる権限を有する者の交換を求めた。日本政府は実のところ日中貿易協定を民間協定と捉え、この通商代表部の設置には消極的であった。結局、通商代表部の問題については、外務省と通産省の協議の結果、民間人として取り扱い、一般貿易関係者の長期滞在と同様の待遇とすることが適当と結論づけられた。しかし、この通商代表部をめぐる交渉は、国府側の抗議を招いた。董顕光駐日大使は、門脇季光外務次官を何度も訪問し、国府側の反対の立場を説明し、覚書を手交した。これ以降、日中貿易関係をめぐる日華交渉は、長期間にわたり日華関係における最も重要な課題の一つとなった。

日中貿易関係は、日華の経済協力関係の樹立過程にも大きな影響を与えた。すなわち、日華双方は日中の民間貿易関係を利用しつつ交渉を行った。一九五五年六月一日、日本大使館の宮崎公使は外交部亜東司を訪れ、日本の企業関係者の在台利益について協議した[47]。宮崎は、日華平和条約において日本の企業関係者の在台営業が認められたが、実際には日本の企業関係者の地位が中華民国と条約関係にない国々の華僑よりも低いことを強調した。宮崎は、日本国内の左派社会党が中国共産党との通商を主張し、万が一台湾における日本の企業関係者の状況を知れば、必ずこれを口実に日本国内で大きく取り上げ、宣伝を行うと述べた。日本の駐華大使館の圧力で、国府の外匯審議委員会は外商貿易弁法を修正し、法律上は日本の企業関係者の対台支社の設立が可能となった。

一九五五年七月二九日の行政院第二三次会議では、三菱、第一物産、日盛、竹腰及び東洋棉花の五つの日本企業の台湾における支社の設立が正式に承認された。しかし、東洋棉花は中国大陸との貿易を同時に行っていたため、後に国府によって除名された。日本側は日中民間貿易を推進する一方で、これを利用して台湾への経済進出を図ろうとした。

これに対して、外交部は表面上規制を緩和し、密かに日本の商社を調査して中国共産党と貿易を行わず、かつ台湾との貿易の取り引きが多い会社に限り来台を許可することを主張した。実際に、中央信託局は中国大陸との貿易関係がある会社を調査し、ホワイト・リストを作成し、このリストに入った商社の台湾との貿易を拒否した[48]。国府の駐日大使館は中央信託局を通じて、三七の日本商社から中国と貿易を行わないという保証を得た。このホワイト・リストはココムのルールを厳守してきたと考えていた日本政府と経済界の怒りを惹起した。国府はこのリストをアメリカの駐日大使館に提出して非公式に協力を要請し、少なくとも、米援の台湾関連プロジェクトにおいて、ホワイト・リストの日本の商社と取引しないように要請した。しかし、アメリカは子会社の設置が多く調査が難しいという理由で、国府の要請を間接的に断った[49]。

（3）東南アジアをめぐる日華協力——日本の経済復興における国府の役割

中国市場の代替として、東南アジアは戦後日本の復興にとって非常に重要な市場となった。そのなかで、台湾は日本の東南アジア政策において特殊な存在であった。地域的に台湾はしばしば東南アジアに含まれた。外務省は「一九五一年の東南アジア地域貿易の統計」という資料において、「日本と台湾の貿易額は東南アジア地域全体において輸出が一六％、輸入が二六％を占め、また個別の項目について、輸出が機械器具一六％、車輛類四％、鉄鋼製品一三％、非鉄金属製品四％、医薬品類一四％、農産物四％、雑貨七％、そのほか一〇％、肥料五％、麦および小麦粉二％、綿織物一一％、綿糸五％、其の他の織物及糸五％であり、輸入が砂糖五九％、米二四％、バナナ七％、塩五％、其の他五％である」と言及している(50)。ここから、当時の日台貿易が日本の東南アジア貿易の一部として位置づけられていたことが窺える。

また、政治面からみれば、国府は中国の内戦で敗北して台湾に撤退したとはいえ、東南アジアの華僑圏において依然として大きな影響力を保っていた。その意味で、一九五二年五月に、東南アジア資源開発の可能性を探るために日本政府が東南アジア諸国へ派遣した政府特使の訪問先に台湾が含まれたことは意外ではなかった。吉田茂首相からこの特使に任命されたのは国務大臣の緒方竹虎であった。緒方は五月七日に蔣介石と三度にわたる会談を行った。この会談では、親善を深めることに主眼が置かれた。より具体的な協議は、張群総統府秘書長との間で、経済文化面の実務交流の推進などをめぐって行われた(51)。

国府側も日華協力の下で東南アジア開発を進めることに関心を持っていた。一〇月三〇日に国民党の僑務委員会は「東南アジア地域貿易促進座談会」を開き、この会議において在日華僑は東南アジアの華僑との間に経済協力機構を設立し、両者の連携によって日本を東南アジア市場へ導き、「政治台湾、経済大陸」の妄想を打ち破ることを提案した(52)。日本の駐華大使館は会議の内容に大きな関心を示し、何度も問い合わせた。また、日華連合銀行の設立についてもいくつかの構想が打ち出された。元横浜正金銀行頭取の児玉謙次は、資本金二億円で日華連合銀行を設立する構想を提起し、吉田、緒方は検討するよう指示を出した(53)。東京銀行は、香港の華人陳維周と協力して香港に日華銀行を設立し、日本と香港の間の貿易のために金融上の便宜を供与し、また、南洋華僑の人々を結びつけて東南アジア一帯を巻き込んだ日華協力の実を挙げる計画を練っていた(54)。

一九五三年八月、小金義照自由党政調会副会長が率いる改進党、自由党の議員、また外務省と通商省の調査官を含む東南アジア経済考察団が、台湾を一週間訪問した。これを受けて、中日経済協会は一二日にこの考察団を招待し、日華経済座談会を開いた[55]。

この会議において、中央信託局の尹仲容局長は、台湾の経済建設の計画及び米、砂糖、石炭、塩などの主要物資の対日輸出について日本側に説明し、協力の可能性を相談した。経済安定委員会の銭昌祚執行秘書は、日本、台湾、東南アジアの三角貿易を促進すべきだと述べた。小金は、七月二〇日に衆議院で可決された「日中貿易促進」案について、一部の人の意見を尊重したもので、国府との経済関係を重視しないというわけではないと述べた。さらに小金は、日本が東南アジア経済開発を行う第一要件は、国府との協力、とりわけ華僑との協力であると語った。日本側のメッセージに対して、張群は「私の意見は、日本と東南アジアの華僑が連合し、アジア地域の開発と繁栄を促進しようというものであった」、「日匪（中――著者注）貿易には反対するが、日本が南洋と貿易したいならば、非常に喜ばしいことで成功させるように助けたい」と述べた[56]。一〇月一九日に小金は国府側に宛てた書簡において、国府の協力が日本と東南アジアの経済協力に新たな方法と手段を提供し、日本と中華民国の間には技術と経済面で大きな協力空間が存在するとの期待を表明した。

3　日華協力委員会の設立

国府が日本と反共同盟を形成するという期待は日中民間貿易によって壊された。さらに、一九五四年一二月に発足した鳩山政権は、共産圏外交を視野に入れた方針を打ち出し、鳩山一郎首相は国会答弁で「二つの中国」を明言したこともあった。ここで言う「二つの中国」は、日本政府が双方を承認するという意図ではないが、中華人民共和国が中国大陸を統治し、中華民国が台湾を統治しているデ・ファクトな状況を踏まえることを意味していた[57]。日華の政治関係の大半は、日本と中国大陸の関係をめぐって展開されていたため、日華の政治関係を促進すると、正式な外交ルートでの交渉空間は限られていた。このような状況において、後の日華関係に大きな役割を果たすことになる非公式なルートである日華協力委員会が設立された。

しかし、同委員会は名義上民間組織と呼ばれたものの、実際には政府間の交渉ルートであった。国府側の構成員は主に政府の要人から成り、日本側は自民党の議員及び財界や文化界の有力者で構成されていた。従来の研究では、同委員会は日本の親台湾派の結成や、外務省よりも自民党によって主導された組織、あるいは「政・党分離」の対国府外交のパターンの形成として位置づけられてきた[58]。だが、筆者は、日華の政治関係が最初から限界を露呈していた状況において、以後に展開していく日華間の多元的な外交交渉に関わるアクターの一つとして日華協力委員会を位置づけ、またその委員会に対する日華間の関わりかた相違に着目しながらその成立過程を明らかにしたい。

(1) 張道藩親善団の訪日

日華協力委員会は、一九五六年八月、当時の自民党総務会長であった石井光次郎を団長とする日本各界訪華親善団の台湾訪問をきっかけに誕生したとされている。先行研究では、国策研究会理事であった矢次一夫が、「中共へ中共へと草木もなびくという状況で、台湾はきえかかったローソクみたいなことをみんながいうが、実情はどうなっているのか。台湾の実情を見ると同時に、台湾から中共を見ることも中共を知る上で必要だ」と石井光次郎に呼びかけ、最終的には自民党だけでなく、社会党の松岡駒吉にも声をかけ、実業家、評論家など二六名で、台湾を訪問した、という経緯が明らかにされている[59]。しかし、そうした訪問とそれをきっかけとした日華協力委員会の成立は、偶然の出来事ではなく、少なくとも一九五六年三月の張道藩親善団の日本訪問から考察しなければならない。

一九五二年四月、日本政府は台湾の中華民国政府と日華平和条約を締結し、外交関係を築いたものの、政経分離の方式によって中国大陸と経済関係を維持しようとした。これは、吉田茂内閣から一貫した日本政府の政策と論じられてきた[60]。このような政策に対し、国府は苛立ちを募らせた。一九五二年八月二日の中華民国総統府秘書長張群の訪日以降、日華関係は政府要人の往来が停滞する状態になっていた。その状況を打破したのが、自由党総務会長を務めていた大野伴睦が招待した、一九五六年四月の中華民国の張道藩立法院長を団長とする親善団の訪日であった。

大野らは、その招待計画において参加者を必ずしも立法委員に限定せず、広く国府要人、特に、張群や蔣経国をメンバーに加えたいと考えていた[61]。結局、立法院長張道藩を団長として、中央委員として国民党の要人であった陳雪屏（行政院秘書長）、胡建中（中央日報社長）らを含む立法委員九名、非国民党人士二名、台湾出身の有力者三名（黄朝琴―国民党中央委員、台湾省議会議長、林伯寿―台湾水泥公司董事長、羅万俥―立法委員、彰化商業銀行董事長）を含む総勢一八名から成る国府各界代表訪日親善団が、四月一五日から一〇日間の日程で来日した。人員の構成からみれば、主に国民党の「大物」と台湾出身の実業家であり、後に彼らは日華協力委員会の構成員に名を連ねることとなった。それに対して、国府の親善団に対する日本側の招待について特に留意すべき点は、社会党との関係など、日本国内政治における中国問題の複雑さによって[62]、日本政府にも国会にも直接関与せず、大野個人の名義による歓迎委員会の招待という名義で、自民党の福田篤泰、櫻内義雄、西郷吉之助ら、衆・参議員を中心とした人物たちであったということである[63]。

国府は、使節団の日本訪問が日華平和条約発効後初めてのこととして、日本側の注意を強く引きつけ、また、メーデーを控えての中国側の多数の日本人招待を牽制し、中国の内幕を日本側によく認識させることで、日華協力を促進し得るよう期待をかけていた。張群も堀内謙介日本駐華大使に対し、国交再開以来、通商上の民間往復は別として、両国要人の接触による、自由陣営の両国の提携を促進するという政治上の目的を強調した[64]。訪問中、張道藩一行は国府に対する日本の関心を深め、日華提携を強化して中国に対抗することが目的だ、と日本各界に説いて回った。日本の新聞報道は訪問団の動静を無視したが、経済界、自民党との提携は訪問団にとって大きな成果であった。

四月一八日の日本経済団体連合会、東京商工会議所主催の懇談会には、関連を持つ一流商社代表約七〇名出席し、バナナの問題をめぐって議論を行った。東京商工会議所副会頭の話によれば、経済界からこれほど多数出席した会合は戦後初めてであったという(65)。また、政治面でも、大野伴睦、船田中、灘尾弘吉、須磨彌吉郎、野村吉三郎、木村篤太郎、福田篤泰、櫻内義雄、西郷吉之助といった自民党議員は、種々の会合に積極的に出席した。張道藩一行の帰国後、日本側の歓迎準備委員会関連の国会議員の間では、当初日華親善協会を設立する気運があったが、今回の接待費の余剰金を基金として財団法人「アジア反共同志会」設立が計画された。この計画の下に、最も基礎強固な反共団体を組織し、将来的には他の数多の反共団体を傘下に収め、アジア人民反共連盟会議の日本代表機構とすることが、企図された。その発起人は、福田篤泰、櫻内義雄、西郷吉之助らの代議士であり、設立準備事務所を衆議院の大野伴睦の部屋に置き、名誉会長は鳩山一郎首相、会長には大野伴睦氏を推す予定であった(66)。この構想はその後進展しなかったが、政界の保守政党中に親国府グループが形成されたことは国府にとって一つの成果であったといえよう(67)。

(2) 石井光次郎親善団の訪台と日華協力委員会の成立過程

張道藩親善団の訪日の答礼として、一九五六年八月一四日に石井光次郎自民党総務会長に率いられた、前衆議院議長で社会党の松岡駒吉、前大蔵大臣渋沢敬三、経団連事務局長堀越禎三などの日本各界の親善使節団が台湾を訪問した(68)。訪問団が台湾に到着した翌日、蔣介石総統は台北郊外陽明山の総統別邸で歓迎茶会を行った。会談の最中、石井は蔣介石に鳩山一郎首相の親書を手渡した。当時日ソ平和条約の交渉が進められていたが、鳩山の親書は中立主義を排除すると表明し、国府との反共政策での協力を重ねて述べたものであった。それに対して、蔣介石は極めて安心を感じると表明した。そうした「良い政治の雰囲気」の中で、使節団は民間からの日華親善の促進を提案し、蔣介石の支持を得た。

石井一行は、一〇日間の訪問中、台湾の政府及び民間の各界人士と接触し、政治、経済、文化を含む広範囲の問題について意見交換を行った。文化面において、日本側は主に日本の雑誌、新聞及び書籍の輸入制限を緩めることを提案し、さらに、それを解決するために、中華民国駐日大使館に日華混合委員会のような組織を設けることを提案した。経済面においては、両国の経済関係を強化する意図を表明したほか、東南アジアとの貿易問題においての日華協力を提案した(69)。政治面においては、表面上、双方が「反共」ということでは一致していたが、日本側は繰り返し「両国それぞれの国際環境と国内事情において相違するものがあり、したがって反共の方式や表現もまたそれぞれ異なるべきである」と強調した(70)。

矢次一夫は、外務省アジア局長小川平四郎に提出した石井一行訪台に関する報告の中で、国府が反共問題に関しておこなっている対日批判に対して、それを「極めて執拗」と批判し、国府と日本とでは反共闘争の方法論は異なるし、異ならなければならないという点もその場で力説したと記している(71)。このように、「反共」という合意なき合意の下で、双方が自国にとって各々必要なものだけを取るというのがこの時期の状況だった。この点においても、台湾と強い関係を持つ、いわゆる「親台湾派」でさえ、日中貿易に対する態度という点で、必ずしも国府と一致していたわけではなかったことに留意する必要がある。

石井一行が訪台の際に提唱した日華混合委員会は、日華協力委員会の萌芽的なものだと言える。同委員会はしばしば反共主義の文脈から語られがちであるが、実際のところ、日本側の当初の意図は、日本の新聞・雑誌や学術書の台湾への輸出といった文化交流の促進に活動の重点が置かれており、また、その位置付けについても、国府の駐日大使館の諮問機関的な位置づけが想定されていた。すなわち、国府が最も興味を持っていた政治的な反共協力を目指していたわけではなかったのである。訪問団が日本に戻って以後、団員の中で特に石井と矢次は、国府の駐日大使館あるいは張群と直接連絡をとりながら、日華混合委員会の設立について引き続き協議していた。

他方、国府内部でも同委員会をいかに運営すべきか検討されていた。外交部は、「日本側は中日（日華）間の懸案の解決に注目しており、最初に提案しようとするのは、日本の新聞、雑誌、映画の輸入問題及び二十九隻の漁船の問題と予測される。我々は政治、経済に注目すべきである。例えば、日本国内の左派勢力の分化、東南アジア経済協力、反共陣営の強化などである。最も重要なのは、同委員会を通じて日本の政策に影響を与え、特に反共政策を強化することである」という見解を提示していた(72)。

このように、両国の親善関係をいかに促進するかという点に関する双方の態度を見れば、日本側は経済や文化の実務関係を重視する一方で、国府は政治外交上の関係を中心に据えようとしていたといえよう。日華協力委員会の性格に対する認識が日華間では一致していなかったのである。このような状況下で、日華間ではいかにして妥協が達成されたのであろうか。

石井親善団帰国後、日本側の態度にはやや変化がみられた。矢次は、張群宛の書簡において、「貴国と我が国はそれぞれの国情が違うので、日華協力委員会の設立については、諒解事項の中に、簡単で、政治価値を有していることを取り上げ、優先的に実施させる」ことを提案し、「同委員会は日華親善および文化面で協力するために設立したものであり、もちろん日本の国民によい影響を与え、中共にも重大な打撃を与えることができる」との妥協案を提示し、早期に同委員会を成立させることを国府に訴えた(73)。さらに矢次は、この委員会の設置の意義を文化交流の狭い範囲に限らず、政治、経済を含む全面的な日華親善をも強調し、とりわけ、岸信介、石井光次郎、石橋湛山をはじめとした政界の諸派閥、及び財界の有力者を集めて、日華協力委員会の機能を一層強化すると述べており、国府の意図に歩み寄る姿勢を見せた(74)。

他方、国府外交部の検討意見では、「目下日本政局が不安定な状態において、日華双方で日華協力委員会を設立することには深遠で重大な意義がある。当面日華間で問題が山積しており、例えば、日共（中国大陸）間の貿易の拡大、通商代表団の設置などの問題は、日華間の友好関係に影響を与える重大な問題であった。もし同委員会があれば、双方の代表が非正式に意見を交換し、政府に働きかけ、日華両国にとって大いに役立つ」と、日中貿易など日中関係の進展の抑制を目標とすることが示された[75]。

同文書では引き続き、「ただし同委員会の最初の段階で、日本に少し恩恵を示すべきであり、そうすることで、日本の輿論は同委員会を重視するようになると考えられる。また、日本社会党及び左派の人々が、対中国交樹立を唱えているところ、われわれは同委員会を通じて対日攻勢を打ち出すこともできる」と記されている。また、先述の意図により、「同委員会は、日華間の問題を解決するため成立した日華親善団体であり、提案事項が解決できるかどうかは、日華双方の政府の態度で決まるので、同委員会の成立前に、日本政府の指導者たちの諒解を密かに得るべきである」と政界との連繋を強調している。

日華協力委員会の人員構成については、日本側が双方の民間人士によって構成することを想定していたのに対して、国府は政府の人員が参加しなければ実効性が生じないから、単純な民間機構にするべきではないと強く主張した[76]。ゆえに、最初の国府側の人選は、国民党の大物のほか、関連する政府機関の主管者（経済部次長王撫洲、教育部次長呉俊升、駐日大使館の楊雲竹公使、張伯僅公使、胡光泰商務参事など）を含んだものであった。しかし、日本側は野党の攻撃を避けるように、大使館サイドの正式な参加に反対し、その結果、大使館関係者はオブザーバーとして参加し、側面から協力することになった。政府の官僚の参加については、国府の強い主張によって日本側が妥協して含めることになったが、委員たちの政府色を排除して、全員がなるべく「中日経済文化協会」などの民間人名義で参加することが決められた。

他方、一九五六年三月に日本を訪問していた経済部次長王撫洲及び中華民国駐日大使館は委員会の設立に関して積極的な働きかけを日本側に対しておこない、石井、大野などの自民党勢力や当時の東京商工会議所会頭藤山愛一郎、大阪商工会議所会頭杉道助をはじめとする財界の支持を取り付けた[77]。日華協力委員会の設立について、日華間ではいくつかの項目で一致していなかったものの、岸内閣の発足後、ただちに活動を展開するという共通の意思を双方が有していたため、比較的早く基本的なコンセンサスが達成され、同委員会は一九五七年三月に正式に発足し、四月に東京で第一回の総会が開かれた。組織面の基本的な運営は、同委員会の規約によって、以下のように規定された[78]。

①　本会は、日華協力委員会と称する（中華民国側名称「中日合作策進委員会」、英語名称“The Committee for Promotion of Sino-Japanese Co-operation”）。
②　本会は、日華両国の政治・経済・文化の各般の問題にわたって親善提携・共同合作を行うものである。
③　本会は、日華両国の民間人有志による民間団体とする。
④　本会は、両国の民間人有志により各若干名の委員を選んで組織する。日華両国の委員は同数とする。
⑤　本会の事務処理機関として、両国はそれぞれその委員の中より若干名の常任委員を互選する。
⑥　本会開催の際は議長並びに副議長を置く。議長は主催国委員より、副議長は参加国委員よりこれを選ぶ。
⑦　本会は原則として、毎年二回交互に開催する。必要に応じ、両国合同の常任委員会を開くことができる。
⑧　本会の経費は、両国委員の分担とする。
⑨　本会の運営に関する細則は、本委員会の議を経て、別にこれを定む。
⑩　本会の事務所は東京都及び台北市に置く。

同委員会の実際の運営状況を踏まえて、以上の規約について何点か補足説明する必要がある。第一に、同委員会は原則として毎年二回開催することになっていたが、実際は、一九六〇年の第六回総会以降、毎年一回のみの開催となった。第二に、会員制をとらず、会員参加者は会合のつど、自由に入会・参加できるようにした点が、日華協力委員会の特徴であり、これも後に台湾への思惑、中国への配慮によって出席者が増減する不安定な状況をつくり出すことになった(79)。このような制度設計がなされた背景には、国府が固定的な会員制をとらず、弾力性を持たせ、できる限り多くの反共人士を集めることを意図していたということがある(80)。第三に、財政面では、台湾側では政府が全面的に支援した。日本側については、財界と会員となった各社の負担以外に(81)、日華協力委員会に対して、一九五九年一〇月の第五回総会から一九七一年の最後の総会まで、毎回外務省から二〇〇万円、内閣から一〇〇万円の支援が行われていた(82)。また、同委員会は一九六〇年代末期に至ると、政治委員会を切り離し、日華の経済問題を議論する組織へと変わった。

以上で述べたように、国府は日華協力委員会を対日外交の新ルートとする意図があったため、人員構成を極めて重視した。同委員会の発足に際して、張群以下、何応欽、そして国民党の大物でアジア反共連盟中華民国総会理事長の谷正綱、経済部長の江杓、教育部長の張其昀、行政院秘書長の陳慶瑜、外交部次長の沈昌煥、さらにわざわざ日本から帰国させた駐日大使の沈覲鼎、外交部亜東司長の呉世英、中日経済文化協会幹事長の汪公紀、副幹事長の余仲剛などを結集した、日華協力委員会の人事案が策定され、最後に蔣介石の承認を経て、左記の基本的な構成メンバーが任命された(83)。

名前	履歴
谷正綱	国民党中央常務委員、アジア反共連盟中華民国総会理事長

陳雪屏	国民党中央常務委員、一九五八―一九六三年行政院秘書長
張厲生	国民党中央委員会秘書長、元行政院秘書長、内政部部長、行政院副院長を歴任、一九五九年五月―一九六三年一二月駐日大使
黄朝琴	国民党中央委員、台湾省臨時省議会議長、台湾第一商業銀行董事長、元サンフランシスコ総領事、台北市市長、国連第五回大会中華民国全権代表を歴任。早稲田大学政治経済科卒業
陶希聖	立法委員、中央日報董事長、元国防最高委員会参事を歴任
胡健中	中央日報社長
鄭道儒	台湾漁業増産委員会主任委員、元中央在台物資処理委員会副主任委員、経済部長を歴任
汪公紀	中央信託局顧問、元駐日代表団副団長、経済部次長を歴任、早稲田大学卒業
呉俊升	教育部政務次長、光復大陸委員会委員
王撫洲	経済部次長
林伯寿	台湾台北県出身、台湾水泥公司董事長、石門水庫建設委員会委員
羅万俥	台湾南投県出身、立法委員、彰化銀行董事長、石門水庫建設委員会委員、明治大学法学科卒業
郭建英	台湾第一商業銀行総行営業部経理、元駐長崎領事館主事
余仲剛	日本研究社社長、中日合作策進委員会研究主任

第一回総会以後、国府が同会を通じて対日外交を模索していったのに伴い、以下のように人事が変動した。

会議	増加人員	履歴
第三回（一九五八年六月）	黄国書	立法院副院長
	蕭錚	台湾土地銀行董事長、元国民党中央常務委員を歴任
	李国鼎	工業委員会委員、一九五八―一九六三年米援運用委員会秘書長、一九六五―一九六九年経済部部長
	鄭学稼	政工幹部学校教授
第五回（一九五九年一〇月）	丘念台	監察院監察委員、総統府資政
	徐柏園	中国銀行董事長
	林挺生	大同製鋼機械公司董事長、台湾省工業会理事長
	陳建中	国民党中央党部第六組組長
	黄雪邨	光復大陸設計委員会委員、行政院顧問
	許丙	台湾出身元老
第六回以後	唐縦	国民党中央常務委員、国民党中央党部第六組組長
	陶声洋	行政院国際経済合作発展委員会主任委員
	謝東閔	台湾省議会議長

謝然之	国民党中央党部第四組主任
徐慶鐘	国民党中央党部副秘書長
馬樹礼	国民党中央委員兼第三組主任
王永慶	台湾プラスチック工業股份有限公司董事長
辜振甫	全国工商協進会理事長

以上は日華協力委員会国府側の基本的な構成員である。日本側委員の流動的な状況と比べると、すべて蔣介石の承認を経ており、慎重、かつ固定的な人選であった。その構成については、大体以下のように分類できる。

第一は、国民党の指導部である。第二は、王撫洲、李国鼎、陶声洋に代表される政府経済部門の関係者である。第三は、許丙や辜振甫などの台湾出身の実業家である。第四は、陳建中、唐縦をはじめとする国民党の特務系統である。特務系統の人事の参加は、岸政権末期の第五回東京総会からである。当時の駐華大使井口貞夫発、外務大臣藤山愛一郎宛の電報では、第五回総会直前の一〇月一三日夕刻、蔣経国国防会議副秘書長が、谷正綱及び国民党中央党部第六組組長陳建中の両名と会見し、自民党の当時の動向に鑑み、一行が日本滞在中には、できる限り同党の首脳と接触するとともに、遊説などの方法によって、中華民国の真意を日本国民に伝え、日本が中共と接近し、日華対立を再び繰り返さないよう呼びかけるようにすること、並びに陳建中は、在日国民党員と連絡を密かにし、以上の工作を援助するようにとの蔣総統の指示を伝えた、と記されている(84)。一九六三年の周鴻慶事件発生以後の陳建中の活動はすでに明らかにされているが、実は特務系統の対日外交への参与は、岸政権末期に日華協力委員会によって活発化し始めていた(85)。

このように日華協力委員会は、台湾側からみれば、蔣介石、張群により指導され、国民党中央党部の幹部、行政院、外交部、経済部、教育部などの政府機関のトップクラスを集めた党政一体のハイレベルな組織であった。府内部の基本的な政策決定の流れは、まず日華双方の協議に基づいて、日華協力委員会が対日政策の意見を含む報告書を作成し、それを総統府に提出して蔣介石の指示をえた後、行政院に発送する。そして、報告書の具体的な事項に応じて、行政院院長から関連する政府機関にそれを発送するというものであった(86)。「民間」の組織とはいえ、少なくとも国府側において、日華協力委員会は、対日外交政策決定の主体と見なしうる陣容を備えていた。

先述した台湾側の委員構成に対して、日本側は、矢次一夫、経団連の足立正、堀越禎三諸氏が同委員会の日常的な運営を担当していた。また、財界人、言論人、文化人など民間各界挙げての対台湾交流組織と言いながらも、日華協力委員会の日本側の構成を見れば、自民党議員の石井光次郎、大野伴睦、岸信介らが顧問として、また、船田中、大久保武雄、北沢直吉、田中龍夫、福田赳夫、賀屋興宣、椎名悦三郎ら自民党の有力議員がしばしば委員として参加していた。この他、井口貞夫、沢田廉三、堀内謙介、岡崎勝男といった元外務官僚も委員あるいは常任委員として参加しており、政治色も強かったことが窺える。さらに言えばこの委員会の存在が日本政界の「親台湾派」の結集に一役買ったと指摘することができよう。国府側の人事について、日本政府は「すべて大臣級の人物」と認識しており、一定の財政的な支援以外に、外務省も日本側委員に対し非公式な協力を行っていた(87)。

以上、一九五六年の張道藩親善団の訪日及び石井光次郎親善団の訪台の経過を検討した。これらの相互訪問によって、日華間の新しい交渉チャンネルとも言える日華協力委員会が設立されていくことになった。日華協力委員会の成立に際して、日本側と国府の同委員会に対する思惑は異なっていたが、妥協が積み重ねられていった。その妥協の過程は、簡単に言えば、日本側はその組織の機能、特に政治面の影響力を強化することによって国府の協力をえて、日華間の懸案解決及び実務関係を推進しようとした一方で、国府は日本側が提出した問題を解決することによって、政治面の効果を追求することを目的とした。すなわち、日本側は日華の政治関係の強化を梃子にして、経済や文化の関係を推進しようとしたのに対し、国府はその実務関係の促進によって、政治関係を強化しようとした。同委員会については、後段の各章で具体的に触れるが、日華間の諸問題解決における根回し、懸案の解決及び経済協力の推進といった点で主な役割を果たしたことに鑑みれば、日本側の委員たちの外務省との距離が必ずしも遠いわけではなかった。この組織が設立され、それが重要な交渉ルートとなったことは、むしろ日華間の政府関係の齟齬と限界の結果だったのではないかと考えられる。

おわりに

本章は一九五〇年代の前半期において、対日講和会議に参加しなかった国府と日本との関係の形成過程を考察した。この過程は、従来の研究において、日台通商協定による貿易関係の制度化と、日華平和条約の締結による政治関係の制度化の側面が注目を集めてきた。それに対して本章では、日本の在台事務所の設置、日本の企業関係者の来華問題、日華協力方式の模索、交渉ルートの確立を含めて、より連続的な視点から日華関係の形成過程を扱った。

一九五〇年代前半において、日本政府の最大の外交目標は、経済復興及び国際社会への復帰であった。中国大陸の市場が日本にとって「閉鎖」された状況において、旧植民地台湾との経済関係を回復し、さらに国府の東南アジアに対する影響力を利用し東南アジアへ進出しようというのが、この時期の日本政府の対華政策における主要な関心であった。日華平和条約締結に至る過程においても、日本側は意図的に経済関係を先行させ、国府との政治外交関係をまず樹立しようとはしなかった。むしろ、日本政府は国府との外交関係の樹立を遷延し、経済協力の方式によって日台の実務関係を構築しようとした。日華平和条約の締結以後、日本政府は国府との間で、主に東南アジアにおける経済協力と日本の台湾への経済進出に関する交渉を重ねていた。他方で日本は、中華民国との外交関係を前提としつつ、中国大陸との民間経済関係の形成をも模索していた。このような日中関係の模索は、日本と反共同盟を構築しようとする国府の「夢」を壊したのである。

一方、台湾に移った中華民国政府は、戦前から継続していた対日警戒感を抱き続けていたため、当初日本の対外貿易の再開に対して厳しい態度を取っていた。しかし、台湾に撤退した国府にとっては、国際社会における地位を維持するため、対日関係を早期に回復させることが何よりも優先すべき外交目標となったのである。こうした状況の下で、国府は日本の経済復興、日本の台湾への経済進出などの経済問題に対して次第に態度を緩和させる方針を取るようになり、このような経済関係の樹立を通じて、政治外交的な面での日華平和条約へのみちを開くことを目指した。日華平和条約締結以後、日華の経済協力は台湾の経済発展にとっても重要であったが、あくまでも国府の主眼は日華の経済関係及び東南アジアにおける日華の協力を利用して中国大陸に対抗することにあった。

一九五〇年代前半の日華関係の形成過程において、政治と経済関係が絡み合いながら展開していく過程で、日華間の政治関係の限界はすでに露呈していた。反共を政策理念の基軸とする国府の外交は、後に台湾の工業建設及び経済発展によって、その目的を多様化させていった。一九五〇年代前半において、日華間の経済協力は貿易関係及び各種の制度の整備を中心に進められたが、すでに政治関係とは別の次元で外交空間を創出していたことが窺われるのである。

註

（1）呉密察「台湾人の夢と二・二八事件――台湾の脱植民地化」（大江志乃夫ほか編『岩波講座　近代日本と植民地8　アジアの冷戦と植民地』岩波書店、一九九三年）、三九―四〇頁。川島真、清水麗、松田康博、楊永明『日台関係史一九四五―二〇〇八』東京大学出版会、二〇〇九年、二七頁。

（2）波多野澄雄「『周辺大国』と日本外交」（波多野澄雄編『日本の外交　第二巻　外交史戦後編』岩波書店、二〇一三年）、二〇頁。
（3）川島真ほか前掲書、四〇頁。
（4）廖鴻綺『貿易興政治：台日間的貿易外交　一九五〇―一九六一』稲郷出版社、二〇〇五年。やまだあつし「一九五〇年代における日本の台湾輸出」『人間文化研究』第一六号（二〇一一年）、二九―一三二頁。同「一九五〇年代日台貿易交渉―一九五五年第二回交渉を中心に」『人間文化研究』第一九号（二〇一三年）、九一―九八頁。
（5）徐年生「戦後日本の中国政策の模索と日華関係の研究――一九五〇年代を中心に」北海道大学大学院法学研究科博士論文（二〇〇七年）。
（6）松村史紀『「大国中国」の崩壊――マーシャル・ミッションからアジア冷戦へ』勁草書房、二〇一一年、三九頁。
（7）「中日貿易について（速記録）」一九四九年三月一六日、外務省外交記録「本邦対中華民国貿易関係雑件　第一巻／日・中華民国貿易関係」（E'2112）、外交史料館。
（8）川島真ほか前掲書、四二頁。
（9）同右。
（10）駱人駿簽呈、一九四八年五月四日、外交部「日商来華」（020-010104-0081）、国史館、台北。
（11）「報告日本訓練派遣駐外国貿易官由」一九四九年七月三〇日、外交部「日本派遣海外商務代表（一）」（020-010104-0058）、国史館。
（12）外交部収電六七七号、一九四九年一一月一三日、「日本派遣海外商務代表（一）」。
（13）速件、一九五〇年一月一〇日、「日本派遣海外商務代表（一）」。
（14）外交部亜東司第一科「美方商請我支持日本派遣駐外商務代表案」一九五〇年一月一二日、「日本派遣海外商務代表（一）」。
（15）外交部発駐日代表団朱団長宛、一九五〇年二月一三日、「日本派遣海外商務代表（一）」。
（16）「蔣介石日記」一九五〇年二月二五日、上星期反省録、スタンフォード大学フーバー研究所。
（17）「蔣介石日記」一九五〇年五月二八日、上星期反省録。
（18）「日本台湾間通商協定締結に関する件」一九五〇年八月一五日、外務省外交記録「日華貿易及び支払取極関係一件」（B.5.2.0.J/

C（N）1）、外交史料館。
(19) 同右。
(20) 駐日代表団団長何世礼発外交部部長葉公超宛、一九五〇年九月二九日、「日本派遣海外商務代表（一）」。
(21) 亜東司「関與日商来華案之説帖」一九五〇年一〇月六日、「日本派遣海外商務代表（一）」。
(22) 経済部部長鄭道儒発行政院秘書処宛代電「関與日政府派遣商務代表来台貿易案複請査照転陳核示」一九五〇年一二月八日、「日商来華」。
(23) 台湾区生産管理委員会発外交部宛代電「為日本官方擬派代表来台案電複査照由」一九五〇年一〇月二八日、「日商来華」。
(24) 経済部発外交部宛代電一七一三号「為日商申請来華如何処理案電複査照由」一九五〇年四月四日、「日商来華」。
(25) 駐日代表団代電「呈複関与日在台設置海外事務所事」一九五〇年一二月二九日、「日本派遣海外商務代表（一）」。
(26) 外交部長葉公超発行政院宛「関与日在台設置海外事務所事」一九五一年一月二三日、「日本派遣海外商務代表（一）」。
(27) 外務省編纂『日本外交文書　平和条約の締結に関する調書』、二〇〇二年、二九三―二九四頁。
(28) 「斉世英電蔣中正前晩井口談英米倫敦会議中国講和参加問題争執不下」一九五一年七月六日、「蔣介石総統文物・革命文献」（002020400053052）、国史館。
(29) 「蔣介石日記」一九五一年九月一日、上星期反省録。
(30) 「蔣介石日記」一九五一年一二月九日、同右。
(31) 「蔣介石日記」一九五二年三月一八日、同右。
(32) 「指示曹士澂不聘用河田烈為経済顧問」一九五一年八月二〇日、呂芳上編『蔣中正先生年譜長編（第九冊）』国史館、中正紀念堂、中正文教基金会、二〇一四年。
(33) 外交部発顧大使、何団長宛電報、一九五一年七月二三日、「日本派遣海外商務代表（一）」。
(34) 「顧大使とダレス第一六回談話記録」一九五一年八月二日（中華民国外交問題研究会編『金山和約與中日和約的関係』中華民国外交問題研究会、一九六六年）。
(35) 「葉部長与藍チン公使談話記録」一九五一年八月四日、『金山和約與中日和約的関係』。

(36)「葉部長与藍チン公使談話記録」一九五一年八月八日、『金山和約與中日和約的関係』。
(37) 外務省アジア局第二課「日本台湾間経済協力に関する件」［日付不明］、「本邦対中華民国貿易関係雑件第一巻／日・中華民国貿易関係」。
(38) 経済部「対日経済合作計画綱要草案」［日付不明］、外交部「有関中日合作」(031.3/0102)、中央研究院近代史研究所、台北。
(39) 同右。
(40) 同右。
(41) 葉部長初陳院長宛電報、一九五二年五月二七日、「有関中日合作」。
(42) 同右。
(43)「蔣介石日記」一九五三年七月二二日。
(44)「蔣介石日記」一九五三年七月一三日。
(45) 福岡県議会議長田中保蔵発外務大臣の岡崎勝男宛「日中貿易促進について」一九五二年八月二日、「本邦対中華民国貿易関係雑件第一巻／日・中華民国貿易関係」。
(46) 高知県全労働組合協議会会長田村節郎発外務大臣の岡崎勝男宛「日中貿易促進についてのお願い」一九五二年八月六日、「本邦対中華民国貿易関係雑件第一巻／日・中華民国貿易関係」。
(47)「亜東司李司長與日本大使館宮崎公使談話」一九五五年六月一日、「有関中日合作」。
(48) American Embassy Tokyo to the Department of State "White List of Japanese Firms," July 8, 1955, Box 2223, RG59, Department of State Decimal File, NA.
(49) Tokyo to Secretary of State, June 21, 1955, Box 2223, RG59, Department of State Decimal File, NA.
(50) 外務省経済局第五課「一九五一年度対台湾品目別輸出入額」［日付不明］、「本邦対中華民国貿易関係雑件第一巻／日・中華民国貿易関係」。
(51) 張群（古屋奎二訳）『日華・風雲七十年——張群外交秘録』、サンケイ出版、一九八〇年、一四三—一四四頁。
(52) 僑務委員会発外交部宛「挙行促進東南亜地区貿易座談会請指派負責人員準時出席由」一九五三年一〇月三〇日、外交部「有関中日合作」（031.3/0103）、中央研究院近代史研究所。
(53)『日本経済新聞』一九五三年九月四日。
(54) 一九五二年一〇月二日、株式会社東京銀行発大蔵省銀行局大月銀行課長宛「香港における中日合弁銀行設立の企て」一九五二年一〇月二日、「本邦対中華民国貿易関係雑件第一巻／日・中華民国貿易関係」。
(55)『中央日報』一九五三年八月一二日。
(56) 張群前掲書、一四五頁。
(57) 川島ほか前掲書、六二頁。
(58) 徐年生前掲論文、川島ほか前掲書、六四頁、神田豊隆「佐藤内閣と『二つの中国』――対中・対台湾政策におけるバランスの模索」『国際関係論研究』第二一号（二〇〇四年）などを参照。
(59) 池井優「日華協力委員会―戦後日台関係の一考察」慶應義塾大学法学研究会『法学研究』第五三巻第二号（一九八〇年）、一―二八頁。を参照。
(60) 陳肇斌『戦後日本の中国政策―一九五〇年代東アジア国際政治の文脈』東京大学出版会、二〇〇〇年を参照。
(61) 外務省アジア局第二課「国府要人の招待計画について」一九五六年三月二六日、外務省外交記録「張道藩親善訪問団関係」（A'1.6.1.2-1）、外交史料館。
(62) 重光大臣発台北堀内大使第六九号電報「中国要人招待の件」一九五六年三月二七日、「張道藩親善訪問団関係」。
(63) 重光大臣発台北堀内大使宛第七九号電報「中国要人招待の件」一九五六年四月五日、「張道藩親善訪問団関係」。
(64) 在中華民国日本国大使館特命全権大使堀内謙介発外務大臣重光葵宛第四一〇号電報「立法院長等訪日親善使節団に関する件」一九五六年四月一〇日、「張道藩親善訪問団関係」。
(65) 外務省アジア局第二課「中華民国各界代表訪日親善使節団の滞日中における言動に関する報告書」一九五六年四月二七日、「張道藩親善訪問団関係」。
(66) 外務省アジア局第二課「張道藩一行の帰国後、本邦における関係者の動静」一九五六年六月八日、「張道藩親善訪問団関係」。
(67) 同右。

(68) 日本各界中華民国親善訪問団名簿：団長――石井光次郎（自民党総務会長）、副団長――堀越禎三（経団連事務局長）、御手洗辰雄（政治評論家）、事務局長――矢次一夫（国策研究会常任理事）、団員――青木好之（トヨタ自動車販売副社長）、上村健太郎（前防衛庁航空監部幕僚長）、春日由三（日本放送協会ラジオ局長）、佐藤久喜（三井金属鉱業社長）、渋沢敬三（国際電信電話会長）、清水芳夫（日本鋼管常務）、曽田作（沢山汽船取締役）、田中東馬、種田鉄馬（映連顧問・大阪府会議員）、高橋亀吉（経済学博士）、土光敏夫（石川島重工業社長）、中村作一（久保田製作所取締役）、七海久（森永乳業常務）、細川隆元（評論家）、松岡駒吉（衆議院議員）、宮田重雄（画家）、矢部貞治（拓大総長）、随員――石井公一郎（団長秘書）、加藤昇（日華文化政経聯宜会幹事長）、清田良知（国際電信電話通信部次長）、橋本文男（讀売新聞政治部次長）。

(69) 外交部陳歩青「讀『接待日本各界親善訪問団座談会速記録』報告」一九五六年一〇月一一日、外交部「中日合作策進会」(031.3/0034)、中央研究院近代史研究所。

(70) 「声明　団長石井光次郎　一九五六年八月二四日　円山大飯店」、外務省外交記録「日本各界中華民国親善使節団関係　石井光次郎団長」(A'1.5.1.1-2)、外交史料館。

(71) 矢次一夫発アジア局長小川平四郎宛「日本訪華親善団の成果に関する報告」一九五六年九日［日付不明］、「日本各界中華民国親善使節団関係　石井光次郎団長」。

(72) 外交部「中日文化合作組織」［日付不明］、「中日合作策進会」(031.3/0034)。

(73) 総統府秘書長張群発外交部長葉公超宛電報「抄矢次一夫来函」一九五六年一〇月二四日、「中日合作策進会」(031.3/0034)。

(74) 東京大使館発台北外交部宛第六三号電報、一九五六年一二月五日、「中日合作策進会」(031.3/0034)。

(75) 外交部「中日合作策進委員会」［日付不明］、「中日合作策進会」(031.3/0034)。

(76) 外交部発駐日沈大使宛（注：この件について、張群秘書長は一二月一一日に沈大使と面談したが、張秘書長の指示に従って、発送を取消した）、一九五六年一二月八日、「中日合作策進会」(031.3/0034)。

(77) 沈観鼎発台北外交部速転張秘書長岳公、一九五七年一月一六日、「中日合作策進会」(031.3/0034)。王撫洲発台北外交部転総統府張秘書長岳公、一九五七年三月七日、「中日合作策進会」(031.3/0034)。

(78) 池井優前掲論文。

(79) 同右。
(80) 前掲「中日文化合作組織」、「中日合作策進会」(031.3/0034)。
(81) 池井優前掲論文。なお、同論文の矢次一夫へのインタビューにおいては、第一五回総会には企業から一〇〇人参加したが、一社当たり二〇万円であったとの記述がある。
(82) 外務省中国課「日華協力委員会に対する資金援助(極密、無期限)」一九七一年一〇月一五日、外務省外交記録「日華協力委員会」(I'0102)、外交史料館。
(83) 外交部周書楷「討論中日合作組織会談記録」一九五六年一二月一八日、「中日合作策進会」(031.3/0034)。
(84) 在中華民国特命全権大使井口貞夫発外務大臣藤山愛一郎宛台第一一八〇号電報「日華合作策進委員会中国側代表団に対する総統指示に関する件」一九五九年一〇月一五日、外務省外交記録「日華協力委員会」(I'0101)、外交史料館。
(85) 石井明「一九六〇年代前半の日台関係——周鴻慶事件から反共参謀部設立構想の推進へ」『国際法外交雑誌』、一〇一巻二号(二〇〇二年)、一四三—一七一頁。を参照。
(86) 行政院秘書処発外交部宛、一九五八年八月二日、外交部「中日合作策進会」(031.3/0036)、中央研究院近代史研究所。
(87) 外務省伊関アジア局長発大蔵省税関部長宛「日華協力委員会中国側委員に対する通関の便宜供与依頼に関する件」一九五九年一〇月一二日、「日華協力委員会」(I'0101)。

第2章　岸政権期における日華経済協力

——第四次日中民間貿易協定と東南アジア開発基金構想をめぐって　一九五七—一九六〇

はじめに

第二章では、従来、第四次民間貿易協定及び長崎国旗事件の「裏面史」のように捉えられてきた岸信介政権期の日華関係について、そのような日中関係を鏡として日華関係を見るのではなく、日華関係そのもの、とりわけ経済的要因に着目して考察を加えたい。

一九五〇年代後半、日華平和条約締結以来の構造は変容を迫られることになった。日米関係の深化が続く一方で、吉田政権以後の日本の保守政治家は「自立」の価値を強調し、外交空間の拡大を図ろうとした。[1]鳩山一郎政権は日ソ国交回復を推進し、日中貿易も進展させるなどの「自主外交」を展開し、一九五五年にはバンドン会議にも参加し、アジアの一員として国際社会への復帰を目指した。一九五七年二月に首相に就任した岸信介は、国連中心主義、自由主義諸国との協調、アジアの一員という外交三原則を内外に示し、積極的なアジア外交を展開する基盤を整えつつあった。

一方、日本と中華人民共和国との貿易の問題をめぐって齟齬をきたした日華関係は、ついに岸政権期に、第四次日中民間貿易協定をめぐって、初めて外交上の対立が生じることとなった。岸政権期の日華関係に関する先行研究も、第四次日中民間貿易協定及び長崎国旗事件をめぐる外交的な対立に集中している。[2]

岸政権期には、日華協力委員会の定期的な会議を通じて、日華間の交渉が頻繁に行われ、また、日本の首相として戦後初の台湾訪問も岸政権で実現した。退陣後も、蔣介石は岸に信頼を寄せ、日華協力委員会のルートにおいて岸は中心的な存在であった。このように、従来の研究では、岸政権は反共、中国敵視あるいは対米従属とみなされてきた。

しかし、近年の研究では、このような議論は修正されつつある。例えば、権容奭は冷戦の論理だけでなく、歴史の論理や経済の論理も加味して、その三者の交錯の中で岸政権の中国政策を分析し、「中国敵視」のみではなく、現実主義的な要素を持つ政策であったと主張した(3)。また、井上正也は岸政権が国際的に「反共外交」を打ち出すことで日中貿易に対する理解を得ようとしていたことを指摘した(4)。岸政権による国府との関係緊密化の論理については、従来反共外交や蔣介石の「恩議論」の視点から論じられてきたが、経済的繁栄と民生の安定を重視する内政指針の延長として国府との関係緊密化を模索したとの解釈も提起されている(5)。他方、岸の東南アジア外交については、華僑との関わりで国府との連携がしばしば言及されてきた。近年の研究では、岸政権の中国政策について様々な議論がなされてきたが、国府の反応については主に岸政権の政策に対してどのように反発したかに関心が集中している。

しかし、日華間で日中民間貿易関係をめぐる矛盾が初めて表面化しながらも、他方で同時期に日華の経済協力が深まっていったというもう一つの側面も忘れるべきではない。特に、一九五〇年代後半から国府が経済改革を模索していた過程において、日本は重要な存在であった。それは一九五七年から、国府が輸入代替工業化から輸出志向工業化への転換を目指す第二次経済建設四ヵ年計画を打ち出した時期に重なる。アメリカの援助が減少しつつある状況において、日華関係の経済要因が一層重要となったということでもあろう。また、第1章で述べた一九五〇年代前半に模索された東南アジアにおける日華の経済協力は、岸政権が打ち出した東南アジア開発基金構想を契機に、日華間で本格的に議論されるようになった。これらの経済的な要因は、当時の日華関係を捉える際にどのような新しい要素として位置づけることができるだろうか。本章は、先述した先行研究においてほぼ看過されてきた日華の経済協力関係に着目し、日華がそれぞれの経済外交の展開において、いかにして政治関係と折り合いをつけながら、新しい外交空間を構築してきたのかを検討する。

1　一九五〇年代後半の台湾の経済発展——自給自立の圧力と日本の役割の増大

国府は一九五三年に経済建設四ヵ年計画を打ち出した。この経済建設四ヵ年計画策定の最初の契機は、アメリカ合衆国の援助を受け入れるために、その運用計画提出の必要があったためである。当時のアメリカの援助は、年間約一億ドルで、台湾の資本構成の四六・八％を占める大規模なものであった。一九五三年から一九五六年までの第一次経済建設四ヵ年計画は、援助を利用し生産の回復と増大を図り、経済の安定を達成する方向を追求することが目標とされた(6)。

一九五七年から開始された第二次経済建設四ヵ年計画は、輸入代替工業化から輸出志向工業化への転換を目指した。輸入代替産業政策はそもそも政府の保護政策であったため、第一次計画期には大きな成果を収めていたが、他方で多くの問題も露呈していた。すなわち、国内市場が狭小であったため、輸入代替産業の発展は第一次計画期の数年のうちにいち早く国内市場の壁にぶつかったのである(7)。また、輸出市場への進出や産業のさらなる発展や国際収支の赤字改善の見通しも立たなかった。これらの問題について、国府内部では今後の方向性をめぐる大きな論争が起きた(8)。

第二次計画期間中に、国府は外貨為替レートの統一、工業発展と投資センターの設立、台湾の資本形成及び輸出促進を妨害する税や土地に関する法律の検討を含む様々な改革を試みた(9)。その成果として、一九五八—一九六〇年に「為替貿易改革」、「経済発展加速方案」、「一九項目財経改革措置」及び「投資奨励条例」などの投資環境の改善措置が採られ、一九六〇年代の輸出促進及び工業発展に制度上の基礎を提供した。

一方、一九五六年からアメリカの援助政策も変化し始めた。一九五六年後半から、アメリカの国内経済も行き詰まり、民間資本が海外市場へ進出しようと焦りを募らせていた。また、アメリカの長期の対外援助は財政上の大きな負担となり、その援助政策の再検討も迫られていた。この状況において、一九五七年からアメリカから台湾への経済援助の額が大幅に減額され、アメリカの援助機関は国府に開放的な新経済発展政策を取るよう積極的に働きかけるようになった。[10]一九五九年六月一一日、台北共同安全分署長官ハラードソン（Wesley C. Haraldson）は、国府に対してアメリカの援助の停止を警告した。[11]他方、アメリカ側が国府の過剰な軍事支出に対する不満を表明し、軍事予算の減額を希望していたのに対し、蔣介石は軍事支出の額を堅持することに固執していた。[12]

アメリカが常に援助を梃子として軍事予算の減額を国府に要請したことに、蔣介石は不満を感じていたが、陳誠内閣の厳家淦財政部長、楊継曾経済部長、また尹仲容外貿会主任らの経済技術官僚は、台湾の経済発展のためには全般的な改革が必要であり、また軍事予算の改革も必要だと認識していた。具体的には、この三名の意見は次の点で一致していた。第一に、一九五七年から台湾の経済が減速した一つの重要な原因は投資不足であり、既存の資本構成においてはアメリカの援助額の比率が高いため、アメリカの援助が減額あるいは停止されると、経済発展に大きく影響すること。第二に、アメリカの援助が三年以内で停止される可能性があり、台湾はこの三年のうちに速やかに改革を行い、発展を加速させるべきであること。第三に、台湾の市場は限られるため、いち早く自立の目標を達成できるように、輸出志向工業化へと転換しなければならないということの三点であった。[13]

アメリカ側の圧力を受けて、陳誠は改革の方法を研究するよう米援連用委員会（米援会）に指示した。米援会が一九五八年に経済発展加速計画綱要を提出し、それに基づいて、米華双方は一九五九年一二月に会談を行った。ハラードソンは不必要な統制措置の再度の解除、自由経済の推進、また軍事予算の削減を再度要請し、特に経済上の成果が共産主義を打ちのめす一番有効な武器だと強調した。このような背景の下で、陳誠は全面的な改革計画の草案を作成するよう尹仲容に指示した。これが、後の「十九項目財経改革措置」の策定に至るプロセスの一つの起点である。この政策は国府内部の一部の保守勢力の反対によって大きな成果が挙げられなかったが、米援会はその中の投資に関する部分を一つの法案、すなわち「投資奨励条例」にまとめ、立法院に提出し、一九六〇年八月三一日に可決された。以上のような改革措置は、一九六〇年代の台湾経済の高度成長の基礎を整えることになり、また、一九五〇年代後半の台湾の輸出志向工業化への転換における困難を反映したものでもあった。アメリカの援助政策の変化と台湾が工業建設と輸出促進に迫られる情勢の下で、台湾の経済発展における日本の役割がますます重要となった。

一九五〇年代前半における日華間の経済協力については、貿易計画に定められた総額の八〇%以上に達成したこと以外に、台湾の公営、民間企業が雇用した日本人技術者が多かったこと、日台企業の技術協力も増加したこと、さらに長期売買契約の締結などの実績が挙げられる。一九五〇年代後半になると、台湾の工業化の進展によって、国府の対日経済依存度が強まったが、国府内部ではこの対日経済依存を問題視する声があった。だが、経済部は日華の経済協力を強く支持した。対日貿易はすでに台湾の対外貿易の半分を占めており、従来の貿易パターンのままさらに貿易額が拡大すると、台湾の対外貿易のバランスに悪影響が出るため、経済部はむしろ今後の日華の経済協力について、台湾の工業化及び経済発展を推進させる方向に移行すべきであると主張していた(14)。

その具体的な構想は次の通りである。

第一に、長期の延払い輸出について、範囲の拡大及び年限の延長を日本側に要請し、投資、技術協力、研究協力をさらに推進させる。

第二に、アジア経済開発について日米華が協力し推進する。特に、すでに開始されている台湾の石炭開発を積極的に行い、年五〇トンの産出量を目標とし、延払いで設備を日本から購入する。

第三に、日本側が提出した台湾にアジア技術者訓練センターを設置する案に賛成し、アジア技術者訓練について日本と台湾がどのような役割を分担すべきかについて引き続き交渉を行う。

というものであった。

他方、第1章で述べた日華協力委員会は、日華経済協力の交渉において大きな役割を果たすこともあった。とりわけ岸の退任以後に顕著だが、第3章で取り扱うような日華関係の危機があった場合、その解決過程において日華協力委員会と日韓協力委員会を通じて、対国府及び韓国との政治交渉が行われたのだった。同委員会は政治交渉においても一定の役割を果たしたと言えるのである。[15] しかし他方で、全体から見れば、日本側は経団連の常任理事堀越禎三、会長の石坂泰三をはじめとする財界の大物がしばしば同委員会に出席し、経済問題を重視し、できるだけ政治領域のコミットメントを避けようとしたとも言える。[16]

先述したように、一九五〇年代後半、台湾の経済発展を実現するには、アメリカの援助以外の資本と技術が必要となり、その上で必要となる日本との経済協力について、日華協力委員会が交渉ルートとなった。一九五七年一〇月に行われた同委員会の第二回会議において、国府側は日本側に台湾の第二次経済建設計画に対する援助、また工業発展用の原料購入について延払い条件の優遇を要請した。日本側は電力、炭鉱、鉄道、電信、漁業及び一般の工業項目(プロジェクト)、具体的には、大甲溪流域水力発電設備提供計画、送配電システム開発計画、南荘炭鉱開発計画、鉄道拡張計画、電信システム改善計画、漁業資源開発計画、漁船建造、漁網織製計画、一般工業拡充計画などについて、四四〇〇万ドルの援助を行う意向を表明した。[17] 一九五八年六月第三次会議においては、国府側はまた農業機械合弁会社、人工繊維生産の拡充、遠洋船舶製造などの計画への協力を日本側に要請した。

一方、日本にとって、台湾への経済協力は輸出振興の一環と位置づけられていた。在中華民国日本大使館は「経済的に事情を異にする各国別に長期の輸出市場育成策を確立することが必要であり、特に東南アジアの各国の如く主として農産国であり、経済的後進地域には経済建設に協力する如き市場対策が必要」とし、機械などの輸出に伴う延払いまたは後払いの適用の緩和などの措置を取ることによって、台湾との貿易を増進するための改善を主張した[18]。実際に、一九五〇年代後半には、日本の重電機類の海外市場の中で、台湾が相当の比重を占めていた。一九五六年から一九五八年までの三年間の年平均では、日本の台湾に対する総輸出額のうち重電機類の占める比率はわずか三%にすぎなかったが、日本の重電機類の年平均輸出額八四七万ドルのうち台湾向け輸出は二五八万ドルで約三〇%の高い比率を占めていた[19]。

また、日本大使館は台湾の経済発展状況について、「アメリカ援助が一九五八年から減少の傾向を見せ始めた。そのため台湾の外貨事情はいよいよ窮屈になり、今後果たして島内の建設を進めるに必要な資本財を十分に輸入しえるか否かは今後に残された重要な課題となっている」と認識し、「日本が今後台湾向け輸出の増進を図るためには、台湾の物資買い進みによって台湾に購買力を持たせること及び懇切な技術協力と延払い方式の採用は極めて有効かつ必要かと思われる」と外務省に建言した[20]。

日華双方はともに経済協力を推進する意図を有していたため、上記の計画の一部が実現されることとなった。例えば、一九六〇年に台北と高雄に農業機械会社が設立された。台北の中国農業機械会社は、ヤンマーディーゼル、井関農機会社、台湾土地銀行によって共同設立され、また、高雄の新台湾農業機械会社は、三井物産、久保田鉄工、台湾省合作金庫、台湾省合会儲蓄会社、永豊会社の出資によって設立された[21]。しかし、日華の経済協力は単純な経済的問題ではなく、岸政権期においては、中華人民共和国との日中貿易をめぐる政治交渉と関連づけられながら展開されたのだった。次に、その点について検討したい。

2　第四次日中民間貿易協定と日華貿易会議

(1) 日中貿易の拡大と岸政権の対華政策

一九五〇年代半ばの日本では、アジアへの関心と「自主外交」への要求が高まりつつあった。一九五四年四月九日に、「アジア諸国との友好を増進し、社会、経済、技術など、各般の事項にわたり協力提携」することを目的としてアジア協会が設立された[22]。同年六月に日本はエカフェ（アジア極東経済委員会、ECAFE）に、一〇月にはコロンボ・プランに加入した。コロンボ・プランは、日米協調の枠組みとは別に、英連邦を視野に入れつつ中立主義のアジア諸国をも含めたかたちでのアジア地域秩序を模索したという歴史的な意義を有している[23]。そして、一九五五年に日本はアジア・アフリカ会議（バンドン会議またはA・A会議）に参加し、この会議への参加は日本独自のアジア外交の先駆けとして評価されている[24]。戦後日本のアジア政策は、当初、朝鮮戦争と米中対立によって大きく規定された。日本が伝統的に関心を持っていた中国大陸との関係正常化が難しい状況において、中国市場の代替地として東南アジアの市場としての役割に期待が集まった。しかし、日米経済協力と東南アジア開発が主流を占める中で、中国大陸への関心も高まっていた。

中華人民共和国成立翌年の一九五〇年に、アメリカは日中貿易の再開を許可したが、朝鮮戦争の勃発によって再び禁止することになった。日本の独立回復以後、日本と共産圏の貿易はアメリカ主導の「ココム」（対共産圏輸出統制委員会、COCOM）に組み込まれ、特に日中貿易については、西欧諸国と中国との貿易よりも厳しい基準が適用され、多くの品目が統制の対象となった。こうした状況において、日本は日中民間貿易協定の締結によって、政治と切り離して経済関係を進めるという「政経分離」の方式による日中関係を模索しつつあった。鳩山政権までは消極的な選択肢としての「政経分離」の立場から対応していたが、一九五六年一二月に発足した石橋政権は、日中政治関係の進展は機会を待ち、アメリカが黙認する範囲内で民間経済関係を積極的に拡大していくという政府方針としての「政経分離」を初めて規定した[25]。岸政権になると、より明確に政府方針として政治問題と経済交流を峻別して中国政策を進めようとした。

日本政府が、日中貿易の推進に注力していた重要な理由の一つは、ココムとチンコム（対中国輸出統制委員会、CHINCOM）の規制内容の相違により、日本の対中貿易を含む対外貿易が欧州諸国と比べ、極めて不利な状況に追い込まれていたことであった。ココムの禁輸リストが緩和されても、日本が得られた利益は非常に限られていた。それゆえ、日本政府と民間の貿易団体は対中貿易に関する規制緩和、及びココムとチンコムの禁輸リストの統一を強く要求した[26]。日本側の圧力で、アメリカはチンコムの禁輸リストを再検討したが、岸は日本の目標がココムとチンコムの相違を無くすことにあり、アメリカの緩和の提案に賛成できないと駐日アメリカ大使館に述べた[27]。日米交渉からみると、日本側が対中貿易を推進しようとする決心は非常に強いものであった。

その決心は欧州の情勢とも深く関わっていた。岸政権発足後、間もなく、外務省に設置された「経済外交懇談会」の第一回会議の議題は、一九五七年三月二七日に発足した欧州共同体（European Economic Community：EEC）と欧州原子力機構（European Nuclear Energy Agency：ENEA）の発足に対する日本の対応策であった。欧州の事情が取り上げられた理由は、将来的に発展途上地域の市場における日欧間の輸出競争の激化が懸念されていたからであり、経済界のみならず岸も憂慮していたと思われる[28]。さらに、アイゼンハワー（Dwight D. Eisenhower）政権は冷戦政策の視点からEECの結成を後押ししつつ、チンコムを通じて日中貿易を制限しようとしていた。しかし、日本側の懸念や不安を解消するような東南アジア地域に関する政策を持ち合わせてはいなかった[29]。

一九五七年五月二七日、イギリス政府はチンコムからの離脱を表明した。その後、日本国内においてはイギリスに続いて対中貿易の差別を撤廃し、第四次日中民間貿易協定を締結すべしという声が圧倒的であった。こうして、ついに七月一六日の閣議決定で、チンコム・リストから二〇七品目、ココム・リストから六五品目からなる計二七二品目を輸出可能品目に指定し、対中国禁輸をソ連東欧圏と同水準にまで緩和することを決定した(30)。

岸政権の共産圏貿易拡大への意欲に対して、アメリカは一定程度の理解を示した。駐日アメリカ大使館は、日本の対外政策の目標が輸入の保証及び外交上の独立、また威信を打ち立てることにあるという二点を指摘し、その二つの目標が日本と共産圏の関係緊密化を後押ししたと認識していた。さらに、駐日アメリカ大使館は岸の対共産圏貿易拡大を日本の自主外交追求の一環として位置づけながら、以下のように分析を加えた(31)。「日本はサンフランシスコ平和条約の時に他の選択肢が存在しなかったため、アメリカと提携する道を選んだ。時間を経る中で、日本人はアメリカとの緊密な関係が戦後復興、また日本とほかの重要な国との関係を促進することを期待するようになった。日本は経済と外交の状況がよくなると、言葉や行動で独立を追求するようになった。日本はすでに外交の孤立状態から脱出し、七〇ヵ国と外交関係を有している。とりわけAA諸国との益々緊密な関係はほかの外交連合の選択肢を提供する」。しかし、従来アメリカは「日本のリーダーシップと中国問題、国民党と共産党の問題について、全般的、徹底的、率直に議論したことがない」。

こうした認識に基づき、アメリカ大使館はとりわけ中国問題をめぐって日米関係を再調整しなければならないと主張した(32)。その措置としては、「中国貿易に関する日本国内の圧力への理解を示し、もし他の国と同じコースで要求することができなければ、日本に対しても強要せず、特に日本に強要することによってほかの国が中国貿易問題において優位に立つことを防ぐ」ことなどが挙げられた。

岸政権は日本の経済利益と自主外交を追求する観点から日中貿易の拡大を企図していたが、西側陣営の一員及びアメリカ、国府と協調するという政治的立場を変更する意図はなかった。すなわち、岸政権は国府との関係の緊密化と日中貿易の拡大を同時に追求しようとしていた。この二つの目標がどのような論理で両立できるかということについては、先述したように、従来の研究では「政経分離」によって説明されることが多かったが、それは日本側の視点である。日華関係から見れば、この「政経分離」は、国府側の懸念を解消したわけではない。そのため、日華関係の分析枠組みとしては不十分なものだったと言えるだろう。近年の研究は、岸政権が国府との関係の緊密化について、従来の先行研究が指摘していた反共イデオロギーや「恩議論」といった感情的な要素を否定してはいないものの、経済的繁栄や民生の安定を重視する内政指針の延長線上で、岸政権が国府との関係緊密化を模索したという新しい解釈を提示している。(33)

この議論は、岸の冷戦下における経済発展の意義に関する認識に基づいて立論されている。岸は、一九五七年四月二五日にマッカーサー大使と会談した際、共産主義の脅威に対して、「軍事面に向けられる努力は、『冷たい戦争』を『熱い戦争』に転化させないことに役立つが、『冷たい戦争』に勝つには積極的には役に立たない。この目的に役立ちうるのは、経済面における努力である」と述べ、冷戦における経済発展の重要性を訴えた。(34)経済開発の政治的効果を重視した岸は、民生の安定を図るような経済援助を集中的に展開し、共産主義に対する抵抗力を高めるため、台湾への経済的コミットメントを深めようとした。

また、この議論は、従来の研究においてあまり重視されなかった日華関係における経済的要因を鋭く捉えているが、また日本の対華政策が日本の経済的繁栄と民生の安定に力点を置いており、その内政指針を実現するために、台湾が西側陣営に安定的に確保されることを目指したものであり、だからこそ国府との政治関係を進展させて、台湾の経済的繁栄と民生安定に積極的に協力しようとしたという点を指摘した。(35)しかしながら、このような研究は岸政権の内政指針と対華政策との関連性を重視するものの、日華間の相互関係における経済的要因については必ずしも深く検討していない。本章は、こうした研究と同様に経済的要因を重視するが、岸政権が日華の経済協力を通じて日中貿易をめぐる摩擦を最小限に抑えたこと、また岸政権の対華政策と国府の対日経済外交との相互作用の中で、日華関係の新たな空間が実際に開拓されていったことを検証する。

(2) 岸の中華民国訪問（一九五七年六月）

戦後独立を果たした日本は、中国大陸を市場や原料供給元として十分に活用できない中で、原料の供給元であり、かつ商品の販売元である東南アジアを、日本外交にどのように位置づけるのかという課題の再考を迫られることとなった。一九五七年に政権の座についた岸信介首相は、「東南アジア開発基金」構想を提唱し、同年に二度にわたり東南アジア諸国を歴訪し、対東南アジア積極外交方針を打ち出した。留意すべきことは、岸は第一次東南アジア歴訪に際し、ビルマ、インド、パキスタン、セイロン、タイを訪れ、そして最後に台湾を訪問したことである。

岸の台湾訪問は従来、岸の「反共」イメージを固定化させ、岸政権の対北京政府敵視政策の一環として捉えられてきた。また、近年の研究では「反共外交」を打ち出すことで日中貿易への理解を得ようとしていたことが強調されている[36]。しかし、権容奭が指摘したように、東南アジアにおける「日華合作」という経済の論理からも、台湾訪問が位置づけられていた点に注目すべきである[37]。すなわち、岸は台湾訪問によって、国府側の理解を得て日中貿易を進展させる一方で、日華の経済関係の促進及び東南アジアへの経済進出においても国府の力を借りるという経済協力を名分に掲げつつ、日華間の政治関係の緊密化を図ろうとしたのだった。

岸の台湾訪問の目的は、堀内謙介駐華大使の電報から窺える。堀内駐華大使は岸に宛てた五月五日の電報で、日本がアジア・アフリカ・グループ参加、日ソ復交、中国貿易促進等によって、日本が次第に共産勢力に接近し中立主義に走るのではないかとの疑念を国府が抱いていると伝えた。その上で堀内は、日本としては日台経済協力を通じて国府の疑念を解き、その対日信頼を深め、これを梃子として、国府を通じて華僑の経済力を利用し、東南アジア諸国に対する経済協力を促進し、日本の経済補給線に資するよう、大局的見地から応酬されたいと提案した。[38]

六月三日午前、岸は葉公超外交部長と会談した。岸は国府側が提示した日米華を中心とするアジア経済開発基金について、「もう一つの構想がある」と述べた。[39] それはすなわち、東南アジアの経済開発を推進する一方で、技術者養成のセンターを各地に設けることが望ましいというものであった。これに対して、葉部長は「技術養成は極めて必要なことで、これには将来アメリカ製機械を購入することにもなるのだから、アメリカ側も乗り気になるものと思われるし、こちら側としても何とかアメリカ側をこの問題に引っ張り込むのが得策と考えている」と回答した。[40] このほか、葉部長は一九五七年からの台湾の第二次経済建設四ヵ年計画において、約一億ドルの諸々の資材を日本から購入すべく計画していると述べた。[41]

この日の午後、岸は蔣介石と会談した。第一回目の会談では、岸は経済上の安定がアジアの平和のために不可欠であると主張し、「葉公超外交部長が来訪の際、米日華を中心としたひとつの開発基金を作る構想にふれられたことがありますが、私もこれに似た構想をもっているのであります」と述べ、日台間には東南アジア開発という共通利益があることを指摘した。[42] 蔣介石は日本がアジアのリーダーの地位を回復することを希望すると述べた。岸は日華の提携がアジアの中心であり、日米華が協力すればアジアの将来は有望であると述べた。しかし、蔣介石が語ったアジア反共について岸はこれに言及することなく、日本国内の状況を説明するにとどまった。第二回目の会談で岸が取り上げたのは、韓国問題と中国問題であった。[43] 特に中国問題について、岸は政経分離の原則で中国大陸との貿易関係を進めたいと表明し、通商代表を認めないと約束した。以上の会談過程からみれば、台湾への訪問ということで岸の反共イメージが固められたが、実際のところ、岸は日中貿易に対する理解を得ようとする一方で、特に東南アジアにおける日華の経済協力を推進することによって新しい日華関係の外交空間を開拓しようとしていた。

岸の帰国後、矢次一夫は外務省に「東南アジア開発に関する中日協同工作の可能性についての勧告」を提出した。[44]

同文書では、東南アジア開発に関する日本政府の日米協同案に対して、「東南アジア地域の人々の長年に渉る外国経済支配に対する恐怖心よりして、それらの人々の間にある種の疑惑や誤解を招来するのではないか」という懸念を表明し、「その恐怖心を打ち消すために、当地の華僑群と協同するのが極めて有効な方法だ」と述べ、さらに「東南アジアにおける日本の主な競争者は中共であるが、日本の東南アジア開発計画の中に少しでも華僑の利益が軽視されるならば、彼等は直ちに中共に援助を求めざるを得ない」と判断し、「華僑は日本の計画の成功のためには不可欠のものである一方で、台湾の国民政府はその特殊な地域の在外中国人の福祉に関しては深甚の興味を有しており、国民政府と日本は東南アジアに共通の利益を見出したので、日本にとって、先述の障害を打開する道は、『国民政府中国』との協力である」と具申している。ここから、日本の東南アジア外交において、中国共産党が競争相手であることを前提にして、国府が独特な位置にあると認識されていたことが窺える。

(3) 第四次日中民間貿易協定の交渉と国府の対日経済制裁の制限

第四次日中民間貿易協定の締結をめぐる外交過程は、近年の研究によってすでに大部分が明らかにされている。しかし、国府の対応、特に当時の日華貿易会議及び日華経済協力の議題の関連性については、必ずしも深く掘り下げられてはいない。そこで、本項では第四次日中民間貿易協定をめぐる交渉について、先行研究を参照しつつ、日華経済関係との関連に焦点を当てて分析する。

第四次日中民間貿易協定交渉は、一九五七年九月に北京で始まった。これより数ヶ月前に、アメリカから帰国した岸は、七月一六日の閣議決定で、チンコム・リスト及びココム・リストから計二七二品目を輸出可能品目に指定し、対中国禁輸をソ連東欧圏と同水準にまで緩和することを決定した。日本政府は懸案であった通商代表部の設置問題などについて、経済問題は政治問題とははっきり区別して扱うとの前提の下で、「通商代表部」を避け、貿易「事務所」

を設置したいと考えていた(45)。

日本側の代表団が北京へ出発する直前の九月一二日に、藤山愛一郎外相は、日本側の代表で日中貿易促進議員連盟の代表理事を務めていた池田正之輔に「常設民間貿易事務所」案を渡した。そこには、その中には①双方の事務所の名称はそれぞれ「中国進出口公司東京事務所」「日中輸出入組合北京事務所」とする、②駐在員は補助員を含めて五名、③外交館及び領事館の特権を付与しない、④駐在員と家族の指紋押捺は免除、⑤国旗及び国章は掲揚しないといった項目が原則として盛り込まれていた(46)。

しかし、九月二四日に開始された日中の交渉は、通商代表部の政治的待遇をめぐって対立し、ほとんど決裂に近い状態のまま中断となった。その後、日本の民間貿易業者及び社会党の圧力によって、一九五八年二月に交渉が再開されることとなった。日本側は国旗掲揚権について慎重な姿勢を示しつつ、最終的には交渉の決裂を回避するために譲歩し、通商代表部の人員規模や、国旗掲揚権が承認問題と無関係であることを確認した「打合要旨」を附属文書とする条件で、国旗掲揚権を含む内容の協定、覚書を受諾し、三月五日に協定に調印した(47)。

第四次日中民間貿易協定に対して、国府は実際に協定の締結前からすでに外交攻勢をしかけていた。一九五七年、岸が台湾を訪問して蔣介石と会談した際、蔣介石の訪日を招請したが、それを受けて、張群が総統特使として一九五七年九月一六日から一〇月一日までの二週間、日本を公式訪問した。この使節の正式なメンバーは三名のみで、うち二人は、日華協力委員会委員の林伯寿、汪公紀であった。このことからも、新たに成立した日華協力委員会の顔ぶれが重視されていたことが窺える。この訪日について張群は、回想録に、特別の任務がなく、単に政治経済各方面にわたって、日本側と意見を交換するだけのものだったと記している(48)。

しかし、張群と岸との会談直前に、駐日大使の沈覲鼎と大野勝己《かつみ》外務次官との間で、この会談の内容について次のようなやり取りがあった。沈大使は、「日本側から見た日華間の問題が新聞、雑誌輸入制限問題をはじめ、ペンディング問題であるが、中国（中華民国）側から見た問題としては、第一に、日本と中国（大陸）の貿易の問題があり、第二に、日本における台湾独立運動党の妄動の問題がある」と述べ、さらに「後二者についてよい諒解に達せざるかぎり、前者の問題についても色好き返事をなし得ざる」と強調した。[49] 特に「現在、日本の新聞、雑誌の輸入制限問題については、日華協力委員会の諸氏の斡旋によって、緩和した。かかる微妙な関連性あるに鑑み、岸首相と張秘書長の会談を如何に取扱うべきか」と、大野の意見を求めた。大野は、これらの問題が「一国の総理と総統秘書長との懇談のテーマとして稍技術的であり、細か過ぎる」という理由で、沈大使の懸案の解決と日中貿易を結びつけようとする意図を拒否し、「両国の首脳が話し合い、雰囲気を作るのみで得策だ」と主張していた。[50] その後、沈大使は外交部宛の電報で、「たとえA案（日中貿易――筆者注）を提示するにしても、満足な回答が得られないのみならず、今回の雰囲気を壊す恐れがある」との大野の見解を伝えた。[51]

日中貿易の提起を阻んだもう一つの理由はアメリカの反対である。九月二六日、張群はアメリカ駐日大使マッカーサー（Douglas MacArthur II）を訪問し、日中通商に強く反対する意を表明した。これに対し、マッカーサーは、国府に岸政権を支持するよう提言し、さらに「日中貿易の問題について、現実に気を配るべきで、岸政権が選挙で不利な状況に陥らないように、しばらく追及しないほうがいい」と述べた。[52] 最終的に、張群と岸首相との会談では大局的な世界情勢の問題及び経済協力の問題などが中心に話し合われ、日中貿易の問題については、大野が沈大使との会談で北京政府を承認しないまま貿易事務所を設置すること、また指紋押捺の問題については、国民政府の理解をお願いしたいと求める程度にとどまった。

この時の張群の訪問については、日華間の経済・文化の提携を中心とする対日外交を打ち出した側面に注意すべきである。張群は岸首相と、経済、文化交流に関する合意を達成したほか、同行した日華協力委員会の委員とともに、多くの自民党の幹部、商工界、文化界の指導者らと、両国間の経済、文化の提携についてよく話し合った。これは、台湾との実務関係を拡大させることによって、日中の接近を抑制するという、現実主義的な対日外交路線を重視していたことの証左と言えよう。帰国後の一一月四日、立法院外交委員会主催の歓迎茶会で、張群は今回の訪日の印象や経緯などについて報告を行った。そこで張群は、今後の方針として、「日華協力委員会の成立後、あらゆる面において、積極工作を進める両国政府の外交推進に役立つよう努めるべきである」と強調した(53)。

第四次日中民間貿易協定の交渉過程において、国府は繰り返し反対の意を表明した。とりわけ国旗掲揚権を中国承認につながるものとして強く反発した。第四次日中民間貿易協定調印直後の三月七日、葉外交部長は堀内謙介駐華大使に、一〇日には沈覲鼎大使が板垣修外務省アジア局長に抗議の申し入れをした。一二日に、沈大使は蔣介石の親書と口上書を持参し、岸首相と藤山外相に面会し、説得を試みた。岸は「民間人が日本国内で国旗を掲揚することを禁止する法令は存在しない」として「国旗掲揚を黙認する姿勢」を示した(54)。国府の抗議に対して、日本側が消極的な姿勢を示したため、国府側の動きはさらにエスカレートしていくこととなった。三月八日に台北の経済部ですでに開始されていた日華貿易会議は中断されることとなった。三月一四日に、国府は日華貿易会議の中止を通告し、一八日には、中央信託局などの政府機関による対日輸入の一時停止を決定し、一九日には、対日輸入に対する新規信用状開設の停止も通告するなど経済制裁の措置を立て続けに発動した(55)。また、タイのハイナン・アソシェーション議長も、日本外務省に対し日中貿易の件について国府を支持する趣旨の書簡を送付した(56)。

国府の反発に対応するため、外務省内部の検討を経て作成された蔣介石宛の岸親書には、「民間通商代表部に中共の国旗を掲げる権利を認めることのできないのは当然」と明記すると同時に、国旗掲揚差し止めのために「適当な時期に充分な努力を試みたい」という文言も盛り込まれた(57)。最終的に、国旗掲揚を法的に阻止できない立場を堅持しつつも、国府への配慮を示すため、日本政府は三団体への回答と併せて、中国政府の承認及び国旗掲揚権を認める意思がない趣旨を官房長官談話として表明することを決定した。

三月三〇日、堀内大使は岸親書を携えて帰台し、葉外交部長と会談を行い、また四月一日に蔣介石に岸親書を手渡した。その後、日華交渉の争点は三団体への回答と官房長官談話になった。国府側は三団体への回答において、「わが国と中華民国の関係を尊重」するとの文言を盛り込むよう要請した。外務省はこれを拒否したが、官房長官談話にはこの内容が盛り込まれた。また、国府が重視する国旗掲揚阻止の保証については、国府の修正要求があったにもかかわらず、最終的にほぼ原案通り発表することが決定された。四月九日に岸は池田正之輔と会見し、三団体に対する第四次日中民間貿易協定への回答を手渡した。その内容は、国府が要求した国際関係に関する文言のみを追加した以下の内容であった。「政府は日中貿易拡大の必要性にかんがみ第四次の民間『日中貿易協定』の精神を尊重し、わが国国内諸法令の範囲内でかつ政府を承認していないことにもとづき現在の国際関係をも考慮し貿易拡大の目的が達成せられるよう支持と協力を与える」。他方、愛知官房長官は国府の要求に基づき、記者会見で談話を発表した。

この一連の交渉過程において、国府側は強硬な姿勢を示したが、実際に内部の圧力が大きかった。一九五〇年代の台湾の経済は、米、砂糖の対日輸出と日本からの肥料の輸入によって支えられていた。四月に肥料がなければ、五月の農業に大きな影響を与える可能性が高かった。たとえ肥料の購入先をアメリカに切り換えても、三ヶ月から一年ほどの時間がかかるため、台湾経済への影響が大きいと予測された。また、米の対日輸出が停止すれば、毎月三〇〇万ドルの損失となった。

三月一五日に八木正男臨時代理大使は王撫洲経済部次長を訪問し、王次長は日本の立場を了解し、早急に日華貿易会議の再開を希望する意向を表明した(58)。また、実際に外交部は東南アジア諸国の大使館に打電し、華僑の排日を抑えるよう指示を出した。他方、国府はアメリカの対日圧力行使を期待したが、アメリカ政府には直接的な対日圧力を行使する意思はなかった。アメリカの助力を得ることができず、国府は対日交渉のオプションが非常に限られていたため、第四次日中民間貿易協定をめぐる日華間の対立の幕引きを図らざるをえなかった(59)。四月一〇日に、外交部より経済部と台湾銀行に対して日本向け信用状開設停止措置を解除するよう通達し、また、貿易会議の再開及び対日輸入禁止措置についても同様に経済部に通達した[60]。四月一五日に、日本側の小田部と国府側の王経済部次長は、日華貿易会議再開後初の会談を行った[61]。国府は妥協する姿勢を示しつつ臨んだが、その際には中国が岸に強く反発したことが国府にとって絶好のチャンスとなった。

岸政権は日華間の対立への対応に際して、中国政府に配慮したものの、それでも中国側から強く非難された。一三日に、南漢宸中国国貿促主席は、日本政府の三団体に対する回答正文の受け取りを拒否するという内容の電報を三団体へ送った。中国の非難姿勢に対して、岸政権は静観の構えを取りながら、民間貿易協定より郵便協定をはじめとする実務協定の交渉を進めたいと考えていた。しかし、この期待は長崎国旗事件によって完全に打ち砕かれた。

四月三〇日から、長崎市のデパートで、日中友好協会長崎県支部主催の「中国切手、剪紙、錦織展示会」が開催されていた。会場内には中華人民共和国の国旗も掲げられていた。五月二日、一人の男性が突然この国旗を引き降ろした。警察官はその男性を逮捕し、事情聴取後、釈放した。これに対して、日中友好協会長崎県支部は岸内閣の一連の対応を批判し、犯人を厳重追及し、刑法第九二条（外国国章阻害など）に則り、善処するよう要請した。その後、長崎地検は軽犯罪法を適用し、五〇〇〇円の略式命令を長崎地裁に請求し、同地裁はそれを許可した。この事件後、中国は猛反発した。五月八日、中国政府は対日輸出許可書の発行を中止し、また五月九日に陳毅外交部長は談話を発表し、日本政府を厳しく非難した。

これに対して、岸は「われわれは台湾の国民政府との友好関係を無視し、直ちに中共を承認することはできない。国旗問題では、中共政府はもっと冷静に考えるべきだ」、「国旗損壊罪は、独立国家として互いに承認しあっている国についてのみ適用されるもので、この点について中共政府がとやかくいうのは、日本の政局になんらかの影響を与えようとの意図によるものと考えざるを得ない」と述べた[62]。その後、中国側は一連の報復措置を打ち出し、第四次日中民間貿易協定の交渉も停止し、日中関係は断絶するに至った。

長崎国旗事件によって日中関係が厳しさを増す中、国府側は日華貿易会議において成果を挙げ、日華間の政治関係を促進しようとした。五月三日に、堀内大使は張群及び葉外交部長と会談を行った。二人とも本年度の貿易計画規模をなるべく昨年度より大きなものにしたいと強く訴えた。これを受けて、堀内大使は「本年度日本と中共貿易計画額とも関連する政治的考慮に出ずるものと思料され、対日貿易増大の熱意は並々ならぬものありと看取せられるについては、本年度貿易計画額検討際に中国側の事情を考慮する」と外務省に提議した[63]。

一方、国府側の経済官僚は、この交渉過程において日中民間貿易協定をめぐる日華間の対立を利用して、より多くの経済利益を得ようとした。一九五六年の貿易交渉の時には日本が台湾から一五万トンの米を購入することが合意されていた。ところが、日本は一一月に一〇万トンを購入したものの、残る五万トンについては不購入の意を表明していた。だがその一方で、日本政府は中国からの米の購入を計画していた。王次長は「もし将来日本が中国より米を買うような場合には、まず台湾より買うという趣旨の書簡をいただけないか」と要請し、また、米の交渉で訪日した李連春糧食局長は、さらなる五万トンの米の追加買付につき書簡を希望する意を日本側に表明した[64]。もちろん、日本側はこの問題で妥協しなかった。いずれにしても、国府は経済関係の緊密化によって日華関係を促進するという外交戦略を徐々に明白にしつつあった。日中間の貿易協定をめぐる日華間の対立が一段落すると、従来の懸案であった日本商社支店の貿易活動の許可、銀行支店の設置については国府側において積極的に考慮することとなった[65]。

一九五七年の日華貿易交渉は五ヶ月を費やしたが、一九五八年の貿易交渉はわずか三八日で妥結した。日華貿易会議開始直後の一ヶ月の中断にもかかわらず、結局以前の会議の交渉状況と比べ、はるかに順調に進められた。すなわち、日華貿易会議は中断されたが、日華間の外交上の対立は逆に貿易交渉を促進させたと言える。交渉が円滑に進展した理由について、五月二一日の『中央日報』と『新生報』は「技術的なものを除き、日中貿易の問題をめぐり、日華両国間に外交上の不愉快な事件が発生したため、貿易交渉を順調かつ迅速に纏めたいという気持ちが双方に強く働いたからである」と分析した[66]。

第四次日中民間貿易協定をめぐって日華外交上の対立は起きたものの、国府側にとって、対日経済制裁は外交手段としての効果が限られたものだということがわかった。その後、日華経済協力関係を一層促進することが、日華の政治関係にとっても重要な課題となった。一九五〇年代末に日本側は貿易自由化を促進するため、従来のオープン・アカウント制度の廃棄を要請した。国府側では、一九五九年に第一次日華貿易指導小組会議が開催され、楊継曾経済部部長、袁守謙交通部長、周宏濤財政部次長、王撫洲経済部次長、尹仲容外貿会主任、張茲園台湾銀行董事長、李連春食糧局局長が出席した[67]。この会議において、今後の日華貿易の方向性が議論され、日本側が従来の日華貿易協定の廃棄を求めたことに対して、経済部は経済的な観点から日本側の要請通り廃棄してもよいと主張したが、外交部は日中関係が断絶されながらも、社会党と財界が日中貿易関係の再開を求めている現状において、日華貿易協定が日本政府及び民間の日華貿易重視を喚起できることから、日華貿易協定の継続を主張した[68]。

以上において、第四次日中民間貿易協定をめぐる日華間の対立と日華貿易会議をはじめとする日華間の経済議題の交渉を結びつけて考察した。この過程からみれば、国府は先行研究において強調された強硬な反発姿勢を表明する以外にも、当初日中貿易の問題を提起することを控えながら、経済協力によって日華関係を促進する意図を有していた。長崎国旗事件による日中関係の断絶の前に、国府はすでに妥協を示し、第四次日中民間貿易協定によって一時的に停止された日華の経済関係及び交渉を再開させた。結局、日中間の貿易協定をめぐる日華間の対立がかえって従来難航していた日華の経済交渉を促進することとなった。この過程において、国府内部においては政治関係の手段としての経済外交、また経済利益を重視する経済外交という二つの路線が現れた。いずれにしても、第四次日中民間貿易協定をめぐる日華間の対立により、国府側も交渉手段の限界を認識するようになった。他方で、このように経済協力によって創出された外交空間は日華の二国間関係にとどまらず、東南アジア経済開発にも拡大していった。

3　東南アジア地域開発における日華関係

(1) 岸の東南アジア開発基金構想

一九五七年五月、東南アジア諸国を歴訪した岸首相は、各国の首脳に対して東南アジア諸国の経済開発を促進するための「東南アジア経済開発基金」の設立を呼びかけた。吉田政権以来、東南アジア開発をめぐっては様々な構想があったが、この「東南アジア経済開発基金」が日本政府の首脳による地域経済協力基金構想の最初の表明であった。東南アジア経済開発基金構想の内容は以下の通りである。

① コロンボ・プラン加盟国一八ヵ国を基本的な構成国とする。

② 初年度の基金は五億ドル程度とし、毎年基金を増加していく。出資国はコロンボ・プランの援助国（米・英・加・豪・ニュージーランド・日）と出資を希望する国とする。

③ 理事会と事務局長を置く。理事会は政策決定機関であり、理事は基金参加国がその出資額に応じて派遣する。ただし、理事会において各加盟国の行使しえる投票の数は、アジア諸国については全体の三分の一を超えない範囲において各国平等に、出資国については出資額に応じた投票数を認めるものとする、

④ 経済開発のため、通常の金利では収支が合わない政府の公共事業などに長期資金を低利で融資する。

以上のような地域的な開発基金の設立に加えて、アジア向け中期輸出手形の再割引機関（資本金一億ドル）と、ア

ジア貿易基金（資本金一億ドル）の設立が同時にアメリカに提出されていた。つまり、「開発基金」と並んで、「貿易決済枠組み」の創設も同時に提唱されていたのである。これら三つを合わせて「開発基金」と総称される。

この基金の加盟国について、当初は「コロンボ・プラン加盟国及びこれに参加を希望する自由諸国」とされていたが、後に「これに参加を希望する自由諸国」とされコロンボ・プラン加盟国という表現が避けられた。外務省は同基金とコロンボ・プランとの関係について以下のように述べた(69)。

①コロンボ・プランはその成立の経緯からしても英連邦的色彩が強く、その効果も英連邦諸国以外の国には十分でないので、米国ではコロンボ・プランに対して消極的であること。

②英連邦内部に英連邦を対象とした開発基金設立の考えがあり、英本国に資金的余裕がないためその設立は見送られているが、英連邦にこの動きがある以上、これとの調整を図らなければならないという問題が別個に派生してくること。

③カナダ、豪州などでは東南アジア諸国に資金援助を与えており、自らは相当の実績を挙げていると考えているので、日本が事前にこれら諸国と相談しないで、コロンボ・プラン加盟国を中心とする基金構想を推進することは適当でないと考えられる。

東南アジア開発基金構想について、アメリカと東南アジア諸国の意向を探るため、岸は一九五七年六日に訪米し、また二度にわたり東南アジア諸国を訪問した。一九五七年六月の訪米前に、岸はマッカーサー駐日大使と一連の予備会談を行った。この予備会談において様々な議題が話し合われたが、四月一七日の第三回予備会談で、岸は東南アジア経済開発のためには、長期低利の資金を供給する機関の設置が必要で、またこの機関の資金の一部をもって開発資材などの繰延払いによる輸出代金の再割引のほか、この地域における特産物の需要調節と価額安定を図るためその収買及び売却も行うことにしてはどうかという構想を語った[70]。

東南アジア開発基金構想については、日本政府の関係省庁で議論されたが、最終的に関係省庁は外務省の基本的な考え方に賛成した上で、技術的な部分について意見を述べるにとどまり、これらの意見は大部分が最終案に取り入れられた。この最終案は六月六日の最終予備会談において岸よりマッカーサー大使に手交され、ワシントンにおける日米会談では、六月一九日の岸・アイゼンハワー会談と二〇日の岸・ダレス会談でこの問題が取り上げられ、基金案は二〇日にダレスに手交された[71]。しかし、アイゼンハワーとダレスは岸の提案に対して、慎重な姿勢を示した。もちろん、アメリカは日本が東南アジアとのつながりを強めることそれ自体は支持していた。

一九五七年八月二九日に、ラオス政府はアメリカ駐日大使マッカーサーに対し、日本の東南アジア開発構想についてアメリカの意見を求めた。マッカーサーは日本政府と財界が東南アジアの経済をコントロールする野心がないことを保証できると述べ、さらにアメリカの援助が不足しているので東南アジア諸国は自由主義陣営内部において利用できる資金を利用すべきだと説得した[72]。しかし、ICAのチャフキンアジア問題担当官は、アメリカが日本の東南アジア開発基金構想に対して消極的な態度を示していることについて以下のような理由を述べた[73]。「①現在の二国間援助方式が米国に不利な事態を招来しているとは考えられない、②アジア開発基金の設立が従来の二国間方式よりも東南アジア諸国に歓迎されるという明白な証拠もない、③日本側の構想は東南アジア諸国に対し、米国と日本が主たる音頭取りとなるとの印象を与え、両国にとり得策とならない、④米国の議会は現状以上に自分のコントロールも弱めるような方式には反対するであろう」。他方、アメリカだけではなく、岸の構想に対する東南アジア諸国の反応もまた基本的に消極的であった。しかし、その中で国府はそれを支持する姿勢を表明した。岸の東南アジア外交の展開過程において、国府はどのように位置づけられていたのだろうか。

(2) 国府の対応

先述したように、国府は日中貿易関係に対して、直接的に対抗する一方で、アジア外交の全般において北京政府との「闘争」を展開してきた。一九五六年に、国府は「海外対匪闘争工作統一指導委員会」を設置した。その委員会は周海通（後に「唐海澄」、一九六六年以降は「谷振海」）とも表記され、海外の対中工作を担当する組織であった。この委員会は、特に対中国経済作戦の計画を作成した。

中国の一九五六年の非共産圏への輸出額は一〇億ドルで、その中で東南アジアへの輸出は三億ドルに達し、東南アジアへの進出を加速していた。中国の東南アジアにおける経済攻勢に対抗するため、同委員会は以下の計画を立案した(74)。

①アメリカ及び関係諸国と協議し、欧州共同市場を参考にし、基金を設けアジア共同市場の形成と地域経済協力を促進する。経済部、外交部、財政部、外貿会は共同で具体的な計画を検討する。
②台湾と東南アジア諸国の貿易関係を強化する。
③海外華僑経済と台湾経済の連携を強化する。
④香港において華僑による台湾の会社を組織し、香港工作を増強する。
⑤華僑の家族を定着させ、僑匯を勝ち取る。
⑥華僑を動員し、対中国経済作戦を行う。

東南アジアにおいて中国に対抗しようとした国府は、日本側が提示していた東南アジア開発基金構想に対してどのように対応したのだろうか。

一九五〇年代における東南アジア経済開発援助は、基本的にアメリカの援助、日本の機械と技術による援助及び東南アジア諸国政府の経済建設計画という三つの要素で構成されていた。このような東南アジア経済開発援助の基本的枠組みにおいて、国府は自身の技術及び華僑とのつながりを生かして、東南アジアの経済開発に参加しようと考えていた。(75) そもそも、東南アジア開発における日華協力は、第1章で触れたように石井光次郎親善団の訪台の際に提示されたことがあった。この案に対して蔣介石は、「(わが国)の貿易政策は国策及び外交政策と密接に協力すべきであり」、「共匪の東南アジア貿易を打倒するために、日本と協力する方法を研究し、純粋に貿易面に拘る必要はない」と反共の枠組みに、東南アジア地域における日華協力の方針を加えるよう指示した。(76) これに従って、経済部は二点の具体的協力案を提示した。第一は、日本企業が台湾に投資して工場を設立し、製品を台湾メーカーの名義で東南アジアに輸出する案である。第二は、日華両国が協力して東南アジアに投資し、そして中華民国は華僑の資金を利用し、東南アジアの経済発展を促進するという案だった。(77)

一九五七年四月に、日華協力委員会の第一次総会が東京で開催された際、大野伴睦派の八名の議員は、国府側代表の胡健中、陳雪屏、羅万俥、汪公紀ら四名の委員及び大使館の宋越倫と会談し、日華合同東南アジア訪問団の派遣を計画した。日本側は、大野派直系の村上議員が案を練り、岸、大野とともに藤山愛一郎の支持を得ようとした。(78) その計画では、団長は自民党総務会長の砂田重政、団員は日本側議員七名、経団連三名、国府側五名となっており、六月から九月上旬の時期の東南アジア合同訪問を予定した。(79) その計画の実現可能性については不明な点が多かったが、東南アジア開発における日華協力が本格化したことは確かだろう。

一九五七年五月に、ある日本の東南アジア訪問団がタイに到着した後、国府の駐タイ国大使館は、当地の中華総商会に依頼し、日本、台湾、タイの三角貿易について日本側の意向をたずねさせた。(80) そして、五月末に岸がタイを訪問した際に、杭立武駐タイ大使は中華総商会の張蘭臣主席及び台湾会館の陳大𢥞主席を訪ね、日本との経済協力について議論を行い、さらに、タイの華僑から岸への意見書の作成を国府の駐タイ大使館が代行した[81]。また、六月に外務省の清水董三駐華大使館公使はタイを訪問した際、杭立武大使と会談し、日華協力によって東南アジアにおける中国の貿易攻勢に抵抗することで合意した[82]。さらに清水は、日本側は機材、技術人材で華僑と協力し、合弁会社を設立することに関心があることを表明した。

しかし、国府は以上のような対日協力の姿勢を示したが、実際には日本側の東南アジア開発基金構想を完全に支持したわけではなかった。日本の駐華大使館は同計画を国府に提示し、国府の態度を見極めようとした。国府の各部門はそれぞれの立場から次のような意見を表明した[83]。米援会は、アメリカの対華援助総額が減少しないのであれば、自由主義陣営諸国の出資によってアジア開発基金を設けることに賛成すべきだと主張した。外交部は、岸政権は反共政策を実行していないが、自由主義陣営諸国と緊密に協力する態度は明らかであるため、この機会を利用し、東南アジア諸国と経済協力関係を結ぶことによって、反共の宣伝価値を高め、さらに華僑の心理に影響を与えることができるという論理で原則的に日本側の計画に賛成する意を表明した。経済安定委員会は、台湾の経済発展のためにアメリカの援助を増加させることに力を入れるべきで、日本が提起した東南アジア開発基金計画に対しては著しい利益が得られると期待すべきではないと主張しながら、日華関係に配慮して「アジア貿易基金」に対して興味がないことを表明し、さらに、他の二つの案には原則的に賛成すべきだと主張した[84]。

八月二二日に、尹仲容経済安定委員会秘書長、銭昌祚外匯貿易委員会副主任委員、王撫洲経済部次長、馬潤痒財政部次長、王蓬米援運用委員会秘書長、李国鼎工業委員会委員、呉俊行政院対外業務調整委員会参事、周書楷外交部次長、張茲闓外交部顧問、楊樹人外交部顧問らの参加者によって、国府の関係部局間の聯合会議が開かれ、日本政府が提示した東南アジア開発基金計画について議論が行われた。この会議の結論として、原則的に同計画を歓迎する態度を日本側に表明することが決められた。ただ、この結論の背後には、国府の様々な「計算」があった[85]。まず、出資国の中で、アメリカはアジア援助の資金状況及び東南アジアの対日警戒心などの理由から積極的ではないと見込まれていた。イギリスはコロンボ・プランに牽制され、ドイツは日本の利益と衝突する部分があり、またフランスは北アフリカ紛争に巻き込まれており、これらの国々の参加可能性は低いと考えられていた。そして、アジア諸国については、タイ、ベトナム、カンボジア、ラオス以外に「歓迎」を表明する国は少ないと予測されており、さらに、国府と外交関係がないアジアの国が少なくとも六ヵ国存在するため、たとえ日本側の東南アジア経済開発計画が実現されたとしても、実際の運営には多くの困難を伴うと判断されていた。

一九五八年、第三次日華協力委員会開催直前に、外交部が国府側委員に提供した参考意見では以下のような見解が述べられている。

共匪との貿易を拡大することは、すでに日本の内閣の確定した政策となっている。現在、日本の商工界において、大陸市場進出を求める声は大きく、しかも、西欧各国は対匪物資禁輸の制限を緩めつつある。そのような状況を考慮すると、日匪貿易を正面から阻止することは難しくなると思われる。今後の我々の戦略は、日本の企業による台湾への投資及び技術上の協力を強化し、それによって我が国と日本の間の実務関係を拡大し、それを通じて我々の対日影響力を強めることである。また、日本と東南アジアの貿易関係を促進させることは、日匪貿易の拡大を防止する最良の方法ではないものの、目下共匪が日本との貿易を断絶しようとした場合、力を尽くして日本の東南アジア進出を実現させる必要がある。去年、岸信介が提唱した東南アジア経済開発計画の内容は具体的ではなく、これまでのところ暗礁に乗り上げて実現されていない状態にある。我々としては、いかに東南アジア華僑の資金を利用して日本と協力するということが、研究すべき課題である[86]。

東南アジアにおける日華協力ついて、外交部が重視していたのは、日本の東南アジアへの進出政策を利用しつつ、拡大しつつある日本と中国との貿易を抑制するということであった。

一九五八年六月、日華協力委員会第三次総会が東京で開催された。国府側の谷正綱は岸首相を訪問し、国府は日本の東南アジア経済開発政策を支持すると伝え、今回の日華協力委員会での双方の討議を通じて具体化していくという考えを表明した。第三次日華協力委員会を通じ、日華双方は東南アジア経済協力について、以下のような結論に達した(87)。

まず、原則として「日華両国の民間は東南アジア諸国と力を合わせて、東南アジアの経済発展を促進し、岸首相が提唱した開発共同基金構想を実現および拡大し、東南アジア各国の参加を招くことが望ましい」。そして、具体的には、以下の各項に従って推進することとされた。第一に、日華協力委員会に東南アジア小組を発足させ、東南アジア経済協力の推進を担当させる。第二に、国府側委員によって、タイを皮切りに、華僑指導者をはじめとする日本訪問団を組織すること。第三に、日華双方またはどちらか一方が視察団を組織することとし、国府側が事前の連絡のために東南アジア各地を視察し、華僑と連携すること。第四に、日華商工界と華僑の協力を促進し、台湾に投資して工場を設立し、製造した商品を東南アジア各地に販売すること。

このような計画の実施について、日華協力委員会の報告は、「日本はアジアの重要な国であり、わが国に対する影響はアメリカに次ぐものである」と国府にとっての日本の重要性を強調し、「わが国の対日工作は、まず日本の経済重視の意図を認識すべきであり、日華間及び東南アジア経済協力が日本にいくつかの出口と希望を与え、そして彼らに大陸共匪への依存の幻想を放棄させることと、反共陣営に帰属させることを要求できる」という理由に基づいて、「今回の協議の中で実行すべきとされた部分について、わが主管部門がしっかりとそれらを実行すべきであり、さもなければ、今後日本側の注意と熱情が失われる恐れがある」とわざわざ記している。

第三次東京総会以後、国府側は東南アジア経済合作小組を発足させ、王撫洲経済部次長を担当者として、日華協力委員会及び関連する政府部門を集めて、国府内部で東南アジアにおける日華協力を検討した。まず、今後の接触対象については、日本、中華民国と国交がない国も含めた東南アジア諸国の政府、民間、そして東南アジア各地の華僑という三つのグループに分類した。また、それぞれに対する工作を、日華協力委員会、外交部及び僑務委員会が担当することを決めた。日本と中国大陸の貿易を抑制するという意図があったことを先述したが、この政策目標について、東南アジア経済小組の発足以後の外交部の意見書では、東南アジアにおける日華協力が中華民国にとってどのような政治上の効果を達成できるのか、より一層全面的に明らかにすることとされた。すなわち、第一は、日本と東南アジアの経済協力を促進することによって、できる限り日本の対外貿易における各種の困難を解決し、日本の中国大陸市場への幻想を放棄させるということである。第二は、中国が近年東南アジアに対する経済攻勢を行っており、中国製品のダンピングが、日本の商工界にとって脅威となっていたことに鑑み、このタイミングで日本と協力すれば、日華関係を促進するだけではなく、共同で共匪に打撃を与え、日本人の共匪への警戒を強化することができるということであった。第三は、日本が一貫して東南アジア華僑の経済力を極めて重視してきたことに鑑み、日本企業と華僑との間の協力の機会を提供し、また促進することによって、華僑に経済利益を与え、中華民国の華僑に対するコントロールを強化することであった(88)。

このように日中貿易の抑制、反共陣営の強化、華僑の中華民国に対するアイデンティティ養成という基本的外交方針が打ち出されたが、問題は国府がどの程度日本の東南アジア開発計画を支持するかということだった。外交部は、まずこの計画が台湾の商工業に打撃を与える可能性があるとの懸念を示した。一九五三年に国府が経済四ヵ年計画を実施して以降、台湾の製造業は急速な進歩を遂げたが、台湾から東南アジアへの輸出業者も増加していた。もし政府が日本と東南アジアとの経済協力の媒介者となれば、台湾の商工界の利益と衝突する可能性があると外交部は認識していた。次に、「日華は『自由主義陣営』に属するものの、対外関係の目標が一致しているわけではない」との認識があった。日本が提唱した東南アジア経済開発計画は、インドネシア、ビルマなどの中華民国と国交のない国も含まれていたが、そのような地域において、日華間の東南アジア経済合作小組が、実際にどのように計画を進めていくかが問題となる可能性があった。

外交部は、「日本の東南アジア開発計画は、アメリカの支持が得られるかどうか定かでなく、しかも同計画に対する東南アジア諸国の反応も消極的である」と指摘し、本当に反共経済圏が形成できるのかという疑問も呈した。ゆえに、外交部は、東南アジア経済合作小組について、先述の政治方針に従って運営すべきであるとしながらも、同時に、「日本側が東南アジア開発基金の問題を提起した場合、我々は歓迎の態度のみを表明し、国府がその計画に参加するかどうかということに関して積極的な回答を避けるべきである」と慎重な態度を取った。さらに、一九五八年一一月二一日、日華協力委員会東南アジア経済合作小組第一次会議において、王撫洲経済部次長は、「本委員会の目的は、日匪貿易及び共匪の東南アジアへの浸透を抑えることであり、それゆえ日本と華僑を丸め込む必要があるが同時に我々の経済をもそれをきっかけに発展させることにある。ただし、我々の主な任務としては、そのような雰囲気を醸成して、紹介、斡旋、提唱、推進することにあるのであって、負担が多くならないように、実際の仕事に参与しすぎるべきではない」と述べた。

次に、東南アジアにおける日華協力の具体的な例を紹介したい。一九五八年七月四日、岸政権は「東南アジア企業技術協力視察団」として中野重一郎団長ら二二名の一行を、台湾、フィリピン、シンガポール、インドネシア、タイに送った。日華協力委員会の東南アジア経済合作小組は、当地の大使館と協力し、華僑と日本訪問団を接触させた。また、一九五九年一〇月の日華協力委員会第五回総会において、矢次一夫らの東南アジア訪問とタイの華僑リーダーの訪日を秘密会議で決めた。一九六〇年一月四日から、矢次一夫、衆議員の大久保武雄（池田派）、田中隆夫（岸派）、福家俊一（藤山派）四名の一行は、台湾に二日間滞在し、その後、香港、ベトナム、タイ、ビルマ、シンガポール、マレーシアなど各地を訪問した。

国府はその訪問に対して、谷正綱、徐柏園、汪公紀、また周書楷外交部次長、陳清文僑務委員会委員長、董世芳国民党中央党部第三組副主任を集めて会議を開き、この案件を重視している姿勢を見せた。この会議の結果、中華民国と国交がある国では、当地の大使館及び領事館、特に経済参事を主な担当者として、関連事項の連絡を行い、中華民国と国交がない国では、僑務委員会を通じて、当地の有力華僑を紹介し、矢次一行と協議させる、という具体的な任務が取り決められた(89)。

東南アジア各国の中華民国大使館と日本大使館が協力することにより、矢次一行は現地の華僑リーダーたちと広く接触したが、とりわけタイにおいては、中華総商会会長の張蘭臣、客属総会理事長の伍東白、台湾会館理事長の葉金煉及び日本製品を販売する豪商の林来栄ら二〇名ほどの有力華僑と二度の会談を行った(90)。

そして、国府の手配によって、同年五月二三日から六月二日にかけて、タイの中華総商会会長張蘭臣に率いられたタイ華僑団が訪日し、首相、外相、蔵相、通産相及び経団連をはじめとする財界関係者と広く接触した(91)。張蘭臣らの訪日に関する、中華民国大使館から外交部（経済部、僑委会、外貿会、駐タイ大使館、谷正綱）への電報では、日本とタイの間の経済協力について、国府の基本的外交、経済方針に従って、中華民国駐タイ大使館と協力し、促進していくと述べられていた(92)。その一方で興味深いことに、同電報は「日本とタイとの貿易の現状に鑑みると、いくつかの項目、例えば紙、織物、調味料、タイヤ及び鋼板などについては、台湾側による供給の可能性があるので、現在関連部門が積極的に推進している」と述べており、東南アジアの日華協力をきっかけとして、台湾の経済発展の可能性も考慮したものであった。

(3) アジア生産性機構 (Asian Productivity Organization: APO) の設立

岸の東南アジア開発基金構想は、結局アメリカと東南アジア諸国の不支持によって蹉跌をきたしたが、その一方で、本来岸の東南アジア開発計画における重要な内容であった技術援助は、アジア生産性機構の設立によって実を結ぶこととなった。

第二次世界大戦後、西欧諸国の経済再建のため実施されたマーシャル・プランの一環として、アメリカをモデルとする合理化に関する諸方策の適用を目指し、イギリスにおいて生産性センターが設立された。これはその後、イギリスの経済の再建が軌道に乗ることで他の西欧諸国に波及していった。これら西欧諸国の生産性センターの情報交換、技術交流の計画実施本部として一九五一年にヨーロッパ生産性本部が創設された[93]。このような生産性センターの設立は、アジアにおいてもその機運が高まりつつあった。

日本では、一九五五年三月に「国民経済の生産性の向上を図る」ことを目的として日本生産性本部が設立された。台湾では、一九五五年一一月一一日に財団法人中国生産力中心が設置された[94]。日本生産性本部はアメリカの技術を日本に導入し、日本経済の高度成長に貢献した自らの経験から、アジア諸国の繁栄も生産性の向上によってもたらされるという見地に立ち、その生産性運動を促進する地域的な協力体制を組織することを提唱し、一九五九年に「アジア生産性国際会議」を東京で開催した。

従来、このアジア生産性機構は民間組織として位置づけられることが多かった。本項では、岸政権の東南アジア経済開発計画の一例として、同機関の成立経緯を解明し、アジア地域における日華の技術協力の具体像を明らかにする。

第一回アジア生産性会議は一九五九年に東京で開催され、翌年、日本とフィリピン両国の代表からなる使節団が欧米に派遣されて関係国際機関等の協力をとりつけるなど準備が進められ、一九六一年五月、アジアの八ヵ国からなるアジア生産性機構（ＡＰＯ）が設立された[95]。

ＡＰＯは、中華民国、インド、日本、韓国、ネパール、パキスタン、フィリピン、タイの八ヵ国を加盟国として発足した技術援助機構である。その目的は、アジア諸国における生産性の向上、生産性運動の促進にあった[96]。その機構は、最高意思決定機関である理事会（各国の代表がメンバー）及び事務局から構成されていた。加盟国は当初八ヵ国であったが後に二〇ヵ国まで倍以上に増えた。ＡＰＯ事業の形態は、調査、シンポジウム、研修・セミナー、視察団派遣、専門家派遣であった[97]。また、資金は加盟国政府の分担金及び日本とアメリカからの出資金によってまかなわれていた。一九六三年度の予算総額は約五六万ドルで、そのうち日本の出資は約一四万ドルを占めた。加盟国はエカフェのメンバーであることを前提としていた。ＡＰＯは他の技術援助機関、特にエカフェとの結びつきを意識しており、また、コロンボ・プランや二国間ベースによる援助の重複を避けつつ、生産性向上という独自の分野で国際協力を推進しようとした。外務省は同機構の設立理由について以下のように述べている。「アジアの先進国たるわが国に寄せる加盟各国の期待は大きく、この面におけるわが国の貢献は特に望まれます[98]」。

一九五八年、日本生産性本部は、中華民国、ビルマ、インド、フィリピン、アフガニスタン、ブータン、カンボジア、インドネシア、ラオス、マレーシア連邦、ネパール、パキスタン、韓国、シンガポール、タイ、ベトナム、セイロンなどの国の政府に打電し、三月の東京での会議に招待した。国府は中国石油会社社長（Manager）の金開英をはじめとする五名の代表を派遣した。アフガニスタン、ブータン、韓国、シンガポールを除く、計一四ヵ国の代表が同会議に参加した。同会議において、アジア生産力組織準備委員会の設立が決定された[99]。予備会議は同年の一二月一六日に東京で開催された。しかし、韓国の代表は駐日中華民国大使館経済参事胡光泰に対して、日本には別の目的、すなわち日本を中心とする意図があり、韓国はこれに同意できないと述べた。

一九五九年一月一七日、国民党中央委員会第五小組、内政部、経済部、外交部、中華民国生産力中心が会議を開催

した。中華民国生産力中心はアジア生産力会議の目的について以下の問題を提起した(100)。それは、「日本はこのような国際組織を通じて、東南アジア開発基金構想に注力して、積極的に東南アジアへの進出を図る。日本の意図とわれわれの東南アジアにおける経済活動の間に衝突する点があるのか、またわれわれが参加する場合、われわれとして主導権を求めるべきなのか」ということだった。検討の末、最終的に導かれた結論は、参加国の中に、中華民国と外交関係がない国が若干存在するため、台湾の経済発展を宣伝することを目的とするという消極的な態度に落ち着いた(101)。

日本アジア生産性本部は国府側に電報を打ち、一九五九年三月一七日から二〇日にかけて開催する予定の第一回アジア生産力会議に招待した。これを受けて、国府はこの組織に参加するかどうか再び検討を行った。当初、外交部は、これは技術的な会議にすぎず、中華民国の工業の進展の宣伝及び生産力中心の経験を交換するという意義があることから、参加費用を参加機構が負担する場合には、参加してもよいというような非積極的な姿勢を表明した。しかし、インドとインドネシア両国が中国の参加を希望しているという新聞報道が出ると、外交部はアジア生産力会議を重視するようになった。

駐日大使館経済参事胡光泰は、日本生産性本部の足立正会長を訪問し、中国の参加に反対するよう要請した。同時に、胡光泰は駐日アメリカ大使館の日本生産性本部との連絡を担当するフランク・ターナー（Frank Turner）と面会し、アメリカの資金で作られた組織への中国の参加を排除するよう要請し、さもなくば、国府が退会すると述べた(102)。第一回会議において、インド代表ショーリ氏が「われわれは台湾代表を正式の中国代表とは認めないが、こんどの会議の趣旨からみて台湾代表の出席を了承する」と発言した(103)。インドの主張にインドネシアも同調した。インドとインドネシアの姿勢によって、アジア生産性会議の政治色が強まった。

国府は一九五九年八月から同組織の設立に向けて本格的に動き始めた。その中で、積極的にこの案件を推進しようとしたのは張厲生駐日大使であった。八月二一日に駐日大使館で行われた政治情勢研究会において、張大使はアジア生産性機構と国府の関係について以下のように分析した[104]。

第一に、アジア生産性機構の将来については楽観的である。アメリカは経済の安定及び共産勢力を阻止できる生産力組織に対して支持している。もし地域の経済組織が設立されれば、アメリカのアジアにおける経済力及び市場の保有や拡張に悪い影響をもたらす可能性がある。

第二に、中華民国はアジアにおいて友好国が多くないため、日本を通じて外交を展開すべきである。

第三に、足立正は日本の中小企業に影響力を持つ人物であり、今後足立正を通じて日本の中小企業を取り込むべきである。

さらに、張大使は楊継曾経済部長に打電し、「同組織における中華民国の地位のため、日本の立場を支持することによって日本から中華民国に対する支持を得る」よう説得した[105]。経済部は、アジア生産性機構を通じて生産力を向上させるという効果について疑問があり、さらに、会費分担の負担という問題があると考えていたが、アメリカが資金援助を行うことになり、政治的な観点から、中華民国の参加に賛成することとなった。結局、国府は中国石油公司経理の金開英、中央信託局副局長の周賢頌、王樹芳の三名をアジア生産性機構の設立大会に派遣した。同機構の一九六〇年代における運営実態については、史料の制約のために今後の課題とせざるをえないが、一九六〇年代以降、国府の国際経済機構への参加が次第に実務化に向かう前奏であったと言えよう。

おわりに

本章は、第四次日中民間貿易協定及び長崎国旗事件を中心に捉えられてきた岸政権期の日華関係が、経済協力という経済的要因によって創出された新しい外交空間においていかに展開されてきたかということを考察した。

一九五〇年代の後半になると、国府は輸入代替工業化から輸出志向工業化への転換を目指し、第二次経済建設四ヵ年計画を打ち出した。この時期にアメリカの援助政策も転換し、対華援助が減少していった。そのため、台湾の経済発展における日本の重要性は一層高まった。一方、岸政権は自立を志向し、経済外交を通じて外交を展開する地平を拡大しながら、同時に日中貿易も推進しようとした。国府との関係の緊密化と日中貿易の拡大という二つの目標が、どのような論理で両立できるのかという点について、日本政府は、「政経分離」という説明を繰り返したが、結局、中国政府と国府の双方に受け入れられることはなかった。

近年の日本外交史あるいは日中関係史の研究は、反共や中国敵視とみなされてきた岸の中国政策の位置づけを修正したが、それは日華関係をめぐる国府の反発及び政治交渉の検討に終始するものが多かった。また、新たな研究の方向性として、岸政権が内政指針の延長線上にこの問題を位置づけようとし、経済的繁栄や民生の安定を重視して経済協力を推進することで、国府との関係緊密化を模索しようとしたのではないかという新しい解釈もまた提起されていた。だが、実証的に深く掘り下げられることはなかった。

本章は、一九五〇年代の後半における日華の経済関係の交渉及び岸政権の東南アジア開発基金構想における日華経済協力に着目し、同時代の反共をめぐる政治関係、また第四次日中民間貿易協定によって引き起こされた日華間の対立の政治過程にも目配りしながら、この時期の日華関係が経済協力を通じていかにして展開されてきたかを検討した。

日華間の経済協力が創出した外交空間は、日華それぞれの思惑の相互作用によって構築された。岸政権は、日中貿易に対する理解を国府から得ること、また台湾確保という冷戦戦略において日本が経済協力を通じて自らの役割を果たすことを目的として、台湾への経済的コミットメントを深めようとした。一方、台湾の経済建設における日本の重要性を考慮して、国府内部では政治関係の手段としての経済外交、また経済利益を重視する経済外交という現実主義の路線が現れることとなった。

第四次日中民間貿易協定をめぐる日華対立の過程からみれば、国府は強硬な反発姿勢を表明し、さらに、当初は日中貿易の問題を黙過しながら、経済協力によって日華関係を促進する意図を持っていた。長崎国旗事件による日中関係の断絶以前に、国府はすでに妥協の姿勢を示し、第四次日中民間貿易協定によって一時的に停止されていた日華の経済関係及び交渉を再開させた。第四次日中民間貿易協定をめぐる日華間の対立は、国府側にも交渉手段の制約を認識させ、経済協力の議題は重要な外交の場となった。このような経済協力の外交空間は東南アジアにも波及した。

第1章で触れた一九五〇年代前半に模索された東南アジアにおける日華の経済協力は、岸政権が打ち出した東南アジア開発基金構想を契機として、日華間において本格的に議論されるようになった。岸が打ち出した東南アジア経済外交には、国府の東南アジア華僑に対する影響力を利用したいという経済利益上の考慮があり、東南アジアにおける日華経済協力を通じて国府との関係を進め、日中貿易との両立を実現しようとする意図もあった。一方、国府は日中貿易に対抗するという観点から、日本の東南アジア進出を支持したが、他方、日本と東南アジアとの経済協力が台湾の商工界の利益と衝突する可能性を危惧し、また、反共経済圏形成の可能性を疑っていた。結局、岸の東南アジア経済開発構想は失敗したが、その一環であるアジアの技術協力は、アジア生産性機構の設立によって部分的にであれ実現された。国府が同機関に参加する動機としては反共の色合いが強かったが、これは一九六〇年代以降に国際経済機構への参加が次第に実務化へと向かう前奏であったと言えよう。

以上のように、岸政権期の日華関係においては、日中貿易の問題をめぐって外交上の対立が起きた一方で、経済協力も深まっていた。一九五〇年代後半になると、日本が一層自立外交を追求するようになり、そこには日中貿易を拡大する意図もあった。日中貿易と国府との緊密な関係の双方を両立させるために、日本政府は台湾の経済繁栄を目指した対華経済協力によって、対華関係を推進しようとした。一方で、国府の側では台湾の経済建設の文脈において、張群や外交部の一部の官僚のように経済協力を通じて対日関係を促進しようとする向きがあり、また、経済利益を重んじる経済官僚らによる対日関係重視という現実主義路線が現れた。岸政権期においては、日中関係が全面的に断絶されたために、従来、岸の反共、中国敵視や親台、また国府の反発などの要因が注目されることが多かったが、実際のところ日華双方は経済協力の領域において外交の地平を拡大していった。そして、一九六〇年代以後になると、このような経済協力による外交空間が日華関係にとって一層重要となっていくのである。

註

（1） 五百旗頭真「日本外交50年」『国際問題』No.500（二〇〇一年）、四―三六頁。

（2） 陳肇斌『戦後日本の中国政策――一九五〇年代東アジア国際政治の文脈』東京大学出版会、二〇〇〇年。添谷芳秀『日本外交と中国 一九四五―一九七二』慶應義塾大学出版会、一九九六年。古川万太郎『日中戦後関係史』原書房、一九八一年。林代昭（渡邊英雄訳）『戦後中日関係史』柏書房、一九九七年。草野厚「第四次日中民間貿易協定と日華紛争――一九五八年三月五日―四月九日」『国際政治』第六六号（一九八〇年）、一九―三五頁。池井優「戦後日中関係の一考察――石橋、岸内閣時代を中心として」『国際法外交雑誌』第七三巻第三号（一九七四年）、四四―八七頁。横山宏章「日中破局への道『五星紅旗』掲揚をめぐる日台交渉と長崎国旗事件」『東亜』（439、五七―六四頁）、（441、五九―六九頁）、（444、六八―八一頁）、（445、七四―八一頁）（二〇〇四年）。「長崎国旗事件　補論　封印が解かれた長崎国旗事件の『真相』――台湾外交部の外交文書から」『東亜』（502）（二〇〇九年）、七六―八二頁。杉浦康之「中国の『日本中立化』政策と対日情勢認識――第四次日中民間貿易協定交渉過程と長崎国旗事

件を中心に」『アジア研究』第五四巻第四号（二〇〇八年）、七〇―八六頁。祁建民「長崎国旗事件の真相とその意味」『東アジア評論』第六号、（二〇一四年）、二一―二〇頁。

（3）権容奭「日中貿易断絶とナショナリズムの相克」『一橋法学』第六巻第三号（二〇〇七年）、一二五一―一二七八頁。

（4）井上前掲書、一三二頁。

（5）長谷川隼人「岸内閣期の内政・外交路線の歴史的再検討――「福祉国家」、「経済外交」という視点から」一橋大学博士論文（二〇一五年）。

（6）劉進慶「台湾の経済計画と産業政策」（藤森英男『アジア諸国の産業政策』アジア経済研究所、一九九〇年）、四七―七七頁。

（7）劉進慶前掲論文を参照。

（8）郭岱君『台湾経済改革故事（一九四九―一九六〇）』中信出版社、一一〇頁。

（9）李国鼎『台湾経済発展背後的政策演変』東南大学出版社、一九九三年、四頁。

（10）郭岱君前掲書、一四六頁。

（11）同右。

（12）康緑島『李国鼎先生口述歴史―話説台湾経験』卓越文化事業、一三九―一四〇頁。

（13）葉万安「台湾工業発展政策的研定与実施」『台北市銀月刊』第一四巻第一二期（一九八三年）。

（14）経済部発外交部宛「経済問題説帖」一九五七年五月三〇日、外交部档案「岸信介開発東南亜経済計画」(013.2/0022)、中央研究院近代史研究所。

（15）日韓協力委員会について、姜先姫「韓国における日本の経済協力――馬山輸出自由貿易地域を巡る日韓経済協力」『現代社会文化研究』第二三号（二〇〇二年）、三七―五四頁を参照。

（16）張群『我與日本70年』中日関係研究会、一九八一年、二三二頁。

（17）洪紹洋「中日合作策進会対台湾経建計画之促進與発展（一九五七―一九七二）」『台湾文献』第六三巻第三期（二〇一二年）一九一―一二四頁。

（18）堀内大使発岸外務大臣宛「国際収支改善のための貿易政策等に関する以上上申に関する件」一九五七年七月二日、外務省外交記

録「本邦対中華民国貿易関係雑件　第四巻」(E'2112)、外交史料館。

(19) 外務省経済局アジア課「日本の重電機類の輸出」[日付不明]、「本邦対中華民国貿易関係雑件　第四巻」。

(20) 在中華民国日本大使館「台湾貿易構造の変化　特に日台貿易状況の変化と今後の見通しについて」一九五八年二月[日付不明]、「本邦対中華民国貿易関係雑件　第四巻」。

(21) 同右。

(22) 「社会法人アジア協会の概要について」一九五五年八月五日、外務省外交記録「本邦における協会及び文化団体関係　アジア協会関係」(I'0087)、外交史料館。

(23) 権容奭前掲書、二五頁。

(24) 木畑洋一「アジア諸戦争の時代――一九四五―一九六〇年」(和田春樹ほか編著『東アジア近現代通史』下、岩波書店、二〇一四年)、八三頁。

(25) 井上前掲書、一三〇頁。

(26) Policy Considerations with Respect to Controls Affecting Trade with Communist China, June 10, 1955, Box 2059, RG59 Central Files Far East Trade 1955–1959.

(27) American Embassy Tokyo to the Department of State, Appraisal of Japan's Economic Relations with Communist China and the Soviet Bloc, November 27, 1957, Box 2059, RG59 Central Files Far East Trade 1955–1959.

(28) 長谷川前掲博士論文、一七三頁。

(29) 同右。

(30) American Embassy Tokyo to Department of State, Reaction to Japan's Relaxation of Trade Controls Applied to Communist China, July 30, 1957, Box 2059, RG59 Central Files Far East Trade 1955–1959.

(31) Briefing Materials on Japan for Mr. MacArthur, No date, 1957, Box 1, RG59 General Records of the Department of State, Office of the Country Director for Japan, Records Relating to Japanese Political Affairs 1960–1975.

(32) From American Embassy Tokyo to the Department of State, September 21, 1956, Box 1, RG59 General Records of the Depart-

ment of State, Office of the Country Director for Japan, Records Relating to Japanese Political Affairs 1960–1975.

(33) 長谷川前掲博士論文、二一四頁。

(34) 長谷川前掲博士論文、一〇一頁。「岸総理、マッカーサー米大使会談要旨（訪米予備会談第五回）」一九五七年四月二五日、外務省情報公開（二〇〇七―〇〇九一五）、外交史料館。

(35) 長谷川前掲博士論文、二二三頁。

(36) 井上前掲書、一三二頁。

(37) 権容奭『岸政権期の「アジア外交」――「対米自主」と「アジア主義」の逆説』（国際書院、二〇〇八年）、五三頁。

(38) 在中華民国特命全権大使堀内謙介発総理大臣岸信介、一九五七年五月五日、外務省外交記録「岸総理東南アジア訪問関係」（A'0153）、外交史料館。

(39) 外務省アジア局第二課「岸総理大臣と葉・中華民国外交部長との会談要旨」一九五七年六月三日、外務省外交記録「アジア開発基金構想」（B'.6.3.0.32）、外交史料館。

(40) 同右。

(41) 同右。

(42) 「中華民国総統との会談要領」［日付不明］、「岸総理東南アジア訪問関係」。

(43) 同右。

(44) 矢次一夫「東南アジア開発に関する中日協同工作の可能性についての勧告」（日付不明、しかし、岸総理第一次東南アジア訪問後に作成したものが推測できる）、「日本各界中華民国親善使節団関係　石井光次郎団長」。

(45) 『朝日新聞』一九五七年七月三〇日。

(46) 「常設民間貿易事務所について」一九五七年九月一二日、外務省外交記録「本邦対中共貿易関係　第四次日中貿易協定」（E'0212）、外交史料館。

(47) 井上前掲書、一三九頁。

(48) 張群（古屋奎二訳）『日華・風雲の七十年――張群外交秘録』サンケイ出版、一九八〇年、一六一頁。

(49) 外務省アジア第二課「大野次官、沈中国大使と会談の件」一九五七年九月二八日、「岸総理東南アジア訪問関係」。
(50) 同右。
(51) 駐日大使沈覲鼎より外交部宛、一九五七年九月二九日、「岸総理東南アジア訪問関係」。
(52) 同右。
(53) 在中華民国特命全権大使堀内発外務大臣藤山宛「張群特使の訪日経過報告に関する件」一九五七年一一月七日、外務省外交記録「アジア諸国特派使節および親善使節団本邦訪問関係　中華民国の部　張群総統府秘書長関係」(A'0139)、外交史料館。
(54) 井上前掲書、一四〇頁。
(55) 八木正男駐華臨時代理大使発藤山大臣宛電報、一九五八年三月一九日、「本邦対中共貿易関係　第四次日中貿易協定」。
(56) Yun Chu Ting 発藤山大臣宛「日中貿易取極に関するタイ国ハイナン・アソシェーション議長書簡の件」一九五八年三月二二日、「本邦対中華民国貿易関係雑件　第四巻」。
(57) 「総理親書要旨(案)」一九五八年三月二九日、外務省外交開示文書「日・中共貿易」(二〇〇九―〇七六二)。
(58) 八木臨時代理大使発藤山大臣宛「日華貿易会談に関する件」一九五八年三月一五日、「本邦対中華民国貿易関係雑件　第四巻」。
(59) 井上前掲書、一四五頁。
(60) 堀内大使発藤山大臣宛「日華貿易会談に関する件」一九五八年四月一〇日、「本邦対中華民国貿易関係雑件　第四巻」。
(61) 堀内大使発藤山大臣宛「日華貿易会談に関する件」一九五八年四月一二日、「本邦対中華民国貿易関係雑件　第四巻」。
(62) 『朝日新聞』一九五八年五月一一日。
(63) 堀内大使発藤山大臣宛「日華貿易会談に関する件」一九五八年五月三日、「本邦対中華民国貿易関係雑件　第四巻」。
(64) 同右。
(65) 堀内大使発藤山大臣宛「日華貿易会談に関する件」一九五八年五月一九日、「本邦対中華民国貿易関係雑件　第四巻」。
(66) 堀内大使発藤山大臣宛「日華貿易会議の妥結に関する新聞論調の件」一九五八年五月二一日、「本邦対中華民国貿易関係雑件　第四巻」。
(67) 「報告」一九五九年二月七日、外交部档案「中日貿易会議」(032.2/0002)、中央研究院近代史研究所。

(68) 同右。
(69) 同右。
(70) 同右。
(71) 同右。
(72) Douglas MacArthur II to Jeff, September 5, 1957, RG59 China, Japan and Korea Lot Files, Bureau of Far Eastern Affairs, Affairs of Republic of China, 1951–1978.
(73) 外務省経済局「アジア経済開発基金構想に関する米側の反響」一九五七年九月三日、「アジア開発基金構想」。
(74) 周海通発黄少谷部長宛、一九五八年一一月二一日、外交部档案「我対日輿中共貿易問題之対策」(005.24/0036)、中央研究院近代史研究所。
(75)「東南亜経済研究草案」［日付不明］、「岸信介開発東南亜経済計画」。
(76) 中華民国行政院（代電）発外交部葉部長宛、一九五六年九月二四日、「中日合作策進会」(031.3/0034)。
(77) 経済部発行政院宛、一九五六年一〇月二四日、「中日合作策進会」(031.3/0034)。
(78) 外務省アジア第二課「日華合同東南亜訪問団計画の件」一九五七年四月一二日、「日本各界中華民国親善使節団関係　石井光次郎団長」。
(79) 同右。
(80) 中華民国駐泰国大使館発僑委会宛「日政府派員訪問東南亜事」一九五七年七月二九日、「岸信介開発東南亜経済計画」。
(81) 同右。
(82) 同右。
(83) 外交部「亜洲経済発展基金与米国経済開発援助計画要旨」［日付不明］、「岸信介開発東南亜経済計画」。
(84) 行政院経済安定委員会秘書処発外交部宛「函覆関於日本首相向美国所提亜洲経済開発基金與援助計画意見由」一九五七年八月一三日、外交部档案「岸信介訪問東南亜」(031.2/0021)、中央研究院近代史研究所。
(85)「日建議設立『亜洲開発基金』之分析」一九五七年九月四日、「岸信介開発東南亜経済計画」。

（86）外交部「防止共匪対日経済攻勢與日匪貿易之拡展（専供中日合作策進会参考資料）」［日付不明］、「中日合作策進会」（031.3/0034）。

（87）谷正綱発葉公超部長並転張秘書長岳軍酌送総裁、外交部収電第九一七号電報、一九五八年六月四日、「中日合作策進会」（031.3/0034）。

（88）外交部「関於設立東南亜経済合作組事」一九五八年九月三〇日、「中日合作策進会」（031.3/0034）。

（89）「矢次一夫等訪台商討準備事項座談会記録」一九五九年一二月三〇日、外交部「中日合作策進会」（031.3/0039）、中央研究院近代史研究所。

（90）中華民国駐泰国大使館代電発外交部宛「為矢次一夫等抵達曼谷期間予以招待及懇談情形」一九六〇年二月三日、「中日合作策進会」（031.3/0039）。

（91）中華民国駐日本国大使館より「訪日泰国経済視察団日程」一九六〇年五月一三日、「中日合作策進会」（031.3/0039）。

（92）中華民国駐日本国大使館代電発外交部宛「呈報泰国中華総商会工商考察団訪日経過由」一九六〇年六月二〇日、「中日合作策進会」（031.3/0039）。

（93）公益財団法人日本生産性本部 http://www.jpc-net.jp/movement/movement.html。最終アクセス日、二〇一七年一月二五日。

（94）財団法人中国生産力中心 http://www.cpc.org.tw/zh-tw。最終アクセス日、二〇一七年一月二五日。

（95）外務省経済局、経済協力局、国際連合局監修『ＩＭＦからコメコンまで――国際経済機構ＡＢＣ』野田経済社、一九六二年、二九四頁。

（96）外務省経済局ほか監修『ＩＭＦからコメコンまで――国際経済機構ＡＢＣ』、二九三頁。

（97）外務省国別開発協力第一課『アジア生産性機構（ＡＰＯ）の概要』http://www.mofa.go.jp/mofaj/press/release/22/4/PDF/042101.pdf。最終アクセス二〇一五年一〇月二五日。

（98）外務省ほか監修『ＩＭＦからコメコンまで――国際経済機構ＡＢＣ』、二九五頁。

（99）外交部「亜洲生産力組織問題節要」一九五九年八月一八日、外交部「日本生産性本部召開亜洲生産力会議」（020–010102–0074）、国史館。

(100) 詹明星「報告　商討派員赴日参加亜洲生産力会議事宜」一九五九年一月二一日、「日本生産性本部召開亜洲生産力会議」。
(101) 中国生産力中心発経済部宛代電、一九五九年一月二四日、「日本生産性本部召開亜洲生産力会議」。
(102) 駐日大使館発外交部宛「密不録由」一九五九年九月三日、「日本生産性本部召開亜洲生産力会議」。
(103) 『日本経済新聞』一九五九年三月一九日。
(104) 駐日大使館「駐日大使館政情研究会報簡要記録」一九五九年八月二一日、「日本生産性本部召開亜洲生産力会議」。
(105) 同右。

第3章　第一次円借款の交渉過程　一九六〇―一九六五

はじめに

本章では、一九六〇年代前半という、日中（民間）関係の進展によって、日華関係が非常に厳しい局面に向かっていく時期として従来の研究で描かれてきた時期を取り上げ、この時代にいかに日華間の経済関係が位置付けられ、どのような役割を果たし、そして最終的に日本の国府への第一次円借款として結実していったのか、政治と経済との関係性に注目しながら考察する。

一九六〇年代の前半には、日中LT貿易協定の成立、周鴻慶事件、また、日本の対中ビニロン・プラントの輸出などの一連の出来事によって、日華関係は断交寸前にまで大きく動揺した。一九五八年の第四次日中民間貿易協定をめぐる対立の時よりも一層深刻な外交危機に陥ったのである。このような池田勇人政権期の初めから佐藤栄作政権期の前半まで長期的に継続した日華間の対立、一九六〇年代の日華関係研究の中心的な課題とされ、特に、周鴻慶事件、ビニロン・プラントの問題、また、プラント輸出における輸銀資金の不使用を約した第二次「吉田書簡」を中心に数々の研究が行われてきた。(1)

しかし一方で、一九六〇年代前半の日華関係は、紛争の勃発、交渉及び「吉田書簡」による緩和をめぐる政治過程と並行して、ほぼ同じ時期に第一次円借款の交渉が行われていたのである。そして、一九六五年四月二六日には台北において中華民国の李国鼎経済部長と日本の木村四郎七駐華大使との間で一億五〇〇〇万ドルの円借款協定が調印されることとなった。すなわち、この時期の日華関係は政治関係と経済関係が絡み合いながら展開されていたと考えられる。この円借款については、国府に対するアメリカの経済援助の縮小を肩代わりすることにもなったという側面や[2]、また、台湾における対日経済関係の重要性[3]についてすでに先行研究が指摘しており、一定の研究成果があるのだが、一九六〇年代前半における日華間の政治関係と比べれば、第一次円借款への関心は相対的に低かったと言わざるをえない。

しかし、近年史料公開の進展によって、その円借款についての実証研究が昨今新たに進められている。例えば、洪紹洋は一九六五年の円借款協定の成立過程における日華協力委員会の役割を解明し、台湾の経済建設計画の対日依存が一九五〇年代末期にまで遡る可能性を提起した[4]。また、井上正也は張群と自民党親台湾派の間の非正式ルートによる「反共外交」及び外務省と親台湾派の対国府政策をめぐる対立という視角から円借款の交渉過程を考察し、経済開発を通じて中華民国の「台湾化」を目指すのが外務省の立場であったが、結果として日華関係の緊密化は親台湾派による「反共外交」の推進という対外イメージを払拭できなかったことを指摘した[5]。しかし、以上の先行研究は、日本や台湾の史料を利用し、円借款の問題を分析しているものの、これらの研究によって必ずしも円借款の交渉過程の全貌が明らかにされたわけではない。

そこで本章は、一九六一年から一九六五年までの第一次円借款の交渉が、日華間の対立の激化及びその緩和の過程と関わりながら、いかに展開されていたのかということに焦点を当て、従来の「吉田書簡」及び政治関係の研究を中心とする一九六〇年代の日華関係について、経済問題の処理からみた新たな研究視角を提示することを試みる。

1　一九六〇年代前半の日華経済協力と日本の対中政策

(1) 国府による経済協力の要請

一九六〇年代に入ると、日華の経済関係は新たな段階を迎えた。すなわち、一九六一年に従来の日華貿易のオープン勘定制度が終焉を迎え、現金決済に移行することとなった。一方、日華の経済協力は国府側の外資導入奨励策や工業化に伴い、徐々に活発化していった。頻繁な経済交流によって一九六〇年代の日華関係は頻繁な経済交流とともに幕を開けた。一九六一年二月二八日に、経団連の植村甲午郎会長が率いる経済訪問団が台湾に到着し、陳誠行政院院長をはじめとする中華民国政府側と今後の日華経済協力を中心に意見交換した(6)。また、一九六一年三月から五月にかけて、旧制度下における最後の日華貿易会議が開催された。この会議において、日華双方は従来の制度の終了することを討議するとともに、今後の新しい経済関係の構築について協議した。

日華貿易会議の日本側の構成員は、首席代表の外務省審議官根岸国義のほか、通産省通産局次長瓜生復男、大蔵省為替局財務調査官渡辺誠、外務省経済局アジア課長越智度男、大蔵省為替局総務課長森鼻武芳、農林省農林経済局経済課長枝広幹造、通産省通産局市場第三課長林祐一、運輸省海運局外航課長高林康一らであった。また、中華民国側は、外交部顧問兼行政院外貨・貿易審議委員会副主任委員銭昌祚を首席代表とし、駐日大使館経済参事胡光泰、行政院外貨・貿易審議委員会顧問査石邨、財政部銭幣司弁張成達、台湾糖業公司業務部経理趙瑋、中国銀行代総経理張武らのメンバーで構成されていた(7)。

四月三日に行われた第三回の会談において、銭首席代表は、以下のように述べた(8)。「台湾側はO／A（Open Account）の廃止時期を重視せず、廃止に代わる方策に関心を持っている。特に融資の方法に関心を持ち、融資については短期の貿易に伴う融資を考えており、次に延払い供与に関する融資を考えている。現在わが国の実業界は日本の輸出入銀行より若干の融資を受けているが、中国（中華民国）も大きなプロジェクトを持っている。一部の者は日本の業界に対して延払いの期間延長、金額増大を希望する」、「第三次四ヵ年計画の進行に伴い多額の外資の投入及びクレジットの供与を受けたいと思っている」。また、新貿易取極において、日本政府が便宜を与えることが明示され、本会議期間内に融資に関し日本政府から何らかの声明をいただきたいと述べた(9)。この会談において、国府側は華韓間の協定を日本側に手渡した上で、華韓協定を参照すること、そして華韓協定と同じく日華協定にも日華の特殊な関係を盛り込むことの二点を要請した。ここには自由主義陣営（日華韓）における経済関係を強化しようとする意図が明らかに見て取れる。

国府側の融資に関する要請への日本側の対応として、以下の方法が提示された(10)。第一に、短期の信用供与について、従来、日華間の貿易がオープン勘定によって行われていたために適用できなかった輸出ユーザンス制度が適用されるようになり、この制度により、日本銀行は一定の範囲で台湾のバイヤーに対して輸入金融を提供することができる。第二に、長期の信用供与について、延払い輸出信用の条件を緩和することを約束した。しかし、いずれも、ケース・バイ・ケースで行われることを強調し、概括的な承諾を避けたかたちとなった。

国府の対日経済協力の要請はこの貿易会議以後も続けられた。一九六二年三月、交通部長の沈怡を団長として、銭昌祚、李国鼎らの経済官僚が日本で開催されたエカフェに参加した際に、日本からの借款を要請した(11)。続いて、五月に米援会副主任委員の尹仲容が日本を訪問し、池田勇人首相との会談において以下の要領に基づく四五〇〇万ドルの円借款を要請した(12)。

①　日華経済の緊密な協力を図るために、今の貿易の水準を維持するだけにとどまらず、さらに拡大していくべ

きである。

② 毎年三〇〇〇万ドルの対日貿易赤字を補塡するため、三年間、毎年一五〇〇万ドルの借款で日本の工業機械などの機材を購入する。

③ 一二—一五年の長期借款を希望する。

④ 借款で日本から工業機械や部品、発電設備、造船機材及び自動車部品などを購入する。

池田首相は通産、大蔵両省と調整を行い、七月に外務省経済協力局長の澤木正男が台湾を訪問し、国府側と協議した。国府側の借款計画に対して、澤木は一年目のみ一〇〇〇万ドルを直接政府借款として供与し、残りは民間の延払い方式による融資の提供とすることを表明し、具体的な交渉に入ろうとした(13)。しかし、当時日本政府は、国府への経済協力を進めると同時に、一九五八年以来の日中関係の断絶という局面に対し、岸から池田への政権交代を契機として、日中民間貿易の再開へと動き出し、一九六二年一一月九日には、自民党の大物政治家高碕達之助と中国の対日外交の重要な担当者であった廖承志(14)の間でLT貿易が合意された。これは、総合バーター形式による日中間の新しい民間貿易形態であった。

日中貿易の進展は、国府側の反発を惹起した。一二月八日、蔣介石が自ら主催する第四一四回国民党中央常務委員会が開催され、会議後に蔣介石は陳誠と会談を行った。詳細な内容は不明であるが、陳誠が所感をまとめるかたちで「中（華—筆者注）日関係が日匪（中—筆者注）貿易のため、ますます困難になる。肥料もできる限り他の国から購入すべき」と日記に記している(15)。この内容からも、国府の指導層はLT貿易に対して大きな不満を抱き、何らかの対抗措置を取ろうとしたことは想像に難くない。日本側の資料によれば、一一月の上旬に借款の交渉が停止することとなった(16)。また、借款の担当者の一人である米援会秘書長の李国鼎の訪日計画も陳誠によって中止された(17)。

しかし、国府は結局具体的な報復措置を発動しなかった。その理由については、陳誠が「アメリカの関係で何も行動しなかった。私はもう我慢できない。今後自らを奮い立たせるしかない」と日記の中で吐露している。[18] 日華関係においてアメリカが重要な役割を果たしたことは言うまでもない。ただ、アメリカから日本に圧力をかけるという国府側の要請に対して、アメリカは日本に干渉することはできないという建前で応酬しながら、小さな問題で日本との関係を悪くしないようにと中華民国側を説得するというのが基本的な姿勢であった。さらに、日本の駐華大使木村四郎七は就任に際し、「日米中は必ず協力すべき」という池田首相のメッセージを国府に伝えた。[19] すなわち、国府は対日関係について、現実的には日華協力を一層推進する以外の選択肢は非常に限られていた。一九六三年三月に陳誠は先に中止した李国鼎の訪日を許可し、ただし、絶対に経済援助や借款を請わないよう指示した。[20] このような背景の下で、当初の四五〇〇万ドルの借款要請とは異なり、中華民国は総額二億ドル、または一億二〇〇〇万ドルという二つの対日借款案を用意し、再び円借款を求めた。

行政院国際経済合作委員会[21]（経合会）は対日借款の理由について以下のように述べている。[22] まず、「戦後日本はアジア諸国に経済援助を与えた。例えば、すでにフィリピン、ベトナム、インドネシア、ミャンマー、パキスタンなどの国々に対して、一〇億ドル以上の賠償金及び八億七〇〇〇万ドルの借款を提供した。一九六二年一一月に初期の合意を得て、日本は韓国に三億ドルを無償供与し、さらに十年間で二億ドルの円借款を、年率三・五％で、また借款後七年目から返済するとの条件で提供した」こと、また、「これまで中（華―筆者注）日の間には一般の貿易と若干の技術協力やわずかの民間投資はあったが、大規模な融資はまだ存在していない。戦争中にわが国が一番の被害国であったことを考えると、よい条件で借款をもらうのは当然である」というような戦後賠償の論理で借款の正当性を訴えた。そして第二の借款の理由として、経済発展の論理からすれば、対日借款によって、日本の協力を得て、鉄鋼、機械、造船を含む基本的な工業を建設し、生産能力を充実させること、また中華民国の輸出能力を強化することという二つの目的が達成できると主張した。

(2) 池田政権の対中延払いの模索

一九六〇年代前半の日華経済協力問題は経済関係の問題でありながら、次第に政治化してゆくこととなった。その道程は、日本の中国政策と深く関わっていた。一九六〇年代に入ると、国連における中国代表権の問題が急速に進展する傾向があり、従来のアメリカ主導の棚上げ案が限界に達しつつあった。アメリカの政権交代にあたり、中国政策をめぐる議論も活発になった。このような国際情勢の中で、一九六〇年七月一九日に池田政権が発足すると、日本政府内には中国問題への関心が急速に高まりつつあった。一方、中国政府は大躍進政策の失敗に加え、中ソ対立による経済への打撃により、対日関係断絶状況の打開へと動いた。一九六二年の日中貿易額は八四五〇万ドルに達し、一九六一年に比べ倍近い伸びを示した[23]。一九六二年三月以降には、日中貿易において、鋼材、化学肥料をはじめ、人絹系プラントなどの日本からの対中国輸出に関連し、日本側の関係業者から政府に対して、対中の延払い輸出の承認を求める声が高まることとなった。

一方、池田政権の対中貿易への積極的な姿勢は一九六〇年代の日本の対共産圏の貿易の拡大にも関連していた。鳩山一郎政権による国交回復以来、日ソ関係の改善が進んでいた。「日ソ通商に関する条約」と「貿易及び支払に関する協定」の締結によって、一九五八年から日ソ貿易が大幅に拡大した。一九五九年三月に来日したソ連外国貿易省のスパンダリヤン東南アジア近東諸国貿易局長は、日本政府関係者に対し鉱産物及び関連機械、設備を日本から輸入したいと考えており、さらに一定期間の延払いを認めてほしいと述べた[24]。それに対し、日本政府は英仏がソ連と長期貿易協定を締結していることやイギリスがすでに輸出信用保証局を通じて実質的に認めるみちを開いているというようなことに鑑み、「わが国においても輸出振興の見地から肯定的に検討する必要があると考えられる[25]」として、具体的な方法について外務省が欧州諸国の状況の調査を開始した。この結果、延払い期間は原則として最長五年とされていたものの、特例として七年まで認めている場合もあるという状況が判明した(26)。

NATO諸国や日本が一九五〇年代末から対ソ貿易を拡大してきたことに対し、一九六〇年一一月末にアメリカ政府は「最近ソ連は、自由諸国の石油工業及び石油市場の破壊を目的とする経済攻勢を企図し、右攻勢実施のためタンカー購入に狂奔しつつある実情に鑑み、ソ連攻勢防止のため、タンカーの対ソ輸出問題につきNATO加盟国及び日本と協議に入りたく、かつ、差し当っては、日本政府としてはタンカーの新規対ソ売却を差し控えられたい旨申し入れ」を行った(27)。アメリカの要求に対し、日本はNATO諸国の態度に関して非公式に照会し、デンマーク、オランダ、ノルウェー等が反対の見解を有していることが明らかになった。それを踏まえ、日本は一二月にアメリカ側に対し、ココムにおいて行うべき、協定の義務として許可せざるをえないことであると返答した(28)。他方、ソ連との延払い取引については、関連諸国のそれぞれの動きに鑑み、EECでは閣僚理事会の決議によって輸出信用に関する調整グループの場が設立され、定期的に月一回の意見交換を行い、延払い政策の相互調整を行って過当な競争が起こらないよう努力していた。EECは対共産圏の延払いについて、基本的に、わずかな特殊事例を除き、五年以上のクレジットを供与したことがないという立場を取っていた。アメリカとEEC諸国は五年以上を認めないという政策を確立し、イギリスもこれに同調するよう要請した。また、一九六三年七月にオランダの財務省は駐オランダ高瀬大使に対し、EECと日本との間の正式と非正式の情報交換を行うことを提案し、「対共産圏の主要輸出国である日本とEEC各国間の情報交換は同じ陣営におけるお互いの誤解や嫉妬等を取り除き円満な国際協力を図る上からも極めて有意義である」と説得しようとした(29)。それに対して、外務省は「日本の将来の延払供与にEECの掣肘を受けることともなりかねず、欧州諸国に比べ不利な立場にあるおそれがある。さらに本件が中共にも及ぶ場合は、中共貿易に比較的な関心の高い英国が参加していないこともあり、我がほうのみが情報を提供しさらに牽制を受けるようなことになってのぞましくないと考えられる。よって本件申し入れは差し当たり受諾しない」とした[30]。また、政策の自主性からみれば、日本政府はアメリカとEEC諸国からの要請にも反発した。大平外相は各大使宛の電報において、以下のように述べた[31]。「NATO加盟国でないわが国としてNATO決議に従うことはおかしい。仮にNATOの決議が成立し、かつわが国としてこれを尊重することになっても、これはあくまでも自主的な協力であり、これに束縛されることはないと考える」。しかしながら、駐オランダ伊関大使は「中共プラント輸出乃至対ソ鋼管輸出等の処理に当たり仮に本件のようなルールにより西欧諸国との協調ができていれば国府、米国関係ならびに対国内的にも円滑に対処しえるのではないか」と建言した[32]。

以上のように、一九六〇年代の初期において、欧州と日本は対共産圏向けの延払い輸出を拡大しようとする傾向があった。その中で、イギリスと日本は中国との貿易を念頭に置きながら、アメリカとEEC諸国が決めた延払い政策を乗り越えようとした。その結果、一九六四年から対ソ連圏の信用規制が緩和の兆しを見せ、一九六四年中には日本の対ソ尿素プラント及びイギリスのポリエステル・ファイバー・プラントのソ連向け長期延払い輸出が実現した。また、フランスも一五年以上、一億ドル以上の延払いについて交渉を進めていた。一九六〇年代前半に自由主義陣営の主要諸国が対共産圏の延払い貿易を拡大していく状況に鑑み、日本政府や民間が延払いの緩和によって対中貿易を一層促進しようとしたことは自然な流れであった。

当時の日本政府の中国政策において、対中関係の構築に積極的な姿勢を示す勢力が外務省内にあった。一九六二年三月二五日に外務省アジア局中国課長によって作成された「当面の対中共策について」では、「将来台湾がどうなるにせよ、早晩中共との善隣友好関係を樹立すべきである」と主張し、この目標を目指し、当面の政策として「松村訪中、高碕訪中、経済協力や貿易面では、政府として可能な限り措置をとる」と述べられている[33]。他方、同文書では、中華民国への対策について、国連において台湾を中国本土から切り離す意味で「二つの中国」を支持するが、それを表立って表明することは避けるという方針が示され、対中貿易について、予測できる国府の反発に対し、「日本の国内輿論をもって対抗すべきであり、かつ可能だと信じる」と述べられている[34]。そして五月一一日の最高輸出会議における要望に応じ、五月二一日の経済閣僚懇談会及び二二日の閣議で「中国に対しても、西欧諸国が中国に認めている条件の範囲内で延払い輸出を認める」との方針が決定され、鋼鉄製品を含め、延払いの範囲が拡大された[35]。

五月に八幡製鉄社長の稲山嘉寛は日中貿易促進会を通じて鉄鋼取引を行うことを想定し、延払いの方式で日中鉄鋼交渉を再開したいという構想を政府に提出した。これにより、鉄鋼業が中国側に主導権を握られた友好貿易に組み込まれることが予想された。そこで、従来の友好貿易に対抗するため、七月二五日に全日空社長岡崎嘉平太が外務省アジア局長を往訪し、松村氏を中心とした左翼に偏向していない「健全」な商社やメーカーが集まり、この集まりによって輸出入、また対中国延払いを行いたいという岡崎構想を提出した[36]。日本政府は友好貿易制度を是正するために、岡崎構想に沿った日中貿易を推進しようとした。八月六日に、池田と石橋湛山元首相との間で会談が行われたが、石橋から池田に対して、日ソ関係調整につき、政府として今少し積極的な態度を取るべきだと献言したところ、池田は「対ソ関係調整もさることながら、自分は日中貿易促進を真剣に考えている[37]」と述べ、岡崎構想に基づく松村訪中を希望した[38]。結局、中国側が岡崎構想を受け入れ、新貿易と従来の友好貿易の二本立てを主張したため、日本政府による対中友好貿易の打破という意図は完全には実現しなかったものの、日中のＬＴ貿易協定は一一月九日に調印の日を迎えた。

ＬＴ貿易協定締結を達成するまでの過程において、対中延払いが肝要な問題として日本政府内部で議論された。五月二一日の経済閣僚会議が対中延払い輸出を認めて以後、通産省が主張した「二年乃至三年、例外的に五年まで認める」という条件に対し、外務省は、実施時期は岡崎構想に関連し、もし稲山構想が早期に実現すれば、岡崎構想の実現が困難となること、また対アメリカ、中華民国、韓国などの自由諸国への配慮も重要であるため、慎重に考慮する必要があると主張した。[39] しかしながら、外務省は対中延払いを実現しようとする場合、特に国府の反応に対し、経済協力の促進が解決策になりうるとして同時に借款の供与を用意した。

経済局東西通商課が一九六二年三月二六日に各担当部局の意見を求めたところ、経済局アジア課は、対中延払いを認可する際には国府の反発を考慮し、「現在の懸案となっている対国府の借款問題に対して積極的に配慮を与えることが必要」との意見を表明した。[40] また、五月九日の外務省の幹部連絡会において、大平外相は外務省として対中延払い問題を頭から否定する必要はないと表明し、また討議の結果として、原則的に中共への延払い許与に異議はないが、共産圏全体に認める輸銀の貸付許与額の限度、アメリカ、中華民国、韓国との関係などを勘案して慎重に検討すること、また「国府に対し、本件延払いは純然たる商業的観点からのみ行われるものであることを説明するとともに、同国との特殊関係に鑑み、更に今後も経済協力を推進することとする」こと、という結論に達した。[41]

対華経済協力の促進によって国府側の圧力を減少できるという楽観的な考えは、外務省内に広く存在していた。その背後には国府の反応はそれほど厳しくないだろうという判断があった。外務省は、中国との間での肥料やまた鉄鋼の延払いについて、国府の反発は必至であると判断してはいたものの、日本側が友好国より優遇するものではなく、かつ西欧条件を超えるものではないことを説明することができれば、国府が一時的に報復的な措置を取ることがあっても、全面的に経済関係断絶を打ち出すことはないと予測していた。[42]

2　日華紛争の勃発と円借款の中断

(1) LT貿易への国府の対応

前節で述べたように、国府側が日本からの借款の検討を進めているうちに、日中LT貿易協定が結ばれた。国府は、日中貿易に対して、国府は最初から反対してきたが、阻止する能力がないという徒労感も募らせていたため、日中貿易の「政治」的な側面を批判しつつ、日中貿易を牽制することが基本的な方針となった。そして、一九五八年の第四次日中民間貿易交渉の際には、国旗の掲揚などの政治的問題を利用し日中貿易に対する反対の姿勢を示し、一定の成果をえた。しかし、LT貿易に対して、駐日大使張厲生は、一九六三年四月一五日の外交部宛の電報において、自らがすでに最大限の力を尽くしたと述べ、将来の通商代表団の設置などの情勢に対し、どのように対応すべきかについて外交部に請訓した(43)。張大使からの請訓を受けて、外交部長沈昌煥は今後の対策について厳家淦財政部長、楊継曾経済部長、徐柏園外貿会主任委員を集めて、今後の対策について共同会議を行うことを提案した。その後、本件について朱撫松外交部次長、謝耿民財政部次長、王撫洲経済部次長、また銭昌祚外貿会副主任委員により構成される次長級会議が行われることとなった。銭は出席しなかったが、そこでとりまとめられた書面の意思が徐柏園に提出された。この会議の主題は、日華経済関係と日中貿易との関係であったが、それはすなわち、対日経済制裁を日中貿易を牽制の手段とすべきかどうかということであった。特に外貿会は、たとえ中華民国の対日経済依存度が減少したとしても、長期的にみると対日輸出を減少させることは望ましくないと主張した。この会議は最終的に、日中貿易に対抗するには、経済制裁は適切な方法とは言えず、むしろアメリカを通じて日本に圧力をかけることや、重要問題を掌握していく方法がより有効であると結論づけた(44)。

一九六〇年代初期から、国際情勢の変化や中華民国の工業建設の進展に伴い、中華民国の対日外交における対日経済関係の重要性が高まっていった。一九六二年八月に外交部は「日匪貿易の拡大に対する我が対策の検討」という文書において、「今日自由国家の中では、経済利益が政治利益を上回る傾向があり、貿易や経済協力を除く単純な外交はほとんどない」と指摘した上で、「微妙かつ複雑な日華関係において、経済手段を巧みに利用することがとりわけ重要である」と言明し、経済手段の利用を今後の方針として打ち出した(45)。ここで言う「経済手段」とは、一九六三年に提起された対日借款にほかならない。この円借款問題は、来る一九六三年五月六日から一〇日にかけて東京で開催された第八回日華協力委員会の場でおこなわれた政治攻勢とともに提起されたのだった。

日華協力委員会は第1章ですでに述べたように、一九五七年三月に設立され、一九七二年九月の日華断交に至るまで日華間の重要なチャネルであった。[46] 日本側の構成員は主に親台湾派で占められていたが、中華民国側はすべて蔣介石が指名した国民党と政府の重要人物によって構成されており、それは対日外交の重要な一組織であった。この一九六三年の日華協力委員会の開催に際し、日中貿易に対する対抗措置実現へ向けて、中華民国側は、同委員会設立後初めての直接参加となった張群、そして、国民党の常務委員六名、政府機関、財界の関係者など合計一九名の豪華な顔ぶれの委員たちを日本へ派遣した。[47] 陳誠は日華円借款の交渉のため、特に李国鼎に会議への参加を命じた。[48]

五月四日、張群は吉田元首相を訪問した。張群は吉田に対し、「最近、蔣総統をはじめ国府側では、自民党の対中国政策がだんだん変わってゆくのではないかと心配している。自民党の一部には中共に接近することがある。かくて、自民党の対中国政策が二途に行く恐れがある。自民党としては一本にまとまって自由主義陣営の強化に努めてもらいたい」と述べ、「貴下は日本における政界の巨頭で、政府の人々も貴下の指導に服するわけであるから、われわれは大いに貴下に期待している」と表明した。[49] しかし、この点について、吉田は特に発言しなかった。六日には、張群は大平正芳外相との会談で、アジアの共同市場開発における日本の重要性を強調し、日華が経済協力しながら東南アジアに進出することをアピールするために、「開発基金を多くし、利息を低くして韓国並みにやってもらいたい」と対日借款を要請した。[50] 中国との貿易の進展等、国府を刺激する材料が出てきたという情勢を踏まえ、大平外相は張群に対し「お国に対して経済開発借款を働かすべき」と表明した。[51] また七日に、中華民国側の委員が大平を訪問し、日中貿易について日本政府の見解を尋ねたところ、大平は「日本側委員から聞く」と回答するにとどまった。[52]

張群の一行は、日本政府側から日中貿易に関する政策について明確な説明を得られなかったが、日華協力委員会の政治部会において、日中貿易について、①額及び内容の拡大防止、②延払いと分割払いの廃止、③バーター制の廃止、④中共貿易代表団及び技術者の来日阻止の四項目を日本政府と民間に働きかけるよう日本側委員に要望した(53)。これに対して、日本側委員は、①政経分離の原則、②ココム及びチンコムの制限厳守、③延払いまたは後払いについては、現在双方話し合い中のものを除き、できる限り拡大しないよう努力すると国府側の要請に対して応酬した(54)。さらに、池田派の大物周東英雄は、大蔵・通産両省をはじめ池田首相とも意見をすり合わせた上で、決して日本政府が決して新規に日本の対中国貿易の拡大を図ろうとするものでもなく、それを許可するつもりでもないという了解があることを国府側に説明した(55)。日華協力委員会の総会において日本側委員が国府側委員に提示した保証は、一旦は国府側の懸念を和らげたものの、後に日本政府がビニロン・プラントの輸銀融資を許可したことによって、裏切られたという国府側の感情を掻き立てる原因にもなった。

(2) 日華紛争の勃発と借款問題の展開

LT貿易協定が調印された後、倉敷レーヨンが正式に中国との輸出契約を結んだが、この契約は日本輸出入銀行(輸銀)の融資を条件としたものだった。張群及び日華協力委員会委員たちが帰国してからわずか三ヶ月後の八月二〇日に、外務・通産・大蔵大臣による会談において、輸銀融資による対中国ビニロン・プラントの延払い輸出を認めることで合意がなされ、これは二三日には正式に閣議決定された。他方、外務省は国府側の円借款の要請に対して、適当なプロジェクトがある場合は「相当サブスタンシャルな直接借款」を供与するという線で、対華借款の件について国府側との話し合いを進めることを決めた(56)。ただ、国府は、ビニロン・プラントの延払い輸出は中共に対する経済援助にあたり、また政府系金融機関の関与が「政経分離」原則に抵触することなどを理由として、強く反発した。駐日大使張厲生は八月二二日に大平外相に抗議し、二三日に大平外相は政経分離政策を変更する意図がないこと、また今後さらにアジア自由諸国との経済協力を推進する考えを張大使に回答した[57]。もちろん、大平外相の回答は中華民国側を満足させることはなかった。そして、蔣介石からは吉田元首相に宛てて、プラント輸出差し止めへの協力を依頼する親電が打たれた。それ以外に、岸信介、石井光次郎、船田中、大野伴睦、北沢直吉、石坂泰三、田中龍夫、矢次一夫などの親台湾派に対しても国府側の働きかけが行われた[58]。ただ、国府に対する経済協力によって事態を収めることは吉田から親台湾派にまで共有されていた。

九月五日に吉田と北沢は張大使のもとを訪れ、ビニロン・プラント輸出の取り消しが難しいことを説明し、中華民国の経済建設に対して、円借款で援助を行うと語った[59]。一方、親台湾派からの返電も続々と台北に到着した。大野伴睦は、九月一一日に池田とおこなった会談を踏まえ、「今後中華民国との貿易関係及び経済協力を一層強化することで池田首相と一致したので、今回の事件の日本政府の立場及び真意を中華民国に理解いただきたい」と述べた[60]。矢次一夫は返電において、今度の輸出案は通産省により積極的に推進されており、面子の問題もあって今さら取り消せない段階に至ったと状況を説明し、さらに、日本の選挙が迫っており、日本国民の中共への接近に拍車がかからないように、国府の対日政策は巧みに、慎重に打ち出すべきだと促した[61]。

国府は引き続き抗議をしたが、具体的な効果を挙げられなかった。九月二一日、国府は駐日大使張厲生を召還すると発表した。日華関係は、直後に発生した周鴻慶事件により、一層悪化していくこととなった。周鴻慶事件とは、一九六三年に中国油圧機械訪日視察団通訳として来日中であった周鴻慶が、帰国予定日の一〇月七日にソ連大使館に駆け込んだ亡命事件である。最初、周は台湾への亡命を希望したが、その後、亡命先について、日本、中国との国交を持たない第三国へ変更したものの、最終的に中国への帰国を希望したことから事態は一層複雑化した。結局、一〇月二五日に日本の法務省入国管理局は中国大陸を送還先とする周鴻慶の強制退去命令書を出した。この決定が蔣介石を一層憤らせることとなった。

池田政権発足以来の一連の事件によって悪化した日華関係を修復するため、池田は外務省を通じて、大野伴睦、石井光次郎、岸信介などの親台湾派を特使として中華民国に訪問させる用意があることを伝え、最終的に一〇月三〇日、大野伴睦自民党副総裁に親書を託して台湾に派遣した。当初、蔣介石は池田に打撃を与えるため、大野の訪問を断固拒否する姿勢を示し、沈外交部長に意見を口にするチャンスさえ与えないほどの憤りを示した。しかし、その後、陳誠や張群たちの度重なる説得によってこれをようやく大野の訪問を受け入れた(62)。しかし、張群は、大野による池田政権の中国政策についての公式的な説明に対し、それは日本の外交辞令にすぎないとして一層強硬な姿勢を示した(63)。さらに、日本側が今後の日華関係の改善案を求めたことに対して、中華民国政府は、①周鴻慶の中国送還を阻止すること、②対中国延払い取引の拡大を見合わせること、③大平外相の訪華に際して、何らかの閣僚級会談の機会を設けること、④日華両国政府が協力案を示すことなどの措置を取るべきとの考えを示した(64)。

大野の訪華が何ら実質を伴わなかったこともあり、国府は引き続き強硬な姿勢を取り続けたものの、その一方で、国府内部では駐日大使の召還して以後、冷え込んだ日華関係にいかに対処するかについても検討が進められていた。一〇月九日と一六日に二度行われた外交部、経済部、外貿会の幹部が出席した立法院外交委員会秘密会議において、立法委員たちから借款の推進を含め、積極的に日華関係の停滞を打開すべきだとする意見が多く現れた(65)。一一月一七日に、張群の求めにより、木村大使は張群の自宅で会談を行った。木村大使は「国府が自分のやり方をそのまま日本に押し付けようとしても、日本は決して応諾しないだろう」と率直に語り、「日本問題の処理に当っては、消極的に日本の対中共態度に反対するよりも、むしろ積極的に日本の協力を求め、国力の充実を図るべき」であると提案した(66)。木村大使の意見に対して、張群は全面的に賛意を表し、国府側がいかに事態を収拾するかについては、この方針以外に解決の道はないと語った(67)。木村大使は、同会談において述べた見解には、相当多くの賛同者がいたと外務省に報告した(68)。また、陳誠は一一月三〇日及び一二月三〇日に二度来訪した張群に対し、対日関係について我慢すべきとの意見を表明した。[69] 周鴻慶事件発生以後の国府内部での詳細な議論の内容は、史料の制約のため不明であるが、以上のような動向から国府が表面的には強硬な姿勢を取る一方で、対日関係の行き詰まり打開にも苦慮していた姿が窺われる。

しかし、政治的な見地から処理すべきであるという国府の主張に対して、日本政府は最終的に、法の手続きに基づいて処理する方法を採り、一二月二四日に周鴻慶の中国大陸への送還を決定した。日本政府によって周の中国送還が決定された後、中華民国は対日報復措置を発動させた。一九六〇年代初期以降の一連の出来事によって、日華間の円借款交渉も中断されることとなった。しかし、国府の駐日大使館経済参事の蔣默欣は、大蔵省、通産省、外務省経済協力課の関係者を、経合会副秘書長陶声洋主催の中華民国の工業発展に関する報告会に招待し、また日本から購入することが可能な機材の継続をすることなど借款交渉の再開に向けた環境を整備し続けた。[70]

3　日華関係の修復と借款問題の決着

(1) 吉田茂訪華と外務省の思惑

国府との関係が悪化の一途を辿り、断交寸前にまで至る中で、吉田は当初、事件の介入に消極的な態度を示したが、一二月三〇日、召還される張伯謹と陳建中の両名と会見した際、日華関係の折衝に、自ら乗り出す意思を表明した。[71]

一二月三一日夜に、毛利松平外務次官は陳建中と会談し、大平が吉田に訪華を要請し、もし国府が受け入れるならば、正式な外交ルートを通じて手配すること、また吉田の訪華後、大平外相を派遣して外相会談を行い、両国間の基本問題を徹底的に協議、解決するという提案を行った。[72] しかし、池田首相、黒金泰美官房長官、島重信外務次官の会議の場では、吉田の訪華はあくまでも個人の活動であり、特使といった名義を特に与えないことを希望するとしていた。[73]

国府側は吉田訪華を受け入れるかどうかについて激しい議論を行った。蔣介石自身は吉田の訪問を拒否する態度を取っていた[74]。また、今回の事件において、アメリカが日本の立場へ偏っていると強く批判した[75]。しかし、この時点で、国際情勢の変化は国府に不利な方向に進んでいた。

一九六三年一二月九日に、経合会副秘書長の陶声洋はこの間にヨーロッパを訪問した結果を陳誠に報告し、ヨーロッパ諸国がしきりに中国大陸の市場を獲得したいと望んでいるという情勢を伝えた[76]。国府内部では、対日関係について穏健な声も少なくなかった。一九六四年一月九日に、対日政策について、行政院会議及び国民党中央常務委員会並びに双方の合同会議が行われた。これらの会議では、対日強硬論を唱える主張が強かったが、吉田の訪華に期待をかけ、さらに日本側と話し合いを行うべきとの穏健論を唱える者も少なくなく、最終的に穏健論が勝利を収めた。吉田訪華の資格については、いかなる在野の有力者といっても、政府の委託を受けた代表でない限り、彼との話し合いは、無意味であるとの意見も表明されたが、最終的に吉田の資格については特に問題とする必要はないという意見が勝った[77]。さらに、同日に陳誠は国民党の宣伝の担当者である陶希聖に対して、メディアでの過度な対日批判を抑えるよう指示した[78]。

この頃、さらに国府に大きな打撃を与えたのは、仏中国交正常化であった。一月一五日にフランスは国府及び各国に対し中華人民共和国を承認する旨の通告を発した。一月二三日に国府側では立法院秘密会議が開催され、フランスの中国承認について沈昌煥外交部長が報告を行った。その会議において、沈部長は対日関係について、「政府としては如何に対日接近及び日華関係の改善を図るにつき日夜苦慮している」と述べた[79]。木村大使は沈部長の発言を国府の対日関係に対する考え方の大きな変化として捉え、外務省に報告した[80]。

日華双方の妥協と努力によって、日本の吉田茂元首相の台湾訪問がようやく実現されることになった。吉田は二月二三日から五日間の日程で訪華し、蔣介石と三度の会談を行った。吉田の訪台の目標は蔣介石の怒りを宥めるという点に置かれてはいたが、吉田と蔣介石の会談では、議論を主導したのは蔣介石であった。吉田は蔣介石の批判に対して池田を弁護しつつ、日華関係についての基本的姿勢及び反共政策を保証した。いずれにしても、そうした吉田の姿勢は、蔣介石の対日不信感を和らげ、日華間にしばらく「融和」の雰囲気が醸成されることとなった。

ところで、吉田訪華について外務省はどのような立場を取っていたのか、また、どのような目的を達成しようとしたのか。それについては、吉田訪華の際に用意された「発言要旨案」から窺うことができる。同案は、国府との会談における反共問題、大陸反攻、終戦時の恩義論などを想定し、それらの問題については国府側に日本に対する過度の期待があるため、この期待が実現をみず、裏切られたことによる幻滅から対日反感が生じているのが実情であると述べている。[81] 外務省はそれらの問題について、日華間に分岐が存在していることを踏まえ、国府に対しなし得ることを提示した。すなわち、①他の後進国に与えるよりも有利な条件（例えば韓国並み）で相当額の借款を供与する用意がある。農工業各分野における各種技術援助についても一般国以上に優遇する用意がある。②日華間カウンターパートによる閣僚レベル会談の開催について、必要に応じ、主として経済閣僚が常時往復し相互接触を密にするというものであった。[82] 外務省は、「日本としては、上述のとおり国府との間に協力あるいはサポートすべき広い分野が存するのであって、この面でわが国としては十分協力する用意がある。しかし一致し難い面についてはさしあたり『不同意の同意』することとして置くことが賢明である」という態度を示した。[83] すなわち、反共問題、大陸反攻、日中貿易などの問題をめぐって、日華間に意見の不一致があるが、それらの分岐による悪影響が日華関係に及ぼされるべきではないという考えであった。外務省は、吉田訪華を通じて、経済領域の協力を拡大し、政治面の分岐を棚上げしつつ国府側への説得がなされることを期待していた。

(2) 大平外相の訪華

しかし、吉田訪華から日華関係の正常化までには、まだ紆余曲折があった。吉田が帰国しても、池田は、プラント延払い輸出について、従来の立場を崩していなかった。日華関係の正常化へ向け、斡旋を試みる日華協力委員会の日本側委員岸信介、石井光次郎、足立正日商会頭、堀越禎三経団連専務理事、矢次一夫の各氏は、三月七日に、当面の日華関係について、池田と会談した[84]。石井は、「プラント輸出ないし延べ払いがやめられないとすれば、（中略）まず政府間で十分話合いを行い、先方として賛成はできないが、日本政府はどうしてもやるのであるということを嫌々ながらでも承知させたうえでやるべきであるので、外務大臣の台湾訪問は絶対に必要である」と池田を説得しようとした[85]。しかし、大平外相の訪華について、池田は「現在のように先方の大使が怒って引き揚げたままの形では面白くなく、まず国府が大使を任命し、その大使とわが方との間で、十分打ち合わせた上、外務大臣が台湾に赴くこととしたい」と返答した[86]。また、同日に福田一通産大臣が大日紡のビニロン・プラント輸出を許可する意向を表明する発言があった。これにより、国府側の態度が再び硬化した。

一方、吉田は日華関係の速やかな正常化を重視していた。吉田は木村大使に書簡を送り、プラント輸出を早急に行う意思が池田にはないことを伝え、また、日華関係の正常化を実現する意を以て張群と相談するよう促した。三月二〇日に、吉田は張群宛の書簡を国府の駐日大使館へ送付した。この書簡の内容は、池田の意向が「大日紡のビニロン・プラント輸出は当分の間許可しない方針」に変わりなく、「本件については大平外相の貴国訪問等により両国関係が正常化された後両国関係において充分話合う」ことを希望するというものであった[87]。一方、国府側は吉田を通じて、日本側から確約を得ようとしていた。三月一九日の張群と木村の会談では、張群は再び輸出を考慮することのないように吉田からの「諒解」を求めた。張群は実際のところ必ずしもこれに固執していたわけではないが、蔣介石は日本政府が第二ビニロン・プラントを中国へ輸出しないということを吉田が保証した後で大使を再派遣することを考えた[88]。蔣介石は四月七日に吉田の提議を受け入れ、日華関係正常化を進めることを決めた[89]。最終的に、日華関係はプラント輸出を拘束するいわゆる「吉田書簡」（五月七日[90]）によって打開され、魏道明駐日大使の着任及び大平外相の七月の訪華によって正常化された。

日本側は大平外相の訪華に際して、再び日華経済協力案を提案しようとした。外務省アジア局中国課が大平外相訪華前に用意した「発言案」では、「日本としては中華民国が希望されるならば、有利な条件で相当額の借款を行い、農工業の各分野においても各種の技術援助をする用意がある」と積極的な経済協力案を提起している。[91]「吉田書簡」によって、日本側の対中延払いへの試みを中断せざるをえなかったが、外務省は早晩の再開へ向けた対華補償、また台湾に大陸反攻政策を断念させる代償として、対華借款をはじめとする経済協力を推進しようとした。[92]日本の中国政策は、国府側の中国全土を代表する正統政府であるという擬制に大いに拘束されていた。だからこそ、日本の対中関係の進展ないし北京政府の承認への道を拓くためには、日本政府が望む方向へと、国府をいかに導いていくのかということが大切になり、そのためには経済協力が一つの手段となると外務省は考えていた。

一九六四年五月二三日の第一三回アジア太平洋地域公館長会議において、アジア局中国課は「中国問題」という配布資料を作成し、「わが国としては国府指導部が中国全体の主権者たる擬制に固執し、大陸反攻を国是として唱え続けるごとき政策をとることは、結局において国府の自殺行為に外ならないことを恐れているものである」と述べた上で、「外省人中においても一部の企業関係者、官僚中には言わば現実的な思想を有する者の存在も示唆されているが、何よりも台湾自身の建設という考え方は国府の現状では公式に発言し得ず」と状況を分析し、「わが国としては同政権が大多数台湾住民の意志を尊重し、台湾自体を王道楽土として建設してゆく健全な方向に進むことを願っており、国府指導者の『面子』を傷つけぬように充分な配慮を行いながら、そのような方向に導いていく必要がある」と提言した。[93]

外務省の対華経済協力と日本政府の中国政策の関連性についての思惑は、後の沈昌煥外交部長の訪日の事例からも窺える。一九六五年八月の沈昌煥外交部長の訪日前に、外務省は沈部長の訪日中に事態を悪化させないように、将来の糸口を提示する程度が望ましいと考えながら、日本政府の意図を伝える時期について、「対華経済協力が動き始める来年初頭以降」に、日本の対中貿易政策が「吉田書簡」に縛られないことを伝えるべきだと考えていた(94)。

以上で述べたように、対中関係を含む課題についての明白な政策意図を持ちながら、外務省は吉田や大平の訪華においては何度も国府側に借款をはじめとする経済協力案を提起しようとした。しかしながら、これに対する国府側の反応は冷淡であった。吉田や大平との会談で国府は原則的な問題のみを強調し、経済協力の議題、とりわけ借款問題には意図的に触れなかった。また、輿論の方面に関しては、総統府宣伝外交総合小組が一般的な友好関係の促進及び日華の反共問題における一致性については大いに報道、議論すべきであるとしながらも、日華経済協力問題についてはなるべく抑制するよう宣伝指導を行った(95)。その理由は、経済協力によって原則的な問題について妥協できるというイメージを日本側に与えないようにするためであり、また一方で、国内からの批判を免れる意図もあったと考えられる。

(3) 台湾確保――「二つの中国」論の失敗

外務省が提示した対華経済協力案は、日華の政治関係に根本的分岐が存在する状況において、日華関係の打開策として日本側では位置づけられていた。しかし、この問題は他の観点からも捉えられうる。それは「二つの中国」をめぐる問題との関係性である。

戦後の日本は「二つの中国」との関係に苦慮してきた。日中民間交流の拡大に伴い、中華人民共和国との国交正常化を求める声も高まりつつあった。しかし、アメリカと国府からの圧力で日本の独自な行動の余地は限られていた。このような状況において、台湾の自由陣営への確保と、日中関係の打開の両立ということの必要性に鑑み、これを制度的に解決する枠組みとして、台湾の法的帰属の確定を重視する「二つの中国」論が日本国内で議論されるようにな

っていた。(96)

一九五四年九月に勃発した第一次台湾海峡危機後、国府の「大陸反攻」は実質的に封印された。アメリカは、中国共産党政権の大陸支配が安定したことを受け、事実上の「二つの中国」を認める方針へと転換しつつあった。一九五五年八月の米中大使級会談の開始以後、日本政府内部においても日中関係の打開策として「二つの中国」を議論し始めたが、具体的な政策の策定や実現が困難だと外務省が判断したため、省内の議論にとどまっていた。しかし、一九五六年一二月に日本が国連に加盟して以降、国連における中国代表権問題が日本の「二つの中国」論に対して政策を議論し、またそれを実行する場を提供することとなった。一九五七年九月に、岸政権は『外交青書』において、「国際連合中心」、「自由主義諸国との協調」、「アジア一員としての立場の堅持」からなる「外交三原則」を掲げた。その中で、中国問題は国連との関連に位置づけられた。岸政権は、毎年の国連総会において中国問題の棚上げ案に賛成票を投じ、中国代表権問題について基本的に消極的な方針を取った。しかし、一九六〇年以後、第三世界での脱植民地化による国連加盟国の構造の変化及びケネディ(John F. Kenedy)政権の発足によって、中国代表権問題は新しい局面を迎えた。

このような状況に対応するため、日本の外務省内部に関する中国代表権問題について一連の再検討が行われた。アジア局が一九六一年三月三日付で作成した「対中共方針」では、「台湾に対する特別取り扱いを条件として、中共に対して中国代表権を認める」ことを基本的な方針とした、具体的には、台湾で「国連監視の下に住民投票を行い」、台湾の法的帰属を確定することによって、中国代表権の範囲を中国本土に限定すべきという方針が掲げられた。(97) また、アジア局が作成した同じ日付の「対中共対策(案)」は、国連中国代表権表決において、①棚上げ案、②中国政府の代表権を中国本土に限定承認する案、③中国政府の無条件国連加盟案のいずれにも棄権すべきだと主張した。(98) そして、同文書では日中関係に関して、日本の棄権方針に対する中国政府の対応を見定めた上で、中国政府が応じれば、郵便協定、政府間貿易協定の締結といった「事実上の承認」まで進むといった内容が打ち出された。すなわち、アジア局には国連中国代表権問題の打開を通じて、中国の国連加盟とともに台湾の法的帰属を確定させようとする意図があった[99]。

日中関係の打開を重視するアジア局の構想に対して、自由陣営の歩調を乱すことや台湾の将来が十分に検討されていないことを理由とし、国連局からは反対意見があがった。また、自民党内では中国問題について慎重論が支配的であり、日華関係の現状維持を重視する立場が多数であった。この状況において、池田政権は日中接近を抑える一方で、台湾の法的地位の確定を一層強調するようになった。池田訪米直前に外務省が用意した「中国問題」には、「国府が現在台湾を支配する正統な政府であることを法的に確定すべき」であると明記された[100]。

同時期に、アメリカ政府は国連の中国代表権問題を再検討し始めた。最初は、従来の棚上げ案に代わる戦術として継承国家方式を想定した。これは、国府の国連議席を保持したままで、中国政府に「中国の代表政府」の地位を国府から継承させ、中国政府に国連議席を付与する「二つの中国」加盟案であった。しかし、国府はあらゆる「二つの中国」方式が強行された場合、国連からの脱退をも辞さない強硬姿勢を示した。同時に、ケネディは国連の「二つの中国」加盟案が共産主義への譲歩という印象を強め、中間選挙に悪影響をもたらすことを懸念した。国府の反対と国内要因によって、代替案として新たに浮上してきたのは、国連憲章に基づいて、中国代表権問題の表決を総会における三分の二以上の得票を必要とする「重要事項」に指定する重要事項指定案であった。井上正也の研究が指摘しているように、当時の池田政権は重要事項指定案を支持する一方で、複数の国連加盟国から構成された中国問題を討議する研究委員会を国連総会に設置するという研究委員会案によって台湾問題を打開しようと企図していた[101]。日本が望んだ研究委員会案は「二つの中国」の可能性を排除しようとする国府の反対や共同提案国が揃わなかったことによって、断念せざるをえなかったが、国連中国代表権問題を通じて台湾問題を打開しようとする日本政府の意図は明らかであった。

一九六〇年代前半の台湾問題をめぐる国際情勢の一つの大きな変動の一つは、一九六四年一月二七日に発表された仏中国交正常化であった。[102] この交渉過程において、中国は仏華断交の先行を条件とすることを断念したため、このような前提条件なしに国交を樹立することで、事実上の「二つの中国」の現実を受け入れるかどうかを国府に迫ることになった。池田政権は仏中国交正常化を「二つの中国」論の契機として期待を寄せていた。しかし、日米の説得があったにもかかわらず、二月一〇日に国府は対仏断交を決定した。そのことは池田政権が期待してきた「二つの中国」論の実現が望めないことを示していた。その後、三月五日付で外務省が発表した「中国問題をめぐる統一見解」では、「台湾にある国民政府と中国大陸にある中共政権の双方が、中国全体の主権者であるとの立場を主張している限り、我国として双方と同時に外交関係をもつことは事実上不可能である」とし、法的な「二つの中国」の可能性を否定した。[103]

こうして、台湾問題の打開について、日本政府は期待していた法的帰属を確定させることによる成果が得られない状況の下で、事実上の「二つの中国」との関係を模索せざるをえなくなった。それはすなわち、国府の圧力を排除し中国との関係を進める一方で、台湾を自由主義陣営にとどめ、中国大陸から分離させるという政策を取ることであった。同時期に行われていた円借款をはじめとする経済協力の交渉は、その政策の可能性に新たな空間を提供していたのである。

日本の外務省が国連における「二つの中国」という法的な枠組みの模索を失敗する中で、日華の経済協力は日本政府が「二つの中国」との関係を構築しようとした新たな試みとして位置付け直されていったと理解してもよいであろう。

（4）アメリカの立場

日華対立に対して、アメリカは中国との貿易を認めず、すべての同盟国が戦略貿易及び非戦略貿易への信用を制限することを強く奨励する立場を表明したが、国府が過剰に反応しないことも希望していた。国務省のポジション・ペーパーにおいては、以下のように国府を説得しようとしている[104]。

日本との決裂は台湾の国際地位及び経済発展を妨げる。日華間に妥協が達成できなければ、中国が望む結果になるだけである。この紛争を激化させることは明らかに中国の意図である。日本政府は国内の強い圧力を受けているものの、中華民国を承認し、中国との貿易関係を民間レベルに限定するという方針を強く堅持している。国府が日中貿易に対して過度に反応すれば、日本政府は現在の立場を維持する際に困難な状況に陥る。それは中国に有利なものであり、自由世界及び国府の利益を損なう。

アメリカのこのような立場は、アジアにおける日本の役割に対する認識に基づくものであった。アメリカはアジア政策における日本の重要性を考慮し、将来良好な日米関係を構築するためには、日本外交の独立性を尊重しなければならないと認識していた。一九五〇年代の自由主義陣営は軍事的な側面が強く、各国はアメリカからの保護と援助を求めた。こうした軍事的性格が強い自由世界においては、日本が大きな役割を果たす余地は少なかった。国務省は「将来の日本政策」（Policy on the Future of Japan）という文書において、「世界は日本がもっと大きな役割を果たす構造へ変わりつつある。多様化というものは共産世界にとって一つの脅威であり、自由世界の優勢の一つである。自由世界の広い目標を有する枠組みの下、これは日本が自分の独立した目標を追求するチャンスを提供する」と指摘し、「経済競争が共産・自由世界の関係を決める決定的な要因になれば、日本は著しい貢献ができる」と日本の役割を重視していた。[105] その役割について、同文書は日本がインドと横並びにされ、アメリカの防衛線の支えの一つとされることをよしとしておらず、先進国の位置に肩を並べることを追求すると述べ、「(アジアの) 唯一の先進国として認められなければ、日本が積極的に地域の組織に参加することは期待できない」と日本が先進国に加わろうとする目標を支持する意を表明した。

また、同文書は、特に日中関係について、「念願の日韓関係の正常化が、日華関係の悪化と平行して起こるというのは悲惨なことである。もっと悲惨なことは、日米間の唯一の分岐である中国をめぐる政策が、日米関係の障害になることである」と日華関係の悪化の影響に警鐘を鳴らし、今後「日本と中国の関係に対して、抑制的な影響力を与える一方、日華関係において、有益な役割をはたす」と言明している。[106]

一九六四年八月七日付で駐日公使のオズボーン (Dave L. Osborn) によって作成された日中関係に関する意見書は、アメリカの駐日大使館に提示され、国務省内部においても広く閲覧された。[107] この意見書は二つの文書から成る。その一つは、日本の中共に対する態度と中共承認の見通しについて分析したものである。もう一つの文書は、アメリカが取るべき政策を提示したものである。その中では、日本の中国政策について以下のように述べられている。

占領後期において、日本政府がアメリカの中国政策に寄り掛かったことは、日本国内の中国と緊密な貿易や政治関係を期待する財界や民衆の失望を招き、さらにその失望はアメリカに対する批判に結びついた。もし、日本が明確な反共政策を採れば、日本国内の圧力によって日本政府は中共承認への道に追い込まれる。一九五八年から、日本政府は『政経分離』を掲げて、国連における中華民国の代表権及び承認問題についてアメリカの政策を支持する一方で、貿易や非政治的関係に関しなるべく幅のある政策を採ってきた。その日本政府の中国政策はアメリカの圧力によるものではなく、日本の国力増強に伴い、独立した中国政策が必要だという日本自身の認識、また、アジアにおける中国の影響力の増強に対する日本の民衆、財界及び政府の現実主義的な判断によって作られたものである。

しかしながら、同文書は「日本は自分の利益（例えば、台湾、アメリカとの関係）を損なわない前提で中国と国交を結んでいくだろう」と観測していた。それゆえ、アメリカの政策として、同文書は「日本国内の勢力バランスを打破しないように日本に対する刺激的な政策は避けるべきであり、日本政府が現在採っている漸進的な政策を保持させるべきだ」と提言していた。

（5）円借款の決着

円借款が再び提出されたのは、一九六四年八月に張群が再び訪日した時であった。この訪日の主要な目的は、「吉田書簡」の効果を強化すること、特に一九六五年以降の輸銀資金によるプラント輸出の再開を阻止すること、また日華間の借款交渉を再開させることであった。それまでの日華対立の発生及び緩和の過程において、日本側から何度も提起された借款問題に対して、張群はこの八月の訪日で非公式に応酬を開始した。すなわち、張群は直接日本政府とは交渉せず、吉田との会談で具体的な計画を述べ、それが吉田を通じて池田に伝わるように計った。そして池田と張群の会談において、池田から東南アジアよりも好条件でできる限り台湾の経済発展にできる限り協力することを提起させるかたちで日華の経済協力案を前進させた。こうした努力もあって、抽象的な合意が達成されたが、それが具体的にどのように進められるかということは、日本政府及び国府の誰が日華関係の主導権を握るかということにかかっていた。借款の最終決着をめぐっては、日華双方の政府内部及び日華間において様々な思惑が交錯していた。

まず、中華民国側にとっては、日華関係の正常化によって国府の対日不信感が拭い去られたわけではなかった。日華紛争収束の象徴として、大平外相が台湾を訪問したことに対する答礼として、沈外交部長の訪日も検討された。本来、外交部は沈部長の訪日を一九六四年一〇月に実現しようと考えていた。しかし外交部は、大平の訪華以後、日華関係は表面上好転したかにみえるが、実際には依然として矛盾が存在していると判断したため、沈外交部長の訪日は延期されることになった。一方、日本側は反共問題について国府側一定程度は妥協したと認識していた。後宮虎郎アジア局長は九月二四日にバンディ（William F. Bundy）アメリカ国務省東アジア担当国務次官に対して、円借款の合意によって日華関係は好転しつつあるが、将来の日本と中国の関係に考慮し、日華関係の根本的な好転については楽観的に期待しているわけではないと述べた(108)。

そうした状況にもかかわらず、国府の経済官僚らは日華関係の雰囲気の好転を利用して、対日借款を早期に実現しようとした。経合会は非公式に「第四次四ヵ年経済建設計画について外国資金の獲得を希望する計画」を駐華日本大使館に提出し、日本側の明確な反応を引き出そうと画策した(109)。さらに、日本側に提出した計画書のタイトルには「日本」からの借款とは明記されず、ただ「外国資金」とだけ書かれていた。ここから、他の国からの借款も可能であると表明することによって、面子を保ちながら借款交渉の主導権を握ろうとした中華民国側の意図が窺える。

一方、日本政府は国府から具体的な申し出がないまま、日本政府から借款供与を約束することは極力避けたいと考えていた。対華借款は、日華関係を当面回復し、また長期的に中国政策を進める外交手段であり、そこには明白な政策意図が含意されていた。当時の日華交渉では、公式なルート以外に日華協力委員会が存在していたが、ビニロン・プラント問題及び周鴻慶事件以後に中断された同委員会の合同会議は、一九六四年一〇月末に台北での開催が予定されていた。外務省は、同委員会において国府に有利な結論が導かれ、日本政府の意図が曖昧になることを懸念し、できるだけ同委員会の開催前の時期に借款について国府と大枠を決める必要があると考えた(110)。

そのため、一〇月二一日、大蔵省財務調査官の村井七朗及び外務省経済協力局国際協力課長の岡田晃が訪台し、李国鼎及び陶声洋と二度の会談を行い、借款の具体的条件について交渉に入った。その結果、一億五〇〇〇万ドルという借款の総額と五年の契約という原則的な事項は合意されたが、利率と返還期間が主な争点となった。日本側は、張群が訪日した際にすでに了解していた通り、インドへの借款条件に照らして、五・七％の年利率と一二～一五年の返還期間を提示した。国府側はそれに対して、張群が日本から韓国への借款に関する条件にも言及したことを提起し、三・五％の年利率と二〇年の返還期間を主張した。(111) ただ、このような事務レベルの借款交渉が進められてはいたものの、他方で日華双方の政府内部では依然として反対意見がくすぶっていた。

日本の大蔵省と外務省の官僚の訪台は、中華民国外交部によって手配されたものではなかったため、外交部は行政院長への書簡の中で、「日華の経済協力は日華関係の一環であり、わが方の対日方針を確定していなければ、具体的な交渉に入るべきではない」と主張し、また「今回の交渉は関連部門が決定したものであるが、そういう多元化の現象を修正すべき」であるとして経合会が先に日本と交渉することに不満を表明した。(112) 沈部長はこの件について厳家淦行政院長と会談し、それを踏まえて行政院は会議を開いた。その会議の詳細は不明であるが、外交部が借款の件に協力することで決着した。こうした経緯をみると、国府内部における対日政策の不一致が看取される一方で、中華民国政府の指導者が経済部門の意見に沿って借款の交渉を進めようとしたこともわかる。(113) 蔣介石自身も一九六五年一月二〇日に、「円借款の問題について行政院は速やかに研究すべきであり、なぜ今になっても動かないのか」と借款交渉の遅れに対する不満を漏らしている。(114) 本来、経済外交は中華民国の対日外交の重要な一部である。しかし、それを具体的にどのように実行すべきかということは、国府内部でもはっきりしていなかった。一九六〇年代前半期において、日華間には政治的に大きな問題が発生した一方で、台湾の経済建設をめぐって日華間で経済協力を模索する空間も少なからず残されていた。こうした状況が、中華民国政府による対日関係の調整に新たな機会を提供したと言える。

他方、日本政府内部では、外務省と通産省が韓国条件での台湾への借款を支持し、大蔵省はインドネシアやパキスタンの条件に合わせるべきだという姿勢を堅持し、両者間に対立が生じた。本来、円借款の供与については、外務省が方針を決めて、経済企画庁、大蔵省と通産省の四省庁の間で案件ごとに協議することになっていた(115)。本件に関しては、閣僚レベルの調整の結果、最終的に大蔵省が妥協して、一部のプロジェクトに三・五％の年利率及び返済期間二〇年という優待条件を与えることに同意し、日華の円借款協定が一九六五年四月二六日に日華の円借款協定が調印された。

おわりに

本章は、一九六〇年代前半における日華間の第一次対日借款問題を取り上げ、日中間でのLT貿易協定の締結、日本のビニロン・プラント輸出問題及び周鴻慶事件によって日華関係が危機に陥った状況の下で、その円借款問題がどのように位置付けられ、展開していったのかを検証した。

一九六〇年代初めに、日華間で円借款の問題が提起された大きな要因としては、アメリカの対華援助の減少、日本の経済成長及び対アジア援助の増加、また、中華民国自身が経済的、政治的理由で対日借款を視野に入れるようになったことなどが考えられる。しかし、一九六〇年代前半における日本の対華円借款がどのようなダイナミクスによって行われたのかということについては、従来、必ずしも明白にされていたわけではなかった。本章では、円借款の交渉が日本の中国政策と密接に連動していたこと、また、日華双方にとって、悪化した両国関係の再構築を模索する契機となったことを明らかにした。

まず、日本政府は延払い供与によって対中貿易正常化のみちを模索しようとした際に、アジア自由諸国とのバランスを取る手段として、よりよい条件での対華円借款供与を想定した。一方、この対華円借款の供与には、対中関係への考慮のみならず、台湾の将来を見据えて、経済協力を通じて国府が台湾自身の建設に専念するように導く意図も含まれていた。そして、ビニロン・プラント輸出問題及び周鴻慶事件発生以後、日本政府は一貫して借款問題を外交手段として用いることで国府の怒りを緩和し、また、将来のプラント対中延払い輸出再開の余地を残そうと試みた。他方、一九六〇年代前半に、日本政府は国連において「二つの中国」を模索していたものの、これは、いずれの「中国」からも強い反対に遭い、非現実的な構想に終わった。それとは対照的に、一九六〇年代からの対華経済援助は、日本政府にとって「二つの中国」と関係が構築できる新たな可能性を秘めるものとして位置付けられたのであろう。

次に、一九六〇年代を迎えた国府の視角からみれば、日中貿易あるいは日本の対中国関係の模索は、依然として解決しなければならない問題であった。しかし一方で、国府の対日経済関係も非常に重要であった。台湾の対日経済利益と反共外交との間の関係性については、必ずしも常に経済が政治の付属要素であったとは捉えるべきではない。むしろ日本からの借款は、経済利益の追求と反共外交の目的を同時に内包する重大な事案であった。一九六〇年代初期においては、その両者が一致し、すなわち、工業建設の目的のため、日本政府に対して借款を要請する一方で、日中貿易の進展に直面して、中華民国は従来の政治的な対日抗議を見直し、日華の経済協力を通じて、経済的手段によって日華関係を強化させる経済外交を推進しようとした。しかし、日本の対中ビニロン・プラント輸出問題及び周鴻慶事件の発生により、日華関係が悪化して円借款の交渉も中断せざるをえなくなった。国府側は、経済利益によって原則的な問題についても妥協させることができるというイメージを日本側に与えることを避けつつ、その一方で、内部では日華関係の修復の時期を窺っていた。したがって、「吉田書簡」の到着以後、国府は直ちに借款交渉を再開しようとした。しかし、「吉田書簡」から借款の調印まで、対日政策をめぐって国府内部で意見の分岐が見られたように、国府側は日本政府への不信感を払拭したわけではなかった。それにもかかわらず、結果として、借款の推進が主導的な意見となった。その背景には、台湾の経済発展への考慮及び「吉田書簡」が出された後も日本政府の対中貿易方針が変わらないという状況を打開するための方策として、経済協力があり、その経済協力を通じて今後の日華関係の深化を促進するという一九六〇年代の外交戦略があったと考えられる。

「吉田書簡」は一九六〇年代前半に揺らいだ日華の政治関係において、暫定的にバランスを取る上で大きな役割を果たしたと言える。そのため、従来の一九六〇年代の日華関係の研究の多くは、その「吉田書簡」を中心に行われてきた。しかしながら、大陸反攻や日中関係などの問題においては、日華双方に根本的な分岐が存在していたことにも留意すべきであろう。すなわち、この時期の日華関係の全体像を捉える際に、「吉田書簡」をめぐる政治関係のみを見ることだけでは不十分ではないかと筆者は考えている。実際に、日華は「吉田書簡」によって政治関係の安定化を図ろうとしただけでなく、経済協力によって狭義の政治関係に隣接する領域において新たな空間を開拓しようとした。一九六〇年代の前半に、日華間に深刻な対立が起こり、そして緩和されてゆく過程において、円借款問題の交渉は一見すると政治交渉の従属的要素にすぎないようにみえるが、実際には日華双方にとって、日華関係の再構築を模索する契機となった。一九六五年に日華間で第一次円借款が成立した後、国府は引き続き三億円の第二次円借款を日本政府に要請した。こうして、日華の経済協力は佐藤栄作政権においても重要な交渉課題となった。次章では、この第二次円借款の交渉について検討する。

註

（1）周鴻慶事件については、石井明「一九六〇年代前半の日台関係――周鴻慶事件から反共参謀部設立構想の推進へ」『国際法外交雑誌』一〇一巻二号（二〇〇二年）、一四三―一七一頁。池田直隆『日米関係と「二つの中国」―池田・佐藤・田中内閣期』木鐸社、二〇〇四年、劉冠麟「一九六〇年代前期中華民国対日外交研究」国立台湾師範大学歴史系修士論文（二〇一〇年）などの研究が挙げられる。また、第二次吉田書簡については、清水麗「『第二次吉田書簡（一九六四年）』をめぐる日中台関係の展開」『筑波大学地域研究』第一九号（二〇〇一年）、一七五―一八七頁。井上正也『日中国交正常化の政治史』名古屋大学出版会、二〇一〇年などを参照。ＬＴ貿易の呼び名は日中両国の調印者廖承志と高碕達之助のイニシャルから取られたとされる。吉田書簡は、北京政府と国府のいずれと国交を結ぶかについて、一九五一年一二月二四日に外務大臣吉田茂が米国のダレス国務長官に宛てた書簡、いわゆる「第一次吉田書簡」と、一九六四年の「中共対策要綱案」をめぐる四月四日付書簡とプラント輸出における輸銀資金の不使用を約した五月七日付書簡、いわゆる「第二次吉田書簡」の二つがある。本書で言う「吉田書簡」は、「第二次吉田書簡」を指す。

（2）劉進慶『戦後台湾経済分析――一九四五年から一九六五年まで』東京大学出版会、一九七五年。

（3）清水麗「『第二次吉田書簡（一九六四年）』をめぐる日中台関係の展開」『筑波大学地域研究』第一九号（二〇〇一年）、一七五―一八七頁。

（4）洪紹洋「中日合作策進委員会対台湾経建計画之促進與発展（一九五七―一九七二）」『台湾文献』第六三巻第三号（二〇一二年）、九一―一三四頁。

（5）井上前掲書、三五二頁。

（6）陳誠『陳誠先生日記』一九六一年二月二八日、国史館・中央研究院近代史研究所、二〇一五年。

（7）外務省経済局アジア課「一九六一年度日華貿易会議代表」一九六一年三月二三日、外務省外交記録「日華貿易および支払取極会議議事録　第六巻」（B'5.2.0.J/C（N）1-1）、外交史料館。

（8）外務省経済局アジア課「日華貿易会議議事録　第三回本会議　昭和三六年四月三日　七〇三室」一九六一年四月三日、「日華貿易および支払取極会議議事録　第六巻」。

（9）同右。

（10）「融資に関する応答要領（案）」［日付不明］、「日華貿易および支払取極会議議事録　第六巻」。

（11）李国鼎『我的台湾経験―李国鼎談台湾財経決策的制定與思考』遠流出版、二〇〇五年、一三三頁。

（12）葉学皙『国際資金流入』聯経出版事業、一九八一年、二六頁。

（13）同右。

(14) 廖承志については、王雪萍編『戦後日中関係と廖承志――中国の知日派と対日政策』慶應義塾大学出版会、二〇一三年を参照。
(15) 『陳誠先生日記』一九六二年一二月八日。
(16) 外務省経済協力課「中国（台湾）に対する借款供与に関する件」一九六四年二月一九日、外務省開示文書「対中華民国円借款」(04-1216)、外交史料館。
(17) 『陳誠先生日記』一九六三年三月一三日。
(18) 『陳誠先生日記』一九六三年一月、上月反省録。
(19) 『陳誠先生日記』一九六三年一月二一日。
(20) 『陳誠先生日記』一九六三年三月一三日、四月二一日。
(21) 一九六三年九月に行政院米援運用委員会の建て直しによって設立された。
(22) 「日本貸款計画草案（供我内部参閲者）」一九六三年四月［日付不明］、李国鼎個人史料「日円貸款」(B00561007)、中央研究院近代史研究所。
(23) 荻原徹編『日本外交史30　講和後の外交経済』上、鹿島研究所出版会、一九七二年、四一六頁。
(24) 「日ソ貿易」［日付不明］、外務省外交記録「国際貿易関係　東西貿易関係　第二巻」(E'4003-3)、外交史料館。
(25) 同右。
(26) 荻原大使発大平大臣宛「対ソ船舶延払輸出に付調査の件」一九六二年八月七日、「国際貿易関係　東西貿易関係　第二巻」。
(27) 東西通商課「タンカーの対ソ輸出」一九六二年一〇月一五日、「国際貿易関係　東西貿易関係　第二巻」。
(28) 同右。
(29) 高瀬臨時大使発大平大臣宛「対ソ延払輸出に関する件」一九六三年七月二四日、「国際貿易関係　東西貿易関係　第二巻」。
(30) 福田大臣臨時代理発高瀬臨時代理大使宛「対ソ延払輸出に関するＥＣ諸国との情報交換の件」一九六三年八月二日、「国際貿易関係　東西貿易関係　第二巻」。
(31) 大平大臣発仏英オランダベルギー各大使宛「対共産圏延払規制に関する件」一九六三年一〇月一九日、「国際貿易関係　東西貿易関係　第二巻」。

(32) ヘーグ発外務省宛「対ソ延払」一九六三年一〇月一〇日、「国際貿易関係　東西貿易関係　第二巻」。
(33) 外務省アジア局中国課長「当面の対中共策について」一九六二年三月二五日、外務省外交記録「日・中共関係」(2013-3284)、外交史料館。
(34) 同右。
(35) 外務省経済局東西通産課「松村・高崎両氏の訪中に関する対処方針」一九六二年九月二五日、外務省外交記録「日・中共貿易」(2013-1628)、外交史料館。
(36) 外務省アジア局中国課「日中貿易に関し岡崎嘉平太氏内話の件」一九六二年七月二五日、「日・中共貿易」(2013-1628)。
(37) 外務省アジア局中国課「日中貿易に関する件(宇都宮代議士の内話)」一九六二年八月九日、「日・中共貿易」(2013-1628)。
(38) 外務省アジア局中国課「岡崎構想とその問題点」一九六二年八月六日、「日・中共貿易」(2013-1628)。
(39) 外務省経済局東西通産課「中共向輸出延払供与に関する件」一九六二年八月三日、「日・中共貿易」(2013-1628)。
(40) 外務省経済局東西通商課「対中共延払実施に関する検討」一九六二年三月二七日、外務省外交記録「日・中共貿易」(2013-1629)。
(41) 外務省経済局東西通商課「中共向延払供与に関する件」一九六二年五月一〇日、「日・中共貿易」(2013-1629)。
(42) 外務省アジア局中国課・経済局東西通商課「松村・高崎両氏の訪中に関する件」一九六二年九月六日、「日・中共貿易」(2013-1628)。
(43) 外交部亜東司「簽呈　駐日大使館送『関於日匪互換通商代表団案本館暦次交渉経過説帖』」一九六三年五月二七日、外交部档案「我対日與中共貿易問題之対策」(005.24/0036)、中央研究院近代史研究所。
(44) 外交部発行政院陳雪屛秘書長宛「七月六日　日匪貿易問題座談会」一九六三年七月一一日、「我対日與中共貿易問題之対策」。
(45) 外交部「我対日匪拡大貿易対策之検討」一九六二年八月一七日、「我対日與中共貿易問題之対策」。
(46) 日華協力委員会については、前掲池井優「日華協力委員会——戦後日台関係の一考察」を参照。
(47) 外務省アジア局中国課「日華協力委員会第八回総会中国側出席委員について」一九六三年四月二六日、「日華協力委員会」(I'0102)。

(48) 李国鼎「曆年来與日本接洽貸款情形節略」一九六四年六月［日付不明］、行政院国際経済合作委員会「日本貸款総巻」(36-08-027-001)、中央研究院近代史研究所。

(49)「吉田茂氏邸における張群氏の談話要領」［日付不明］、外務省外交記録「アジア諸国特派使節および親善使節団本邦訪問関係雑件、中華民国の部　張群総統府秘書長関係」(A'0395)。

(50) 外務省アジア局中国課「張群秘書長の大平大臣訪問の件」一九六三年五月六日、「アジア諸国特派使節および親善使節団本邦訪問関係雑件、中華民国の部　張群総統府秘書長関係」。

(51) 同右。

(52) 外務省アジア局中国課「日華協力委員会中国側委員大平大臣来訪の件」一九六三年五月七日、「日華協力委員会」(I'0102)。

(53) 外務省アジア局中国課「日華協力委員会政治部会における討議について」(極密)、一九六三年五月二二日、「日華協力委員会」(I'0102)。

(54) 同右。

(55) 矢次一夫『わが浪人外交を語る』東洋経済新報社、一九七三年、二二八頁。

(56) 外務省経済協力課「対華(台湾)借款供与に関する件」一九六三年八月一九日、「対中華民国円借款」(04-1216)。

(57) 中華民国駐日大使館張厲生大使発外交部宛第四七二号電報、一九六三年八月二九日、外交部档案「日本維尼龍工廠設備資匪案」(005.24/0004)、中央研究院近代史研究所。

(58) 同右。

(59) 張厲生大使発外交部宛第四八〇号電報、一九六三年九月五日、「日本維尼龍工廠設備資匪案」。

(60) 谷正綱発外交部部長沈昌煥宛「大野伴睦先生来函訳文」一九六三年九月二四日、「日本維尼龍工廠設備資匪案」。

(61) 谷正綱発外交部部長沈昌煥宛「矢次一夫先生来函訳文」一九六三年九月二四日、「日本維尼龍工廠設備資匪案」。

(62)『陳誠先生日記』一九六三年一〇月二七日、二八日、二九日。

(63) 張群(古屋奎二訳)『日華・風雲の七十年――張群外交秘録』サンケイ出版、一九八〇年、二〇三頁。

(64)「大野副総裁訪華報告要旨」一九六三年一一月一日、外務省外交記録「諸外国亡命者関係雑件、周鴻慶事件、中華民国態度」

(A'0367)、外交史料館。

(65)「立法院外交委員会座談会（秘密会議）質問及朱次長答複要点」一九六三年一〇月一六日、外交部档案「日本維尼龍工廠設備資中共案」(005.24/0005)、中央研究院近代史研究所。

(66) 駐華大使木村発外務大臣宛「国府の対日問題処理方針等の件」一九六三年一一月二八日、「諸外国亡命者関係雑件、周鴻慶事件、中華民国態度」。

(67) 同右。

(68) 同右。

(69)『陳誠先生日記』一九六三年一一月三〇日、一二月三〇日。

(70) 葉学晳、前掲書、二九頁。

(71) 葉学晳、前掲書、二〇七頁。

(72) 葉学晳、前掲書、二〇八頁。

(73) 中華民国駐日本国大使館発外交部宛「関于吉田訪台事報請鑒察由」一九六四年一月八日、外交部档案「中日合作策進会」(031.3/0043)、中央研究院近代史研究所。

(74)「蔣介石日記」一九六四年一月一一日。

(75)「蔣介石日記」一九六四年一月一二日。

(76)『陳誠先生日記』一九六三年一二月九日。

(77) 木村大使発外務省宛第一五号電報（特秘）「周鴻慶出国に伴う国府の対日政策対応策に関する件」一九六四年一月一〇日、「諸外国亡命者関係雑件、周鴻慶事件、中華民国態度」。

(78)『陳誠先生日記』一九六四年一月九日。

(79) 在中華民国木村大使発外務大臣宛「仏の中共承認問題、国府の対日態度等に関するGQ情報報告の件」一九六四年一月二七日、外務省外交記録「中華人民共和国内政並びに国情関係雑件　独立関係（承認問題を含む　フランスの中共承認関係）第一巻」(A'4113-1-3)、外交史料館。

(80) 同右。
(81) 外務省アジア局長「中華民国政府と話し合うべき事項（発言要旨案）」一九六四年一月一七日、外務省外交記録「大平外務大臣中華民国訪問関係」（A'0395）、外交史料館。
(82) 同右。
(83) 同右。
(84) 外務省事務次官「日華協力委員会台湾訪問者一行と池田総理との会談に関する件」一九六四年三月七日、「日華協力委員会」（I'0102）。
(85) 同右。
(86) 外務省事務次官「日華協力委員会台湾訪問者一行と池田総理との会談に関する件」一九六四年三月七日、「日華協力委員会」（I'0102）。
(87) 井上前掲書、二八四頁。
(88) 「蔣介石日記」一九六四年四月二日。
(89) 「蔣介石日記」一九六七年四月七日。
(90) 内容は二点である。一、中共向プラント輸出に関する金融を純粋の民間ベースによることについては、貴意に副い得るよう研究を進めたい。二、いずれにしても本年中には、日本輸出入銀行を通ずる大日本紡のビニロン・プラントの対中共輸出を認める考えはない。
(91) 外務省アジア局中国課「訪台発言案」一九六四年六月二二日、「大平外務大臣中華民国訪問関係」。
(92) 外務省経済協力課「台湾に対する経済協力」一九六四年六月二四日、外務省外交記録「大平外務大臣中華民国訪問関係（1964.7）」（A'1518）、外交史料館。
(93) 外務省アジア局中国課「中国問題」一九六四年五月二三日、「大平外務大臣中華民国訪問関係（1964.7）」。
(94) 外務省アジア局「中共延払輸出に対する輸銀融資問題（修正案）」一九六五年七月三〇日、外務省外交記録「沈昌煥外交部部長訪日関係」（A'0422）、外交史料館。

(95)「宣伝通報第三五六号」一九六四年七月二日、外交部档案「総統府宣伝外交総合組」、(841/0017)、中央研究院近代史研究所。
(96) 井上前掲書、一五三頁。
(97) 外務省アジア局「対中共方針」一九六一年三月三日、外務省開示文書（2002-181）、外交史料館。
(98) 外務省アジア局「対中共政策（案）」一九六一年三月三日、外務省開示文書（2002-181）。
(99) 井上前掲書、一七五頁。
(100) 井上前掲書、一七九頁。
(101) 井上前掲書、一九〇頁。
(102) 中仏国交正常化の過程については、福田円「中仏国交正常化（一九六四年）と『一つの中国』原則の形成—仏華断交と『唯一の合法政府』をめぐる交渉」『国際政治』第一六三号（二〇一一年）、一三九—一五三頁を参照。
(103) 井上前掲書、二一四頁。
(104) Secretary's Visit to Taiwan, Position Paper, April 16–17, 1964, Container 1, RG 0059 Department of State Bureau of East Asian and Pacific Affairs/Office of the Country Director Subject Files 1951–1978.
(105) Department of State Policy on the Future of Japan, June 26, 1964, Box 1, RG 59 General Records of the Department of State, Office of the Country Director of Japan, Records Relating to Japanese Political Affairs 1960–1975.
(106) 同右。
(107) From Christopher A. Norred to Green, "Japan's Policy toward Communist China," August 19, 1964, Box 1, RG 59 General Records of the Department of State, Office of the Country Director of Japan, Records Relating to Japanese Political Affairs 1960–1975.
(108) Memorandum of Conversation, Japan-US Subjects of Interest, September 29, 1964, Box 1, RG 59 General Records of the Department of State, Office of the Country Director of Japan, Records Relating to Japanese Political Affairs 1960–1975.
(109) 厳家淦発蔣介石宛「簽呈」一九六四年一〇月二一日、外交部档案「中日経済合作（一億五千万貸款）」（031.3/0092）、中央研究院近代史研究所。
(110) 在中華民国木村大使発外務大臣宛「国府に対する経済協力についての国府側動向等意見具申」一九六四年一〇月九日、「対中華民国円借款」。

(111) 厳家淦発蔣介石宛「簽呈」一九六四年一〇月二一日、中華民国外交部檔案「中日経済合作(一億五千万貸款)」(031.3/0092)、中央研究院近代史研究所。

(112) 中華民国外交部「日本外務省国際協力局岡田課長等来台与経合会洽商技術合作　簽呈」一九六四年一〇月二一日、「中日経済合作(一億五千万貸款)」。

(113) 前掲厳家淦発蔣介石宛「簽呈」。

(114) 中華民国行政院発経合会宛、一九六五年一月二三日、「日本貸款総巻」。

(115) 國廣道彦『回想「経済大国」時代の日本外交――アメリカ・中国・インドネシア』吉田書店、二〇一六年、六三頁。

第4章　佐藤政権期の日華関係と第二次円借款の交渉過程　一九六六—一九七二

はじめに

第4章では従来日華関係が比較的良好であったとされてきた佐藤政権期における日華関係について考察する。実のところ、佐藤政権期にも依然として緊張関係があり、二国間には多くの困難があったが、第一次円借款交渉、あるいはそれ以前から形成され始めていた経済関係に基づく外交空間が機能することで進展していった。第二次円借款交渉などを通じて、その経済に基づく外交空間が引き続き機能し、次第に経済こそが国府の存在をめぐる問題で重視され、それがいわゆる中国問題とも切り離されていくようになっていった。

第3章において、一九六五年に調印された日華間の一億五〇〇〇万ドルの円借款協定については論じたが、その後国府によって提起された三億ドルの第二次円借款については、最終的に合意に至ったものの、実際の成果が少なく、かつ日華断交によって停止されたためか、先行研究において必ずしも言及されていない状況にある。だが、近年、佐藤政権期の中国政策について新しい史料に依拠する多くの研究が発表されていることにも注目しなければならない。この時期の日華関係について、井上正也は佐藤政権の対国府政策が「台湾の経済開発を通じて長期的な国府の『台湾化』を志向しつつも、短期的には、国府の『中国の代表政府』としての地位を支持し、国連での代表議席を堅持する方針を基調としていた」と指摘した(1)。神田豊隆は佐藤政権と国府の関係について、「佐藤は当初対台湾関係の強化を推進し、国連問題では台湾の擁護に必死に努め、末期においては台湾の『保持』すなわち実務面での関係維持が模索された」と捉え、特に実務関係と台湾の「保持」の間の関連性に注目している[2]。しかし、清水麗は当時の日華関係について、「外交の正規チャネルとは別に、吉田・佐藤という政府・与党の主流派につながる個人的な信頼関係と、国民党の海外工作と反主流の岸との間の関係として形成され」、「逆に実務的な関係の多角的深まりという方向には進まなかった」と論じた[3]。また、木村隆和は佐藤政権の末期において、「日中国交正常化と日台外交関係断絶に向けた対中政策の根本的転換が成し遂げられたこと」を指摘した[4]。

だが、以上の先行研究は、佐藤政権期の日華関係における経済をはじめとする実務関係に触れてはいるものの、この実務関係が一体どのように進展したのか（あるいは進展しなかったのか）、当時の日華関係にとってどのような意味を持っていたのかということについては、必ずしも実証的に検討していない。また、佐藤政権期の台湾政策と田中政権期における日華断交がどのように連結されたのかという問題を再考することも必要であろう。

本章の構成は以下の通りである。第1節では、佐藤政権期における台湾をめぐる国際情勢の変化の下での、台湾の経済成長の政治的な意味を考察する。第2節では、日華の友好的な時期とされる佐藤政権期の日華間の相互認識及び日華政治関係の行き詰まりを解明する。第3節では、日華間の第二次円借款交渉の経緯、国際政治の動揺のそれに与えた変化と、日華双方のそれへの対応やその変容が、プロジェクトの交渉に与えた具体的な影響について考察を加える。

1　一九六〇年代後半の台湾をめぐる国際情勢の変化——国府の経済外交の重要性

(1) 国府の反共政策の継続と経済外交の強化

一九六〇年代の後半になると、フランスの中国承認を契機として、中華民国の国際的地位は大きく動揺することとなった。とりわけカナダのピアソン（Lester B. Pearson）政権は、中国問題の打開に積極的であり、一九六四年度の中国代表権決議に際して、国連での「二つの中国、一つの台湾」を目指し、「台湾の民族自決」を総会で宣言する決議案を提出することを構想していた(5)。一九六六年以後、カナダやイタリアをはじめとする中華民国を支持してきた一部の国々は、国連において中国代表権問題解決へ向けて研究機構を設立する研究委員会案を打ち出した(6)。特に、カナダは一九六八年四月に自由党のトルドー（Pierre E. Trudeau）が首相に就任し、中国政策を含む外交政策の全面的見直し宣言し、中国との外交関係の樹立及び国連における中国代表権問題に関する政策転換へ踏み切った。そしてついに一九七〇年一〇月一三日に中国との国交を樹立し、国府と断交した(7)。

このような国府に不利な国際情勢の下で、第3章でも論じたように、国府の外交は反共と経済外交の両方を同時に進めるという特徴を持つようになっていった。戦後の中華民国外交部档案や蔣介石日記を読めばわかるように、蔣介石自身は一貫して反共やアジア全体の戦略に高い関心を持ち、この戦略において何らかの役割を果たすことを追求しようとした。蔣介石の大戦略への関心について、アメリカ合衆国の国務省はこれは、「国府が公開的に追求する大陸反攻の目標に関わり、自分が第二次世界大戦の連合国側の一つの大国のリーダーであるという蔣介石の自己認識と関わるかもしれない」と評価した(8)。

蔣介石にとって、国際社会における彼自身及び国府の地位の漸次低下という現実に向き合いながら政策を調整することは容易ではなかった。特に、ベトナム戦争において、アメリカが国府の軍隊派遣を要請せず、また軍事会議にも招聘しなかったことにより、蔣介石の孤立への懸念は一層強まった。蔣介石は一九六〇年代半ばからアジア反共連盟の形成を模索し、一九六四年一二月二三日のジョンソン（Lyndon B. Johnson）大統領への手紙において「アメリカがアジア反共連盟の創設においてリーダーシップを発揮すべき」と訴え、アメリカの関与を促そうとした(9)。蔣介石の反共連盟の追求に対して、国務省は、このような連盟は自由アジアの経済、社会発展を目指す協商機構から始めたほうがいいと婉曲に拒否した。また、一九六五年九月二一日から二八日にかけて行われた蔣介石の後継者と見られていた蔣経国の訪米期間にも、「日本は反共政策を追求しない、中立的な立場へ向かいつつある」と日本を批判しつつ、中華民国が「アジアにおける唯一の反共の道義の力である」ことを強調した(10)。

従来多くの研究では、国府の反共姿勢が多くの研究において強調されてきたが、注意すべきなのは、国府がこの時期にも粛々と経済外交の強化を推進していたことである。国際社会において中国問題をめぐる国府に不利な動きがあり、また中国の影響力が拡大していく状況の下で、国連における代表権を維持するため、国府は自らの外交努力で国際的な地位を維持しようとした。その中で、最も注目されるのは「先鋒計画」である(11)。これは、アフリカを中心とする多くの開発途上国向けの農業援助をはじめとする技術・経済援助プログラムであった。そのほか、国府は招待外交(Invitational Diplomacy)を積極的に行った。国府は各種の機会を利用し、各国との貿易や商業関係を促進することによって国連における国府への同情を増進しようとした。

一九六六年の統計によれば、国府はアフリカの一八ヵ国へ六八五名、中東へ五名、ラテンアメリカへ二〇名の技術者や専門家を派遣し、またベトナム、フィリピン、タイ、ラオス、韓国、マレーシアにも積極的に経済・技術援助を行った(12)。国府はベトナムに八〇名の農業技術者を派遣したが、ベトナムからはさらに二〇〇名の農村開発労働者の派遣が要請された。また、一九名の農業技術者はフィリピンのルソン(Luzon)で実験プロジェクトに従事した。国府はラオスのバニョス(Banos)にも三、四名の専門家を派遣した。また、タイが農民連合会の有効性を増強することに興味を示したため、国府はタイの金融、経済、国家開発省との協力を進めた。国府にはタイの北東部で産額の増加、灌漑や農民連合会の効率化を推進する農業センター事業を立ち上げるプランもあった。韓国との協力について、華韓両政府は石油化学、鋼鉄などの新工業をはじめとする緊密な経済関係を促進するために台北で交渉を行った(13)。

国府はこのような対外的な経済協力活動についてアメリカに支援を要請した。一九六〇年代後半に李国鼎経済部長は頻繁に訪米し、経済協力を主な議題として交渉を重ねた。李国鼎は国府の「先鋒計画」、台湾の技術経験などの資源を利用すること、また台湾における野菜センターの設立を通じて、国府のアジア地域の経済開発への協力を推進するなどの事項について、アメリカのさらなる協力を求めていった(14)。それに対し、アメリカはこれらの構想を強く支持する態度を表明した。

国府の経済外交の強化は、中国問題をめぐる国際情勢の変化への対応だけではなく、国府内部の政策決定が経済外交を支持することによって実現したものであった。すわなち、当時の国府内部で、高い能力を有する経済・技術官僚層が出現していたのである。アメリカ側もこれが国府内部の最も重要な進展の一つと捉えた(15)。戦後台湾の著しい経済成長と米援の運用によって、この官僚層の権力と声望は上昇していった。彼らは、具体的なプログラムを実行する際に旧来の官僚たちとの間にしばしば衝突を引き起こした。この権力の衝突において、経済・技術官僚たちの弱みは本質的に非政治的であるということであり、強みは彼らが各種のプログラムの企画者と実行者であり、またすでに実績を上げていたということであった。

経済・技術官僚らは、意識的に台湾の独立や台湾の民主拡大のために仕事をしたわけではない。ただ、彼らが開明的な経済政策を追求したことで、中華民国を大陸への幻想から脱却させ、完全に先進的な社会へ進ませていく点において重要な役割を果たした(16)。このような政策は、国府の対外政策にも影響を与えた。例えば、経済・技術官僚層の代表的人物である李国鼎は、台湾と日本との関係が必要だと常に強調し、台湾海峡で何か起こったとしても、全力で台湾の現代化を推進することこそ間違いない政策だと信じていた。また、李国鼎をはじめとする官僚たちはアジアの国際関係について、当時国府が強調した軍事的な連合の基礎を形成するという政策よりも、むしろ台湾とアジア諸国の実務レベルの関係強化を重視した(17)。

(2) アメリカの台湾政策の転換

一九六〇年代後半になると、アメリカの台湾政策は国府の大陸反攻や対外的な軍事、政治的行動を抑える一方で、台湾の経済成長及び経済成長によるアジア地域への経済貢献を重視するようになった。

国府が中国大陸から台湾へ撤退してから、アメリカの中華民国政策の主眼は現状維持にあった。アメリカは中華民国が軍事的な手段で大陸反攻の行動を採ることに反対する立場を明確に表明する一方で、中華民国が全中国の唯一の正統政府であるという主張を黙認し支持していた。同様の理由で、アメリカは外省人の政治権力の独占に対する批判的な言動も抑制していた。しかし、一九六〇年代になると、中国を国際社会へ参加させるという声が広がっていった。また、アメリカにとっても中国との緊張関係を緩和する必要性が高まり、アメリカの政策は次第に変化していった。中華民国に関する国家政策ペーパーも一九六四年九月に改定された[18]。中華民国の国際的地位を現状のまま保つことはできたものの、アメリカの政策はますます困難と矛盾を露呈することとなった。

一九六二年に国府は「国光計画」という本格的な大陸反攻を準備した[19]。これに対し、アメリカは確かに国府の提議にある程度応じ、様々なレベルの協議や大陸に関する共同企画などに参加した。しかし、アメリカの国務省はこの当時の対華政策について、「主要な目標は教育であった。すわなち、中国大陸を目指す軍事的な計画が実行される場合の困難を国府に認識させる意図があった」と回顧している[20]。その後、アメリカは国府にこのような行動を奨励しない方針をはっきりと表明した。

前述の一九六四年一二月の蔣介石の手紙に対する返書でジョンソン大統領は、「一九五八年一〇月二三日に達成された合意に従って行動すべきだ」と述べ、また「共産主義への対抗は原則的に政治手段によって行い、軍事手段ではない」と強調し、「アメリカ政府は中国大陸における大衆の不安な気持ちが高まること、また共産党内部の統治が弱ることがあるという根拠を見出すことができない」と指摘し、明確に蔣介石の意向に反対した[21]。また、国務省は台湾の過度な行動を厳重に警戒していた。[22] 国務省の考えは、「我々にとっては事実上の二つの中国の状況に直面しているが、一つや二つの中国政策の論争に巻き込まれてはいけない。根本的な変化が起こらないと、この事実上の二つの中国の状況が続く。大陸でどんなことが起こっても、大陸復帰は起こらないだろう。同時に、中国共産党による台湾統一を許すことも考えられない」というもので、中国と台湾の分離を事実として固定しようとした。[23]

その一方で、アメリカの台湾政策においては、台湾の経済成長を維持することが基本政策として位置づけられるようになっていた。アメリカはすでに国府に多くの経済援助を提供していた。台湾の経済成長に関する政策は、長期的にみれば台湾を中国大陸から分離させるという目標を促進する効果があったが、当初アメリカにはこうした戦略的意図はなかった。[24] しかし、特に一九六〇年代後半になると、アメリカは台湾の経済成長が持つ戦略的意味を再検討した。その結果、「台湾の経済は将来現代工業経済へ到達するために必要な構造的改善の可能性を有する。このような発展は、台湾の政治安定に貢献するだけではなく、台湾の経験や技術を資源として東アジアの地域開発に利用できる。活発な地域協力への参加は将来台湾の国際的地位及び国府とこの地域のほかの国々との関係にも大切な示唆を含んでいる[25]」と認識するようになった。アメリカは中国との関係を早晩改善することを考える一方で、台湾を大陸から分離させ、政治社会の安定とその国際的地位の保持を主な政策目標とした。それらの目標によって支えられて推し進められたのが、台湾の経済成長であった。

一九六八年にアメリカの台湾に対する軍事援助が大幅に削減された。国務省はこの削減が国府の防衛費に大きな負担をかけ、さらに台湾の経済成長の足を引っ張ることを心配した。一九六八年にアメリカは軍事援助計画を大幅に削減し、国府への割り当ては五〇五〇万ドルにまで減らされた。これは、一九六三年から毎年国府へ提供してきた八〇〇〇〜九〇〇〇万ドルの半分程度であった。一九六九年の財政年度には、この金額はさらに三六〇〇万ドルまで削減され、将来的にさらに減少することが見込まれた。この状況において、国府の軍事力の維持及び高額な軍事現代化の試みは、台湾の安定と将来の国際的地位を支える台湾の経済成長に対する大きな障害となる恐れがあった。

アメリカは「経済成長の減速は、台湾内部の政治安定及び国際的地位に損害を与える可能性がある」ため、「国府は経済成長の衰退を防ぐために基本政策をある程度変更する必要がある」と考えた[26]。さらに、国務省は「東アジアに現れた協力の雰囲気が、台湾及び国府に新しいチャンスを提供している。すなわち、アジア地域協力への積極的な参加によって、新しく、また可能な長期的な国際的地位を得ることができる」と認識し、「これらの機会の実現は、台湾の経済の持続的な成長、台湾の技術・科学発展への援助とこれらのチャンスを利用するために必要な内外政策の変更にかかっている」と述べ、台湾の経済成長が台湾の将来の鍵を握っていると見なしていた[27]。

また、アメリカは、台湾の経済成長及びアジア地域開発への参加のために様々な面で協力した。一九六七年四月二四日、訪米中の厳家淦副総統とジョンソン大統領の会談で、ジョンソンは中華民国のベトナム民間経済への貢献に感謝し、特に国府が派遣した技術者がベトナムの食品生産を支援していることに言及した[28]。ジョンソンは厳家淦に対し、中華民国の途上国への経済援助が、特に農業の分野において大きな成果を収めていることを称えた。また、中華民国が飢饉への集団的な取り組みにおいて大変重要な貢献を行ったことも指摘した。五月一〇日に厳家淦とラスク国務長官は協定に調印し、アメリカ農産物販売の半分の収益を、国府の経済援助プログラムの拡大に使うことを決定した。また、ジョンソンは中華民国のアジア地域協力への参加に興味を示した。特に熱心だったのは、台湾に世界野菜センター（World Vegetable Center）を設置することであった。この野菜センターは一九七一年に台湾で設立され、現在まで存続している。台湾に設置された背景には、これを通じて国府の国際的な声望を向上させようとするアメリカの意図があった[29]。また、厳家淦の訪米直後に、ジョンソンは彼の科学アドバイザーであったホーリング（Donald F. Horing）博士を台湾へ派遣し、調査を行うことを決定した。そして、五名の工業研究分野の一流の専門家を含むミッションが、一九六七年九月に台湾を訪問し、調査結果と提案をまとめたレポートを蔣介石に提出した。蔣介石はこのレポートを受け取った直後、科学技術振興のために一〇年間にわたる毎年二五〇〇万ドルの出資を原則的に承諾した。

このような台湾の経済成長及び地域開発への参加に関する支援政策は、将来の台湾の地位や台湾と中国大陸の関係にも直結していた。国務省の中華民国事務担当のモサー（Leo J. Moser）は、一九七一年一一月に「未来の台湾」という政策提言書をまとめた。彼はこの文書において、「中華人民共和国と中華民国を事実上の政府として対応していく」という事実上の「二つの中国」政策を採りながら、国府の中華人民共和国との交渉力を強化する措置も構想していた。それはすなわち、「特にアメリカと日本からの投資を奨励することによって、台湾の経済力の向上を支持する。政治や軍事より、経済面において台湾が分離的な存在であることを強調する。台湾に言及する際に、分離的な国家ではなく、分離的な経済実体であることを強調する。これまでは軍事関係者の訪台が多かったが、アメリカの重要な経済事務を担当する責任者たちの台湾公式訪問を安定させる。国府の外交関係がない国々との貿易、投資関係を拡大することを奨励し、国府のこの種の努力に情報を提供し、非公式的にサポートする。台湾が中国とは分離した経済システムを代表するということを理由として、中華民国の国際金融組織（世界銀行、国際通貨基金、アジア開発銀行など）への参加を守る。国府の希望があれば、中華民国あるいは台湾の名義で、新しいメンバーとして国際経済組織への参加を支持することを考慮する」というものであった(30)。同文書は、主に経済的な手段によって台湾の分離状態をできるだけ強固にし、将来アジアの国際的もしくは各国の国内的情勢の変化によって、中国がこうした分離的な台湾という事実上の存在を受け入れることを期待していた。

2　佐藤政権初期の日華関係――「政経分離」、「吉田書簡」をめぐる相互不信

(1)「政経分離」をめぐる対米工作

一九六四年一一月九日に佐藤栄作政権が発足した。一六日に国府の外交部は佐藤政権の外交政策について、「政治上、わが国と正常な国交を維持しつつ、共産党との経済文化の交流を強める。その対中政策の骨子は『二つの中国』であるが、表立って口に出すことをしない」と述べている[31]。佐藤政権はその初期において、正式な外交ルートを通じて「政経分離」や国連の中国代表権問題などを含めて、佐藤政権の中国政策は従来と変わらないとの説明を国府に行っていたが、国府はそれに対し強い不信感を抱いた。一九六五年一月の佐藤の訪米前に、外交部の楊西崑次長、蔣廷黻駐米大使はラスク国務長官を訪問し、日本の「政経分離」政策に対する懸念を表明し、佐藤訪米の際に、日本側に圧力をかけることを要請した[32]。

佐藤は一九六五年一月にアメリカを訪問した。佐藤訪米の直前、木村四郎七駐華大使の帰任に際し、外交部の朱撫松次長は一九六四年一二月一九日に木村大使と会談した[33]。会談の中で、朱次長はアジア地域における日華の緊密な協力を希望すると述べる一方で、中国に対する第二のビニロン・プラントの輸出、また伝聞として伝わっていた日中大使級会談に反対する国府の立場を表明した[34]。他方で、国府はアメリカ側にも働きかけた。外交部は一月七日付の駐米大使館宛の電報において、「様々な兆候からみれば、佐藤政権には積極的に匪（中――筆者注）と接近する意図がある」と述べ、「目下日本国内において中国問題については意見が分岐しており、政府も曖昧な立場を取っているため、佐藤とジョンソンの会談が行われる前に、アメリカの注意を喚起する必要がある」と日本の首相に働きかけるようアメリカ側に要請することを命じた[35]。

当日、楊次長は蔣大使とともにラスク国務長官を訪ねた[36]。蔣大使は、まず日本の「政経分離」政策に対する国府の関心を表明し、佐藤の訪米中に、佐藤が中共に歩み寄る政策を取らないようにジョンソン大統領から日本に圧力をかけることを依頼した。また、楊次長は「アメリカがもし厳正な反対姿勢を表明すれば、佐藤はこれをもって日本国内の中国と接近しようとする勢力に対抗できる」と述べた[37]。これに対して、ラスクはアメリカが圧力を与えるよりも、日本には自国の利益から政策を打ち出すと思わせたほうがいいと述べ、日本へ圧力をかけることを婉曲に断った[38]。

国府の佐藤と日本政府に対する不信感は、アメリカ側の史料からも看取される。一九六五年五月六日から八日にかけて、アメリカ国務省のグリーン（Marshall Green）外交官が台湾を訪問した際に国務省が用意した資料において、「日本との関係は一九六四年初期の最悪な状態となったものの、中国との貿易について承諾する『吉田書簡』の結果改善した。だが、国府は依然として日本の中国政策を疑っている。佐藤がワシントンから帰国する途中、公に否定したものの、国府は日本の政策が実際に『一つの中国、一つの台湾』であると信じている。もし、日本政府が北京との大使級会談を実現しようとしている意図を国府に知らせれば、日華関係に危機を生じさせることは想像に難くない」という内容が記され、日華関係の先行きに対するアメリカの懸念が表明されている[39]。

同時に、日本政府も自らの立場をアメリカに説明し、アメリカを説得しようとした。佐藤訪米中の日米共同コミュニケの草案の交渉において、日本側は「政経分離」（Separation of Political Matters from Economic Matters）を共同コミュニケに盛り込むことに強くこだわった。武内龍次駐米大使はその理由を次のように語った[40]。第一に、この言葉は日本が自らの対中関係における立場を説明する際によく使われるため、共同コミュニケにおいて削除されれば、佐藤に大きな迷惑をかけることになる。実際に、この言葉は佐藤も含め自民党の上層部によってじっくり考え抜かれた言葉である。第二に、「政経分離」という言葉は、日本政府が国民に対し北京不承認、中華民国支持を正当化することを可能とする。それと同時に、ほぼ全ての日本人が望む中共との貿易、文化的接触を許可するものである。第三に、もし北京が経済議題に政治要素を入れようとした場合、日本はこの言葉を標榜して北京の意図と対抗できる。第四に、この言葉は日米が対中関係について今後協調するために最も効果的なものである。

日本の「政経分離」に関する説明は、アメリカを説得することに成功した。国務省は「政経分離」をめぐる日華間の分岐について、以下のように述べた[41]。「国府は、日本政府による中国向けの輸出に対する融資を束縛すべきだと考えている。それに対して、日本の『政経分離』に関する解釈はもっと自由である。例えば、中国との貿易を容認するが、中国がこれを梃子として利用することには反対するものである」。また国務省は、この問題によって日華間で引き続き緊張関係が生じることを十分に認識していた。ただ、国務省は「国府の反応は日華の政治関係へ悪影響を与え、さらに日華の貿易と投資に影響する」としていた。その認識は佐藤よりになっていたと言えるだろう。また、国務省はこの問題の解決について、「幸いなことに、国府の一部の重要な官僚は対日関係をよく理解している。例えば、張群、李国鼎経済部長らは、日本との緊密な関係が中華民国の経済及び政治的地位にとって非常に重要だということを認識している」と経済・技術官僚層の役割に期待していた[42]。

アメリカは、日華の「政経分離」をめぐる分岐について、前述の認識に基づき、「佐藤政権は国内において強い圧力があるが、この状況において大切なことは国府の反応が節度を持つことである。日華関係悪化の唯一の勝者は北京である。日本政府が北京へ妥協する（国内からの）圧力を緩和できるのであるから、佐藤の『政経分離』政策は国府にとっても利益がある」として国府を説得しようとした[43]。

（2）沈昌煥の訪日

佐藤栄作政権は一九六四年一一月に発足したが、その政権の初期において、国府は日本の中国政策に対する強い不信感を示したが、国府にとって幸いなことに、佐藤の訪米以後、日中関係は悪化していた。佐藤は一九六五年二月八日の国会で、「吉田書簡」に「直接ではございませんが、私はやはり拘束されるものだ、かように考えております」と表明した[44]。これに対して、中国は佐藤による日中貿易の「破壊」を強く非難した。他方、佐藤の発言は国府を慰め、一億五〇〇〇万ドルの第一次円借款の協定もこの雰囲気の下で順調に結ばれることとなった。他方、佐藤政権の成立前後に、国府の外交部は沈昌煥外交部長の訪日を計画し始めた。大平前外相の訪華の答礼として、沈部長の訪日が実際に一九六四年一〇月から検討された。しかし、当時は日本の政権交代の変動期であり、また外交部は「大平訪華以後、日華関係がよくなったように見えるが、実際には依然として両者は離れており、若干の矛盾がまだ取り除かれていなかった[45]」ことを理由とし、計画していた沈部長の訪日を延期した。

沈昌煥の訪日は一九六五年五月に再び提起された。外交部は六月二一日付の文書において、訪問の目的を以下のように述べている[46]。

① 大平訪華の答礼。
② 佐藤首相及び椎名外相の訪華のみちを開く。
③ 日本側に対中国接近の危険を説明し、特に日中貿易の拡大を阻止する。
④ 日華の接近によって中国の対日懐疑を引き起こす。
⑤ 日本の自由世界への接近及び九国外相会議をはじめとするアジア反共国家の団結を促進する。

当初この計画は、日華友好の雰囲気の中で策定されたため、「吉田書簡」については言及されなかった。しかし、佐藤は道義的に「吉田書簡」に拘束されることを表明したものの、この発言をめぐる解釈には幅があったため、「吉田書簡」が再び日華間の争点になることとなった。沈昌煥の訪日直前の八月二日に三木武夫通産相は衆議院商工委員会において社会党議員の質疑に対し、「『吉田書簡』は個人の書簡であり、政策がこれに束縛されるというのは、ばかげたことである」と発言し、また「事実上、中国との貿易を拡大していきたい」と今後の対中関係に前向きな姿勢を表明した[47]。また、外務省の下田武三事務次官は、記者会見において、「『吉田書簡』は政治的、道義的に拘束力があるものの、その拘束力は必ずしも長く続くわけではない」と述べた[48]。

国府の駐日大使館は前述の発言を受けて、外務省の広瀬達夫参事官と会談した。広瀬は外務省の「吉田書簡」についての見解が「個人の書簡であり、その内容が当時の日本政府の政策を離反することがないため、同書簡は法律上の拘束力はないが、国際道義において尊重すべきものである」と説明しながら、同書簡への対処について、「日本政府は自主の立場を堅持し、外部の干渉を受け入れない」と語った[49]。このような外務省の見解は極めて弾力的で、「吉田書簡」を尊重する意を表明しつつ、日本政府の自主性を強調したものであった。これらの見解表明は、もちろん国府の憂慮を招いた。外交部が作成した沈昌煥の訪日計画においても、協議すべき話題を当初の「なるべく国際情勢について意見交換を行い、日華の問題に主動的に言及しない」というものから、「必要であれば、回避しない」に変更され、最終的には沈昌煥の訪日において、実際に「吉田書簡」の効力を再確認しようということになった[50]。

沈昌煥は一九六五年八月一二日から一九日にかけて約一週間日本を訪問した。彼はこの期間に、日本側の多くの要人と会談した。一三日午前中の佐藤首相との会談では、国際情勢全般が主な話題となったが、沈昌煥が「吉田書簡」をめぐる前述の三木の発言に言及したところ、佐藤は具体的な回答を避け、日本の基本的立場に変更がないことだけを強調し、国府に「個別問題にこだわらない」ことを勧告した[51]。沈昌煥と佐藤の抽象的な議論に比べ、沈昌煥と椎名悦三郎外相及び三木通産相との会談では、より具体的な話題や「吉田書簡」に触れられた。一三日午後、沈昌煥と椎名は第一次会談を行った。沈昌煥は日本の中国政策について、三木の発言への不満を表明した後、「吉田書簡」の重要性を再び強調した。これに対して、椎名は以下のように語った[52]。

　三木君の「吉田書簡」に関する発言がこれほど大きな反響を引き起こし、驚いた。私は国会で社会党議員の質問に対し、法治国家において個人の書簡が政府を束縛することはできないと答えた。社会党はまた、なぜこの書簡が政府を束縛すると佐藤首相が言ったのかと追い求めてきたが、私は「吉田書簡」の趣旨が政府の趣旨と同じなので、束縛されるわけだと回答した。三木君の発言ははっきりしなかった。彼は「吉田書簡」に反映されている政府の方針について指摘しなかった。

続いて、椎名は輸銀利用の背景を説明し、共産圏国家に対する輸銀通じた輸出や、延払い輸出が国際貿易の潮流であり、また財界の強い主張でもあり、敵に対する援助ではないと強調した。さらに「蔣総統が重視する『吉田書簡』の精神、両国の連帯感は去年張群先生によって何度も釘を刺されたが、尊重すべきだと思う。ただ、輸銀は技術的な問題で、各種の状況の変化に伴い、輸銀の利用も変化する可能性がある。それゆえ、日本は永遠に『吉田書簡』に束縛されることが難しい。双方も心理上の準備をしなければならない」と語った。[53] 椎名は以上の内容を蔣介石と張群に伝えるよう沈昌煥に要請した。しかし、沈昌煥は椎名の発言に対して相等な不満を示し、日本と東欧共産主義国家との貿易と日中貿易の差異を強調し、安全保障からみれば、対中国の貿易がその侵略の力を増強することに等しいと述べ、椎名の話を蔣介石らに伝達することを拒絶した。

沈昌煥は一六日午前に三木と会談を行った。三木は国府に不友好人士とみなされていたため、沈昌煥が訪日中に説得する重要な対象であった。二人は、東南アジア情勢に触れた後、三木から対中貿易の問題を提起し、以下の三つの意見を述べた。[54]「第一に、現在国際貿易の潮流は長期の延払い方式へ転換しつつあり、これは商業的な性質のものであり、政府援助ではない。第二に、輸銀の利用は単純な利率を下げ、輸出を奨励するだけで、政府援助ではない。第三に、日華関係は長期的、大局的な観点から見るべきであり、貿易などの細かいことについて、あまりあらを探さないほうがいい」。

一六日午後、沈昌煥は椎名と二度目の会談を行った。双方に意見の分岐が存在する状況下で共同コミュニケの交渉に入ったが、国府の草案に対して日本側は異議を唱えた。国府の草案の中には、「去年吉田元首相、大平元外相の訪華及び張群秘書長の訪日によって達成された相互了解と友好親善関係は日華両国の更なる協力の重要な基礎である」という文言があった(55)。日本側は「相互了解」という表現が外部に日華間に特別な了解があるという印象を与えるとして削除を要請した。また、草案の中の「椎名外相は日本政府が対中共貿易の政策を変更する意がないと表明した」という表現についても疑義を呈した。椎名は確かに輸銀などの技術問題について、情勢の変化に伴い変化する可能性があるが、しばらく変更する意図がないと言ったものの、それは口頭での説明にすぎず、共同コミュニケに盛り込むことには反対する意見を表明した(56)。日本側の要請に対して、結局、沈昌煥が妥協し、中共貿易に関する具体的な内容は共同コミュニケの中に盛り込まれなかった。

従来の研究では、「吉田書簡」の意義について、日本政府の行動を束縛し、日中関係の障害及び日華関係の基礎となったと捉えられることが多かった。実際に「吉田書簡」の内容をみれば、将来の約束を行ったものではない。いわば佐藤政権は「吉田書簡」の内容と一致する政策を取ることによって、「吉田書簡」に拘束力を与えたといえよう。ただ、政策は随時変化する可能性があるため、日本側は国府に対して「吉田書簡」を尊重することを表明しつつ、日本政府の自主性を繰り返し強調していた。「吉田書簡」を理解する際には、静的な文書として捉えるべきではなく、日華双方が「吉田書簡」を解釈し利用した過程を考察しなければならない。この意味において、沈昌煥の訪日は「吉田書簡」の効力を再確認しようとするものであったと理解してよい。国府には「吉田書簡」によってなるべく長期的に日本政府を拘束しようとする意図があった。これに対して、日本側は具体的な承諾を与えることを極力避けつつ、沈昌煥が訪日中に得た印象を台湾へ持ち帰らせ、国府内部の「空気」の合理化を促進しようとした(57)。

3　第二次円借款の交渉過程

(1) 第二次円借款の提起

一九六〇年代の国際情勢の変化の下で、アメリカの台湾政策において、台湾の経済成長が重要な戦略的意義を持つようになった。国府も従来の反共政策を続けながら、経済外交を推進していった。一方、佐藤政権期の日華間の政治関係は「政経分離」「吉田書簡」をめぐる認識の分岐が解消されないまま、清水麗が指摘した「象徴的な友好、実質的な脆弱」の状態にあった(58)。第一次円借款の交渉過程に関する考察によりすでに明らかにしたように、日華双方は経済協力によって狭義の政治関係に隣接する領域に新たな関係性を開拓しようとした。第二次円借款の交渉も同じロジックで進められてはいたものの、当時の政治情勢によって異なる経緯を辿ることとなった。

先述したように、一九五〇年代の半ばから、日本は対アジア経済協力を中心とする経済外交を打ち出した。日本は、中華民国と外交関係の樹立をした当初、経済協力関係は政府間の貿易を中心とし、一九五四年から技術協力が始まった。その後、一九五七年から民間投資が本格化したが、日本の東南アジア向けの経済援助のような大規模な融資は、一九五〇年代日華間には存在しなかった(59)。

一九六〇年代に入ると、国府は第四次経済建設四ヵ年計画と外資の需要、アメリカ援助の打ち切りによって、世銀、アメリカ輸銀や日本に対して借款を要請した。一九六二年に国府は貿易補塡の目的で四五〇〇万ドルの円借款を提起したが、池田政権の対中ビニロン・プラント輸出や周鴻慶事件によって日華間に大きな対立が生じたことで、一旦交渉が停止された。その後、吉田茂元首相の一九六四年の訪台によって日華関係が修復され、円借款の交渉が再開されることになった。円借款受け入れの推進については国府の内部で分岐が見られたが、国府の対日政策には、従来の反共外交と異なる経済外交によって対日関係を促進させようとしていることが看取できる。

他方、日本政府が円借款を提供する動機について、外務省は以下のように述べた(60)。

① 台湾を自由陣営に属するものとして、アメリカをはじめとする自由陣営と協調し、台湾を保持する。

② 日華間の「ビニロン」問題が再燃することを防ぐために台湾に対して何等かの手を打つ一方、台湾の経済繁栄が対中外交姿勢を強く裏打ちする。

③ 中華民国が戦後賠償を放棄した。

④ 長期的に中共が国連加盟になる時に台湾経済援助は日台関係の冷却及び和解のタイミングに重大な影響を及ぼす。

これは第3章で詳細に考察した第一次円借款に関することだが、日本側にとって台湾向けの経済援助が日中関係に関係づけられていたこととともに、他方でそれが同じ自由陣営に属する台湾の経済的な繁栄を促し、また日華関係が対立した際にそれを打開する手段として用いる用意があったことなどがここから窺える。その後、第一次円借款の達成という雰囲気に乗じて、一九六七年四月に李国鼎経済部長が訪日した。李国鼎は、九月の佐藤総理の訪台へ向けた準備とともに、船舶の延払い条件の緩和などについてさらなる日華経済協力を要請し、特に一九六九年から始まる第五次経済建設四ヵ年経済計画が立案中であったため、その計画推進のために、三億一五〇〇万ドルの第二次円借款を要請した。

日本政府の台湾に対する経済協力はアメリカが期待したものであった。一九六六年の日米政策計画懇談会（Japan-U. S. Policy Planning Talks）において、日本側は台湾問題に関する意見書をアメリカ側に提出した。その内容は、国府が大陸反攻政策を放棄し、全中国の代表だという主張を放棄し、島内の建設に専念することを国府に勧告するものであった。(61) ただ、日本は自国の中国大陸及び台湾との複雑な関係に鑑み、その勧告の責任はアメリカ側が負うのが適当だと主張した。日本側の意見書に対して、アメリカは日本がアメリカの役割を過大評価していると返答した。(62) 国府の大陸反攻政策について、直接的な努力がむしろ逆効果となることを理由に、アメリカは「(国府の)軍事費の削減、隣国への政治・経済の協力、途上国への技術援助、経済成長政策の継続、政治改革」などを支持し、「台湾のエネルギーを、大陸反攻に関する軍事的な姿勢から、体質的にも(physically)、イデオロギー的にも、大陸から分離する自信の養成へ導く」ことであった。(63) さらに、この過程において、アメリカは日本の役割として、「台湾の都市建設、高速道路、港などの開発への協力、また、米華間ですでに行われた大学間のプロジェクトのような科学教育についての協力、技術援助の拡大、日本のアジア地域経済開発向けの活動に台湾をもっと参加させるように努力すること」を希望していた。(64)

アメリカは日本の対華経済協力を希望するだけではなく、それが可能だと信じていた。アメリカの駐華大使マカナギー(Walter P. McConaughy)は国務省への報告において、「大陸の人は日本に対して心からの熱情は欠けているが、李国鼎は訪日中に、国府と日本の間には多くの一致するところが存在すると語った」ことを挙げ、また、アジア開発銀行総裁の渡辺武が「台湾からの銀行家、管理者及び農業専門家を募る計画がある」と語ったこともあるので、日華間で様々な協力ができると確信していた。(65) また、マカナギーは「日本人は台湾に対して恩着せがましい態度が多少あるが、日本の国益にとって台湾が重要であると考えているのも明らかであり、台湾と中国大陸の統一は日本の国益に相反する」とコメントを付している。(66)

日本政府は、アメリカの政策との同調、また、台湾の経済成長を支援することによって台湾を大陸から分離させるという意図から、台湾への経済協力を支持していた。しかし一方で、国府側が日本との経済協力関係を促進しようとすることに対して、外務省はそれが日本の中国政策に不利な影響を与えることを警戒もしていた。

佐藤首相は一九六七年九月に台湾を訪問した。従来、この訪問は沖縄返還問題をめぐる国府への配慮という視点から論じられてきたが、実際には日華の経済協力関係も一つの重要な議題であった。佐藤の台湾出発直前に、外務省は国府が要請した船舶延払い条件の緩和に同意することを条件として、新規円借款を首相訪台中に持ち出さないよう、さらに「共同コミュニケを発表する場合には、両国間の経済協力の促進について意見を交換したというにとどめ以上のような具体的な問題について触れないように」国府に要請した(67)。佐藤自身は国府の借款の要請に応じても、外務省は借款には消極的で、国府からの会談要請を拒否していた。

外務省は、国府への第二次円借款が中国政策と連動する問題であると認識したため、経済協力に関して慎重な姿勢を取っていた。外務省は日華経済協力問題についてのジレンマを以下のように認識していた(68)。

仮にわが方が中共向け輸出に輸銀資金の適用を認めた場合においても、中華民国としてはわが国からの借款や民間経済協力を全面的にストップさせるような効果を持つ対抗措置は結局のところ執れないものと思われる。無論、外交ルート等を通じての抗議は強力なられようし、また限定的な形で経済上の制裁措置が行われる可能性も考えられるが、第四次四年計画自体の円滑な遂行までも危うからしめるようなドラスティックな措置はとられまい。むしろ、わが国が中共向けプラント輸出に輸銀資金の適用を認めたことによって、中華民国が蒙ったプレスティージの損傷をどのような形でリカバーするかが問題となろう。その場合に最も重要なことはいうまでもなく、わが方の中共向けプラント輸出に対する輸銀資金適用措置が決してわが国の対華関係重視の政策を変更するものでないことを対中共政策との関連を踏まえつつ systematic かつ convincing な形で台湾側に説明するであろうが、国府側としては更に進んでわが方のかかる政策の reassurance として新規円借款の供与を更に強く要求していくことも考えられよう。

一方、国府からみると、第二次円借款の推進は日華関係にとって重要な意味を持っていた。一九六〇年代の前半期と異なり、国府は日華間の経済協力を日中貿易関係に結びつけるのではなく、むしろ独立した文脈で推進しようとした。行政院秘書長の蔣彦士によれば、国府内部の一部の保守的な人々は日本からの投資に反対していたが、「総統、副総統、李国鼎経済部長及び蔣本人は日本から資本導入の必要性を認め、この政策を継続していきたい」と考えていた(69)。

一九七〇年四月一五日に、周恩来は日本国際貿易促進協会などの七団体に対して、「貿易の原則と限界ははっきりされないといけない」、「もし日本の企業は佐藤政権の台湾干渉政策を支持するなら、取引はできない」と表明した(70)。そして、四月一九日に周恩来は松村訪問団に対して、日中貿易関係を重視するが、日本の商社やメーカーのうち、①南朝鮮（韓国）の北朝鮮侵略や台湾の大陸反攻を助けようとしているもの、②台湾、南朝鮮の企業に投資しているもの、③ベトナム、ラオス、カンボジアへのアメリカの侵略戦争を助けようとしているもの、④日本における米系合弁企業とは貿易を行わないとする方針を明らかにした(71)。以上は「周四原則」と呼ばれる。

「周四原則」に対抗するため、国府は中国の「友好会社」名簿に入った日本貿易会社との取引を断絶する一方、円借款によって日華関係を促進することを重視し、円借款ついて引き続き交渉するという対応策を取っていた。ここで理解できるように、この段階の国府の観点では、日中貿易関係がいかに進行しても、日華経済関係を深めることと衝突しないということになり、それぞれ独立した論理で展開されることになった。これは、第一次円借款の交渉過程において、国府がしばしば借款の停止という手段で日本に圧力をかけていた手法とは異なっていた。

一九六七年から国府の経済官僚らによる第二次円借款の要請が始まり、一九六九年の蔣経国の訪日においても佐藤首相に対し第二次円借款が再度、要請された。一九六〇年代の末期、蔣経国は次第に国府の中心人物となっていった。一九六九年から蔣経国は国防部長から行政院副院長へ昇格すると同時に、日華経済関係閣僚会議の議長にも就任した。すなわち、蔣経国が対日外交の担当者となったのである。蔣経国は一九六九年にアメリカのロジャーズ（William P. Rogers）国務長官の招待により、四月一八日から二八日までアメリカを公式訪問したが、その帰国の途中で、四月二九日から五月一日まで日本を非公式に訪問した。[72]

四月三〇日に、蔣経国は佐藤首相との会談において、日華関係、国連における中国代表権問題及び第二次円借款の問題について、日本側の協力を要請した。蔣経国は「国府が実力を養うためには日本の援助が必要であり、軍事援助をお願いするつもりはないが、基礎産業並びに軍事工業を育成してゆかねばならない。国府としては、将来に備えて、国力の充実に努めたい」と述べた。[73]それに対して、佐藤は民生の充実と向上を図ることが大切だと考えており、また、自分も台湾の各地の重工業に関心を持ち、借款の問題について、具体的に担当者に検討させていくと回答した。[74]佐藤の答えに対し、蔣経国は「近日中に、正式に事務局を通じてお願いする旨を要請し、国府としては、現在直ちに、軍艦・大砲をつくるつもりはないが、将来、それが可能となるように、経済援助をしていただきたい」と要請した。[75]第二次円借款の提供は原則的に合意されたが、日華双方には微妙な違いがあった。佐藤にとって、対華援助は台湾の経済と政治の安定に助力する意味であった。だが、蔣経国は直接的な表現は避けつつも、「将来、それが可能となるように」というように、経済援助と軍事・政治上の要素とを関連づけることを示唆していた。

借款の合意は達成されたが、国府の借款の要請に対し、日本政府の態度は、第一次円借款の時とは些か異なっていた。一九六五年の借款の総額が契約時に明記されていたのと異なり、第二次借款については、総額の契約を締結せずに、具体的な案件ごとに借款の供与を審査していくことが基本方針とされていた。[76]すなわち、長期の約束によるオーバー・コミットメントを避けながら、時々の情勢によって台湾への経済協力のプロジェクトを決定していくというものであった。また、外務省は政治的な意味合いが強い政府借款から商業ベースの借款へ切り替えることも検討していた。

一九六〇年代の末期に、外務省は一九七〇年代のアジア経済開発について以下のように述べている。[77]

わが国として一九七〇年代が「アジア開発の十年」として意義あるものとするために、アジアに対する援助を強化する政策を講じた。七〇年代にアジア地域に平和と繁栄を齎すために、わが国としては今後ともこの地域の協力の促進を支援し、これら諸国との友好関係を強化するとともに、経済援助、貿易振興、資源開発に対する協力などにより、これら諸国の経済社会開発を強力に推進する。過去五年間(六四—六八)のわが国の援助の五六・九%はアジア地域に向けられており、特に政府ベース援助(アジア開発銀行出資金を含む)の九一・五%はアジアに向けられているが、今後ともわが国援助の重点はアジア地域におかれるであろう。

続いて、同文書は「二国間援助の拡充」として韓国と中華民国の双方を挙げる。そして、韓国の安全と繁栄が日本のそれに重大な影響があることを認め、適切な支援を与え、同国の政治、社会的安定の確保に資するように努めると述べる一方で、「中華民国に対してはすでに政府借款が提供され、港湾開発、ダム建設、化学工業振興等種種の分野において同国の経済開発に役立っている。中華民国においてはすでにテークオフの段階を終わったと認められ経済建設は今後とも一応順調に進むであろう。従って、同国に対しては今後通常の商業借款の提供により十分経済開発の目的を達成しうるものと思われるが、日本政府として政府借款を含め、適切な協力を行うことを検討するものとする」との姿勢を示していた。[78]

日本政府は対華援助を通じて、いかに情勢が変化しても台湾との関係を維持していくべく、「一つの中国、一つの台湾」という政策を模索しようとした。しかし、国府側との関係維持を示す根拠となる対華借款は、その反面、日中関係を促進する意図がないと疑われる可能性のあるものだった。この矛盾のために、日本側は国府に対して政府借款を提供する旨を表明しながら、政府内部に統一意見が存在せず、また、第二次円借款もまた順調には進まなかったと言える。また、第一次円借款のような総額の保証をしなかったことも、こうした矛盾によると考えられる。このような難局がいかに打開されたのかということに関し、以下で福田赳夫蔵相の役割を中心に検討する。

（2）第二次円借款の交渉と福田赳夫の役割

個別の案件ごとに審査していくというのが日本政府の第二次円借款の方針であったが、国府の要請を受けてようやく交渉が開始された。正式に交渉が始まったのは、一九七〇年七月六日からの厳家淦副総統の日本訪問においてであった。

この訪問に先立ち、厳副総統は彭孟緝駐日大使、費驊経合会副主任、孫運璿経済部部長、李国鼎財政部部長を召集し、円借款問題において国府が採るべき態度について打ち合わせを行った。この会議では、日本側が個別の案件ごとに借款の交渉を進めるという原則を主張していることについて、やはり五年の固定的な総額の枠が必要であり、なるべく海外協力基金が占める割合を高めようとの結論に至った。国府側は国際政治の変化を視野に入れつつ、なるべく日本から長期の経済保証に関する約束を獲得しようとした。

七日の厳副総統と佐藤首相の会談において、借款問題について佐藤首相は個別の案件ごとに進めていくとしたが、もし各案件の金額を合計し総額とするのであれば、総額の契約を締結してもよいと発言した[79]。佐藤首相はこのように歩み寄りの姿勢を示したが、具体的な検討を担当する官僚層は異なる意見を持っていた。その中には、主に台湾がすでに政府援助にふさわしくない対象であることや、対中関係への配慮があった。他方、「中国との関係で台湾に援助できなくなる恐れはあると感じていたものの、それだけに今のうちに台湾のためにできることはすべきである」という積極的な意見もあった[80]。

日本政府の内部の意見は一致していなかったが、円借款を推進しようとしたのは福田赳夫蔵相であった。福田は対中国関係を妨害しないことを前提として、台湾との関係を維持するという考えから円借款を推進しようとした、と考えられる。厳副総統の訪日中に、円借款問題の具体的な交渉は李国鼎と福田との会談において行われた。李国鼎は台湾では対日貿易の拡大に対する反対の声が大きいため、もし日本が円借款を提供し中華民国の経済発展に協力すれば、日華貿易の拡大に有利な雰囲気を醸成できること、日本がすでに韓国へ無償借款や低利借款などを多く与えてきたこと、日本は一九七〇年までに外貨準備金が四〇億ドルに至ったことなどを理由に、中華民国にも長期かつ低利の海外協力基金の借款を提供してほしいと福田に要請した[81]。それに対して、福田は、考える、と返答し、韓国、インドが対中華民国借款によってより多くの借款を要請することを避けるため、今回の借款を秘密にすることを要請し、また今後も引き続き交渉を継続することを約束した。

八月一〇日から一三日にかけて、借款交渉を名目とせず、また、外務省に通知しないように中華民国側に要請した上で、奥村輝之大蔵省国際金融局局長が福田の命を受けて台湾を訪問した[82]。国府には日本との経済関係を促進するという政治的な目的があったこともあり、台湾側の求める三億一五〇〇万ドルの借款について、それが宣伝を目的としたものなのではないかという懸念を、奥村局長は率直に表明した。それに対し、国府側は、借款の目的のすべてが宣伝にあるのではなく、台湾の建設中の工業、港湾などの経済建設のためであると保証した。政治上の迷惑をかけないという保証を国府から得たことを受け、奥村は大蔵省の立場として海外協力基金の利用について難色を示しながらも、総額二億ドルの借款を提供する意向を表明した。そして、双方は総額二億五〇〇〇万ドルという金額は公表せず、福田蔵相と李部長の書簡交換の方式で調整することで合意した[83]。書簡内容の草案として、台湾が申請を提出し、日本側が「積極的に考える」ことを表明することとした[84]。

訪問の後、奥村は今回の訪問が予想以上の成果をあげ、お互いの立場を理解することができ、今後のより緊密な経済協力を深く信じると台湾側に書簡を送った[85]。ここでの「予想以上の成果」が具体的に何を指すのかは明らかになっていないが、おそらく台湾側の借款の目的及び現実的な立場を了承したことだと考えられる。つまり、円借款を台湾側が単に経済発展の目的で利用することが確認でき、その借款を利用して日中関係の進展を破壊したりしないことが台湾から保証されたのである。これは、日本の対中関係が進展しても、繁栄する台湾をも支援するという目的も達成できる「一つの中国、一つの台湾」という日本の政策意図に合致したものであった。

一九七〇年九月に李国鼎部長と福田蔵相は、コペンハーゲンでの世界銀行の年次総会において、具体的な借款方針について合意した。その、主要な合意条件は、海外協力基金の分は五〇〇〇万ドル、年率三・五%、期間二〇年、そして輸銀の分は一億八〇〇〇万ドル、年率五・五%という条件であった[86]。国府の提示する条件のすべてを満足させることはできなかったが、本来日本側が堅持していた基金を利用しない点、そして、輸銀分の年率六%の二点で妥協したことに鑑み、李部長は受け入れるべきであると主張した。

ただ、外務省は交渉の記録がないことを理由に、経合会と大蔵省の間の交渉及び李部長と福田蔵相との間の総額に関する合意を承認しなかった。彭駐日大使は、日本側が李部長と福田蔵相のやり取りを事前交渉及び非公式な了解としており、我々はそれについて諒解しなければならないと外交部に電報した[87]。総額を借款の契約に明記するという国府の意図が実現されないまま、一九七〇年一二月九日、彭駐日大使は外務省の森治樹次官と澤木経済協力局課長を訪問し、円借款を正式に外務省に提起した。

一九七一年八月九日に、電信電話拡充計画（一五〇〇万ドル）、製塩工場建設計画（五〇〇万ドル）、砂糖工場ボイラー改修計画（二四五万ドル）の総額二二四五万ドルの三件の書簡交換が、日華両政府の間で行われた。このほか、第

第二次新規円借款提出予定のプロジェクト[88]

計画名	金額（単位：万ドル）
電信電話拡充	1,500
製塩工場建設	500
砂糖工場ボイラー改修	245
台電超高圧配電線	1,110
交通銀行バンクローン	2,000
台北地区水道計画	1,500
台中新港	2,800
石油管線	1,800
北部儲油施設	350
北部煉油工場	5,350
磷酸工業	625
郵政機械化	500
大鋼場	4,700
その他	510
合計	23,480

1971年10月までの案件処理状況[90]

第一段階　交換公文済み　L/A済み		
高雄港口設備計画	2,800（万ドル、以下同）	輸銀
曾文水庫	3,000	基金
第二段階　交換公文済み		
唐栄鉄鋼エンジンブロック	280	輸銀
南北フリーウェイ	1,450	基金
電信電話設備拡充計画	1,500	輸銀
ボイラー改修及び砂糖きび運搬設備	245	輸銀
イオン交換膜製塩工場建設計画	500	輸銀
第三段階　検討中		
配電線計画	1,110	輸銀
交通銀行バンクローン	2,000	輸銀
台北地区上水道計画	1,500	基金

一次円借款の中で残された南北フリーウェイ計画（一四五〇万ドル）、唐栄鉄工物工場計画（二八万ドル）の延長についても日本側は同意した。八月二三日、中華民国駐日大使館は引き続き台電超高圧配電線計画（一一一〇万ドル）、交通銀行バンクローン計画（二〇〇〇万ドル）、台北地区水道計画（一五〇〇万ドル）という三件の新しいプロジェクトを日本政府に提出するとともに、三件のうち最も優先すべきとされた台電超高圧配電線計画に関する説明資料を日本の外務省に渡し、L／A（Loan Agreement）の早急な締結を促した。(89) 一〇月の段階で、円借款関連の案件はその進行状況に応じて、三つに分類できる。第一に交換公文及びL／A締結が済んでいる案件、第二に交換公文は締結済みだがL／Aが締結されていない案件、そして第三に交換公文も締結されていない検討中の案件の三種であった。(91)

(3) ニクソン訪中以後の日華の円借款対策

一九七一年七月一五日にニクソン大統領の訪中が発表され、そして一〇月二五日に台湾が国連の中国代表権を失うことになった。この一連の事件によって東アジア国際政治は大きく動揺することとなった。それによって、日本の対中政策が変化するのではないかとの予測が広がり、円借款停止の報道も現れた。国際情勢の変化を受けて国府の外交部は「円借款は中（華――［筆者注］）日関係（――日華関係［筆者注］）を維持する重要な項目」と認識し、大使館と日華協力委員会が協力して速やかに契約を締結するために日本政府に働きかけるよう指示を出した[92]。

一回の新規借款に際して、二、三の案件をまとめて検討するのが日華間の交渉の通例であったが、国府は第二次円借款のすべてのプロジェクトを日本政府に提出するよう駐日大使館に命じた。大使館はすべてを同時に提出するとかえって混乱を招くと考え、政府の要求を全面的には受け入れず、現実的なペースで日本政府との交渉を進めていた[93]。一一月八日、駐日大使館陳万春商務補佐官は経済協力課担当官に連絡し、新規円借款の予定案件のうち、台湾電力超高圧配電線計画、交通銀行バンクローン計画及び台北地区水道計画の三件について、日本政府の各関係省庁との協議を進めてほしいと促した。

日本政府内部において、今後の円借款の対処、特に交換公文締結済みで、L／Aを締結していない案件について、外務省、大蔵省、通産省、経済企画庁、日本銀行、海外協力基金などの各関係機関の間で議論が行われた。一一月四日の記録によれば、当初外務省と他の関係省庁の間に意見の対立があったことがわかる。大蔵省、通産省、経済企画庁は、L／Aの締結を慎重に考えるべきだと主張した。その理由としては、輸銀法と基金法上、借款の償還の確実性及びプロジェクト達成の見込みがない限り、借款の供与を行うべきではないと規定されていること、また、対象プロジェクトの完成に今後五、六年を要するものもあるため、その間の台湾の地位の変化によりプロジェクトの実施自体に問題が生じうることなどがあった。それに対して、外務省は「現在わが国の中国政策の基軸は、台湾との経済関係を保ちつつ、国交正常化の方向に向かって努力することであり」、「台湾との間に一旦取り交わされた交換公文の内容を実行しないと、外交上、国際信義上はかり知れないマイナスを生じる」と懸念し、融資契約を締結する方向で取り計らうべきだと主張した(94)。

交渉は外務省の意見に沿って進められていった。一一月一一日に、各省事務担当局は、原則として異議はないと表明し、融資契約の締結に合意した。ただし、大蔵、通産省は将来の債権確保あるいは業者保護のために必要な措置を取る旨の文書を希望し、経企庁は現在有効な交換公文の範囲で進めることを強調した(95)。一一月一五日に、福田赳夫外相は板垣修駐中華民国大使宛の電報において日本政府の対処方針を以下のように示した(96)。

① 交換公文、融資契約ともに締結済みの案件については貸付を実行する。

② 交換公文締結済みであるが、融資契約未締結の案件（基金分一四五〇万ドル、輸銀分二五二五万ドル）については、要件が整えば、融資契約を締結し、貸付を行う。但し、南北フリーウェイについては、使用期限延長のための公文交換は行わない。

③ 交換公文未締結の新規の要請については、客観情勢を勘案しつつ、慎重に検討するが、当分は公文交換を行わない。

またこの電報の中で、外務省は新規円借款交渉のため来日予定の経合会の費秘書長に対して、大使館から適当にディスカレッジしてほしい(97)。そして、国府に対する債権の償還確実性等に対する疑義については、一一月一七日に関係省庁の間で次のような措置を取ると合意した。すなわち、各事案の関係貸付機関から所管大臣に対し、現時点におけるL／A締結に問題がないかどうかの意見を伺いたいとの申し入れがあった場合、所管大臣は関係三大臣と協議し、当該四大臣（大蔵、外務、通産、経企）の間で貸付機関がL／A締結の手続きを続行するのが適当である旨の口頭申し合わせを行い、関係貸付機関に対して、口頭申し合わせのメモを交付することとした[98]。

新たな借款の方針により、円借款の提供は困難となったが、日本側は政府の援助から民間の信用への転換により経済的支援を継続することを考えた。従来の円借款の案件については「台湾との関係の維持のためには少なくとも優先性が高い案件に対する輸出信用ベースの協力は続けることが必要と思われる」というのが外務省の意見であった[99]。

日本政府は以上の借款方針を定めたが、中国問題との関連で、国会やメディアに向けてどのように説明すべきかが問題となった。政府内部でも借款契約が台湾に対するコミットメントを深めることになり、中国大陸との国交正常化の妨げになるのではないかという質問に対応することが想定された。このような問題に対して、日本政府は「特定の政治的意図を以て行われた援助でもなく、民生の向上と経済の発展を目的とした通常の開発途上国向け援助であるので、大陸との国交正常化の妨げになるとは考えられない[100]」と説明することで、国府への円借款を脱中国問題化しようとした。

他方、国連脱退以後の国府では、政府内部で今後の対日政策についても検討が進められていた。その基本的な立場は、一二月三一日に彭孟緝駐日大使が福田外相を訪問した際の会談の内容から窺える[101]。国連の議席を失ってからの国府の対処について、彭大使は「結論に達していないが、立国の本筋を堅持しながらも世界情勢に対処しうるだけの柔軟性を持たねばならぬ。政策の変更は将来ありえるべく、国府の姿勢は今後より現実的で柔軟なものとなろう」、「外交関係が絶たれた国に対しても、貿易関係の如き、実務上の関係は、そのまま残す方針である。カナダやイタリアとの貿易は断交後むしろ増えている。また台湾に対する外資導入の法律を最近つくったが、断交しても、その国の在台湾資産を没収するようなことはしないことにした」、「国府としては今後、経済外交を重視し、内政面でも経済発展と社会の安定に重点を置く。また外交面では、対米対日外交に重点を置く」などと表明した。

彭の発言に対して福田は「満足」と述べ、「経済が一番大事」であると説得し、「これまでの対華借款についての約束を守り、政治借款をなるべく避けるが、商業借款でやっていきたい、また輸銀まで差し止めるつもりはない」、「IMFやアジア銀行に残す問題については、日米協議して善処する」などと経済協力の姿勢を示した。円借款問題について、大使は「交換公文で話がまとまった三件は急いで実施してほしい。その後にお願いした水道設備はじめ三件は政治とは関係のないプロジェクトであるからよろしくお願いしたい」と要請し、福田は政治借款から商業借款へと転換させ、また円借款から延払いへと転換させることを提案し、「結果が同じで、できる限り円借款の条件に近い」ものとすることを約束した。

次に、以上の円借款の対処方針が具体的な案件にどのように適用されたのかという問題について、交換公文をすでに締結していた南北フリーウェイと、交換公文を未だに締結しなかった台湾電力超高圧配電線という二つの異なる案件の処理過程を例として考察したい。

(4) 新円借款方針の影響

①南北フリーウェイ計画

一九六五年の日華政府間の第一次円借款の期限は一九七〇年四月までであったが、国府側の要請によって南北フリーウェイ計画を追加し一九七四年六月まで延長した。同計画は第一次円借款のうち基金分を対象としているプロジェクトであり、所要基金は一四五〇万ドルであった。[102] そして、国府側は期限までに工事を完成させることができないとして、さらに一年半の延長を要請した。先述の一九七一年一一月一五日の福田外相の駐華大使宛の電報に記されたように、当時日本政府は本件の再延長を行わないとの方針を採っていた。[103] 一九七二年四月四日、経合会は交通部高速道路工程局の胡美璜局長を日本に派遣し、海外経済協力基金に詳細な説明を行い、L／Aの早期締結及び再延長を再度要請した。また、四月一八日には費驊経合会副主任が宇山厚駐華大使に対して同様に再延長を要請した[104]。

この件は外務省内部でも議論された。条約課は、期限延長の交換公文は期限切れの直前に行うことが通例となるため、特例として措置を講じることは不必要に対華経済協力問題を提起される恐れがあり、適当ではないと述べた[105]。中国課は、再延長について台湾側の真意に疑問を抱き、納得できる説明を求めるべきであり、使用期限の再延長は困難であるが、L／Aをできる限り早期に締結することは望ましいと主張した[106]。

しかし、L／Aの締結と再延長について日華交渉が行われていた最中の五月三一日に『日華経済特報』に掲載された報道が日本側に刺激を与えた。その内容は、交通部高速道路工程局が本件の円借款を放棄したいと行政院に上申し、米輸銀が現在もっとも積極的に台湾に融資する姿勢を示しているので、行政院が円借款を放棄することを決めれば、米輸銀借款を改めて申請するというものであった[107]。外務省は海外協力基金に確認し、以上の報道の事実関係について確認した上で、本件が日本にとっても重大な問題であることに鑑み、宇山大使に至急国府側の真意を調査することを命じた。また、これにより国府との技術面における交渉も加速することとなった[108]。

しかし、台湾側の史料によれば、以上の報道は真実ではなく、国府内部の一部にそうした議論があるにすぎなかった。六月一五日、国府側の関係部長の間で協議した結果、①日本政府が円借款供与に応じたことは有難いことであり、たとえ期限までに全額使用しえない見込みとなった場合でも、本件借款は（使用可能の部分だけでも）使用させてもらうべきであること。②この方針に基づき本件プロジェクト実施計画を早急に確定することの二点を決定した[109]。

一ヶ月後、国府側は円借款を極力有効に使用するため、再延長の要請を取り消し、本来の期限までに工事を完成させると日本側に伝えた。七月一五日に海外協力基金は業務部第一部第一課の和賀秀隆副課長を派遣し、国府側の正式の契約書を基金に提出するよう促した。その後、八月一〇日の行政院第一二八五次会議で本件の弁理を正式に承認した[110]。日本側もそれに応じ、技術面で妥協したので、八月二八日にL／Aの締結が完了した[111]。だが、結局一ヶ月後に断交が正式発表され、L／Aの締結が完了したにもかかわらず、国府は海外協力基金と契約を締結しないまま、円借款を放棄するに至った。(112)

②台電超高圧配電線計画

この計画は、台湾を南北に縦断する約二九〇㎞の超高圧配電線を建設するもので、台湾全地域の電力回線の統一と安定した電力供給を図ることを目的とし、台湾の第五次経済建設四ヵ年計画中最も高い優先度が与えられていた計画の一つであった。(113) 建設所要資金として総額二二〇〇万ドルを要し、このうち外貨分に相当する一一〇〇万ドルを日本からの円借款に依存するというものであった。そもそも本件は、一九七一年六月の入札結果では三井物産が第一位となったが、応札者は、A三菱、B三井、C住友、D丸紅飯田、E米国のF＆M会社（Fischbach & Moore International Corp）であった。日本政府は一一〇〇万ドルの円借款要請について、九月三〇日の外相決裁を得て、一二月末に交換公文を締結する方針で各省との間で協議していた。だが、国連における事態の進展に鑑み、台湾に対する新規借款については中国をめぐる国際情勢を見極めつつ慎重に検討するという方策を決定した。(114) しかし、新規円借款供与は困難としても、輸銀ないし基金による長期延払い輸出信用に切り替えて、可能な限り協力するのが適当との結論も同時に得ていた。(115)

日本側の円借款方針の変化に対して、台湾電力公司は日本政府の決定に理解を示すとともに、「本件計画が緊急かつ重要なプロジェクトであるため是非とも工期内に完成させる必要があるので、延払い輸出信用によりできる限り緩和された条件で協力して貰いたい」との意向を表明した。(116) 従来、通産省は台湾に対する五年以下の延払い信用を認め、五年以上の延払い信用については年間の承認額を延払い代金返済年額の範囲に抑えることを方針としていた。だが、本件については、通常の商業ベース延払い案件として、条件について若干の配慮を加え、処理しようとした。日本政府は一二月六日に頭金二〇％（船積時一〇％、プロジェクト完成時五％、完成後一年五％）、金利六・三七五％（手数料及びコミッションを含めると七・五％）、期間一〇年（通常は最高八年）という円借款に近い条件を台湾電力会社に提示した。

ただ、三井物産の落札に際しては元々条件設定があった。それは本案件については、円借款を利用し、それが困難であれば、円借款と同じ条件の同社の資金による借款が必要ということだった。一一月一六日に台湾電力会社はその条件に関する承諾書を三井物産側に送付し、一週間以内の承諾を促したが、三井物産は円借款について政府との交渉を必要とするとして、一ヶ月の回答期限の延長を要請した。結局、一二月六日に三井物産は条件変更を要求した。すなわち、円借款から一〇年間の長期延払い、そして台電が将来に生じる為替リスクを負担する場合には、当初落札価格の一四・五％の増加、三井がそのリスクを負担する場合は二〇％の増加を提示した。いずれにしても、三井物産は何度も台湾に代表を派遣し、落札できるように交渉に尽力した。

交渉が難航する中で、アメリカも乗り出してきた。一二月中旬に、本来落札の順番が上位ではなかったF＆M会社の社長が来台し、さらに新しい提案をした。それは、①二〇名の技術者を当社に招請し、技術研修を行う。②工具類（六〇万ドル相当）は使用後台湾電力会社に無償で贈与する。③工事受注後、現地企業との合弁会社を速やかに設立し、現地生産を行うことで、中華民国政府の関係者及び台湾電力会社に対しアピールし、落札させるように強く働きかけるという三点であった。F＆M会社のバックには、アメリカ政府の支持があった。アメリカ駐華大使マカナギーと経済参事モレル（Bill Morell）は孫経済部長に面会し、本件の処理に関する、日米平等を訴えて国府に圧力をかけた。また、アメリカ輸出入銀行は駐華大使館を通じて何度も積極的態度を示していた。

当然、日本政府も本件について積極的な外交を行った。一九七二年一月一三日に、日本駐華大使館と張継正は本件について協議し、引き続き日華交渉を積極的に行う意思を表明した。一月一四日に通産省の両角良彦事務次官が、国府の駐日大使館劉維徳経済参事と会談し、「両国の経済貿易の良好関係を維持するため」、本件について、入札条件範囲内かつ公平な原則の下で日本の商社に任せることを希望したが[117]、結局、台湾側はアメリカのF＆M会社と契約を結ぶことになった。ただ、外交部は日本政府に対して経緯を説明し、将来の対日外交を妨害しないように手続面で注意すべきだと駐日大使館に命じた[118]。

おわりに

一九六九年に第二次円借款及び第一次円借款の残りの部分の処理を国府が要請して以降、一九七〇年代初期の国際情勢の動揺や時間的制約により、実際に処理できた案件は確かに多くはなかった。一九七二年一〇月五日の行政院第一二九三次会議の決議を経て、一〇月一二日に行政院長蔣経国は九月二九日までに契約したものを除き、他の借款計画を停止するよう経合会に指示したのだった[119]。

第一次円借款は、一九六〇年代前半の日中関係の進展によって引き起こされた日華間の対立解決案でもあった。皮肉なのは、日華対立の勃発がむしろ第一次円借款の達成を促したことである。日華双方は、日華間の対立及び円借款の交渉過程において、経済協力による日華関係の再構築を模索する姿勢を示した。それに際して形成された新たな外交空間において、第二次円借款が実践されていった。

一九六〇年代の後半になると、冷戦の変容、国連における中国代表権、また中国承認問題をめぐる国際情勢の変動の下で、台湾の経済成長が重要な戦略的意味を持つことが国府自身のみならず各方面で認識されるようになった。アメリカは、国府の軍事予算と過度な反共政策を抑える一方で、台湾の政治的安定、地域開発への貢献、実務関係による他国との関係の構築、国際的地位の保持などを支える台湾の経済成長の重要性を強調するようになった。他方で日本は、台湾の将来について、経済の持続的な成長が台湾保持の手段であると考えていた。そして、国府自身も経済外交を強化しようとしたが、それは中国承認問題などとは独立した文脈において展開するようになった。

第二次円借款の交渉は、以上のような背景の下で行われた。友好の時期と見られていた佐藤政権期の日華関係も、実際には「政経分離」や「吉田書簡」をめぐる解釈についての分岐が依然として大きかった。この状況において、経済協力は日華間では新たな外交の空間として機能していった。

本章は、第二次円借款交渉の経緯、そして一九七一年の台湾の国連脱退以降における日華間の借款問題への対応及び具体的なプロジェクトの処理過程を明らかにすることによって、佐藤政権期に日華の実務関係がいかに進展したことを解明した。国府は、特に一九六〇年代の末期において、円借款によって対日関係を促進した。そして、日華断交以前においても、なるべく多くの経済利益を国府は手に入れようとした。日本側は、台湾の将来の地位を保つという観点から、台湾の経済成長を支援する目的で対華経済協力を支持していた。だがその一方で、日本政府の内部の検討・交渉過程で見られたように、何度も国府側の真意を疑い、国府に政治的に利用されないように慎重に借款の交渉を進めていった。佐藤政権の末期において円借款処理の大筋が決められたが、これらの交渉を通じて、日華双方は将来の変化を想定し、そのため準備をすでに始めていた。そして、実際の断交交渉が始められた後、円借款問題はほぼ手続きの問題にすぎなくなった。それが日華断交に伴う各種の関係再編を順調に進めていく一つの要因になったのではないかと筆者は考える。

註

（1）井上前掲書、三九〇頁。
（2）神田豊隆前掲論文。
（3）川島真ほか前掲書、九三頁。

（4）木村隆和「佐藤内閣末期の対中政策――外務省内における議論を中心に」『国際政治』第一六四号（二〇一一年）、一二九―一四二頁。

（5）Norman St. Amour, "Sino-Canadian Relations, 1963–1968: The American Factor." In Paul M. Evans and B. Michael Frolic (eds)., *Reluctant Adversaries: Canada and the People's Republic of China, 1949–1970*, eds., (Toronto: University of Toronto Press, 1991): 106–113.

（6）「外交部北美司長蔡維屏與加拿大外交部長馬丁洽談聯合国中国代表権問題」一九六六年一月一八日（王正華編『中華民国與聯合国史料彙編：中国代表権』台北：国史館、二〇〇一年）二七六―二七九頁。

（7）カナダと国府の断交過程については、王文隆「中華民国與加拿大断交前後政府的処置」『国立政治大学歴史学報』第三二期（二〇〇九年）、二六三―三〇四頁を参照。

（8）Briefing Papers for the Assistant Secretary of State for the East Asian and Pacific Affairs, October 2, 1968, Container 1, RG0059 Department of State Bureau of East Asian and Pacific Affairs/Office of the Country Director Subject Files 1951–1978.

（9）Memorandum for President, Your Meeting with Defense Minister Ching-kuo of the Republic of China, September 23, 1965, Container 1, RG0059 Department of State Bureau of East Asian and Pacific Affairs/Office of the Country Director Subject Files 1951–1978.

（10）Memorandum of conversation, September 25, 1965, Container 1, RG0059 Department of State Bureau of East Asian and Pacific Affairs/Office of the Country Director Subject Files 1951–1978.

（11）「先鋒計画」の詳細については、王文隆『外交下郷、農業出洋：中華民国農技援助非洲的実施和影響（一九六〇―一九七四）』国立政治大学歴史学系、二〇〇四年を参照。

（12）Chinese Specialists/Technicians Assigned to Technical Cooperation Projects Abroad, November 20, 1966, Container 1, RG0059 Department of State Bureau of East Asian and Pacific Affairs/Office of the Country Director Subject Files 1951–1978.

（13）Memorandum of Conversation, Economic and technical Assistance Programs, December 8, 1966, Container 1, RG0059 Department of State Bureau of East Asian and Pacific Affairs/Office of the Country Director Subject Files 1951–1978.

(14) From Marshall Green to the Secretary, Your Meeting with Republic of China Finance Minister K. T. Li, October 2, 1969, Container 5, RG0059 Department of State Bureau of East Asian and Pacific Affairs/Office of the Country Director Subject Files 1951–1978.

(15) From Josiah W. Bennett to Mr. Bundy, Trip Report- Taiwan Revisited, July 7, 1967, Container 9, RG0059 Department of State Bureau of East Asian and Pacific Affairs/Office of the Country Director Subject Files 1951–1978.

(16) 同右。

(17) 同右。

(18) Briefing papers for the assistant secretary of state for the East Asian and Pacific Affairs, October 2, 1968, Container 9, RG0059 Department of State Bureau of East Asian and Pacific Affairs/Office of the Country Director Subject Files 1951–1978.

(19) 林孝庭『台海、冷戦、蔣介石：一九四九—一九八八解密檔案中消失的台灣史』聯経出版、二〇一五年、一四〇–一六七頁。

(20) Briefing papers for the assistant secretary of state for the East Asian and Pacific Affairs, October 2, 1968, RG0059 Department of State Bureau of East Asian and Pacific Affairs/Office of the Country Director Subject Files 1951–1978.

(21) Briefing papers for the assistant secretary of state for the East Asian and Pacific Affairs, October 2, 1968, RG0059 Department of State Bureau of East Asian and Pacific Affairs/Office of the Country Director Subject Files 1951–1978.

(22) From FE Marshall Green to FE File, National strategy paper for Taiwan and the GRC, No date, Box 1, RG 59 General records of the Department of State, Bureau of Far Eastern Affairs, Office of the assistant secretary, Subject Files 1964.

(23) From FE Marshall Green to FE File, National strategy paper for Taiwan and the GRC, No date, Box 1, RG 59 General records of the Department of State, Bureau of Far Eastern Affairs, Office of the assistant secretary, Subject Files 1964.

(24) Briefing papers for the assistant secretary of state for the East Asian and Pacific Affairs, October 2, 1968, Container 4, RG0059 Department of State Bureau of East Asian and Pacific Affairs/Office of the Country Director Subject Files 1951–1978.

(25) Briefing papers for the assistant secretary of state for the East Asian and Pacific Affairs, October 2, 1968, Container 4, RG0059 Department of State Bureau of East Asian and Pacific Affairs/Office of the Country Director Subject Files 1951–1978.

(26) Briefing papers for the assistant secretary of state for the East Asian and Pacific Affairs, October 2, 1968, Container 4, RG0059 Department of State Bureau of East Asian and Pacific Affairs/Office of the Country Director Subject Files 1951–1978.

(27) 同右。

(28) Outgoing telegram department of state, 181103, Yen Visit, April 24, 1967, Container 4, RG0059 Department of State Bureau of East Asian and Pacific Affairs/Office of the Country Director Subject Files 1951–1978.

(29) From Thomas P. Shoesmith to Mr. Barger, Your meeting with Dr. Bruce Billings, Embassy Taipei, March 18, 1971, Container 12, RG0059 Department of State Bureau of East Asian and Pacific Affairs/Office of the Country Director Subject Files 1951–1978.

(30) From Leo J Moser to Ambassador Mr. Brown, Policy proposal on "future of Taiwan," November 24, 1971, Container 11, RG0059 Department of State Bureau of East Asian and Pacific Affairs/Office of the Country Director Subject Files 1951–1978.

(31) 「佐藤内閣外交政策之展望」［日付不明］、外交部檔案「佐藤栄作内閣外交政策（対華政策簡報）」（011.2/0004）、中央研究院近代史研究所。

(32) 外交部収電第四三五号（極密）、一九六五年一月六日、外交部檔案「佐藤栄作訪米及米日会談」（013.1/0021）、中央研究院近代史研究所。

(33) 「外交部　函送接見木村大使談話記録」一九六四年一二月二一日、「佐藤栄作訪米及米日会談」。

(34) 「朱次長接見日本駐華大使談話記録」一九六四年一二月一九日、「佐藤栄作訪米及米日会談」。

(35) 外交部電稿（極密）、一九六五年一月七日、「佐藤栄作訪米及米日会談」。

(36) 前掲外交部収電第四三五号。

(37) 同右。

(38) 外交部収電第四四七号（極密）、一九六五年一月一七日、「佐藤栄作訪米及米日会談」。

(39) Briefing papers for Mr. Green's visit to Taiwan, GRC relations with Japan, May 6–8, 1965, Box1, RG 59 General records of the Department of State, Bureau of Far Eastern Affairs, Office of the assistant secretary, Subject Files 1964.

(40) From Marshall Green to The Secretary, Japanese Desire to mention "Separation of political matters from economic matters in the

communique," January 9, 1965, Box 1, RG 59 General records of the Department of State, Bureau of Far Eastern Affairs, Office of the assistant secretary, Subject Files 1964.

（41）同右。

（42）同右。

（43）Briefing papers for Mr. Green's visit to Taiwan, GRC relations with Japan, May 6-8, 1965, Box 1, RG 59 General records of the Department of State, Bureau of Far Eastern Affairs, Office of the assistant secretary, Subject Files 1964.

（44）衆議院予算委員会、一九六五年二月八日、『国会会議録検索システム』、http://kokkai.ndl.go.jp

（45）「簽呈」一九六四年一〇月一三日、外交部檔案「沈昌煥部長訪日参考資料」（012.21/89001）、中央研究院近代史研究所。

（46）「簽呈」一九六五年六月二一日、外交部檔案「沈昌煥部長訪日参考資料」（012.21/8900）、中央研究院近代史研究所。

（47）同右。

（48）同右。

（49）外交部収電第五九一号（特急密）、一九六五年八月四日、「沈昌煥部長訪日参考資料」（012.21/8900）。

（50）同右。

（51）「佐藤総理、沈部長会談録」［日付不明］、外交部檔案「沈昌煥部長訪日参考資料」（012.21/0013）、中央研究院近代史研究所。

（52）「沈部長與椎名外相第一次会談記録」一九六五年八月二三日、「沈昌煥部長訪日参考資料」（012.21/0013）。

（53）同右。

（54）「部長與日本通産大臣三木武夫会談記録」一九六五年八月二一日、「沈昌煥部長訪日参考資料」（012.21/0013）。

（55）「沈部長與椎名外相第二次会談記録」一九六五年八月二三日、「沈昌煥部長訪日参考資料」（012.21/0013）。

（56）同右。

（57）「椎名大臣發在中華民國木村大使宛第三七七號電　沈昌煥外交部長来日」［日付不明］、外務省外交記録「中華民国要人本邦訪問雑件　沈昌煥外交部長関係」（A'1616-1）、外交史料館。

（58）川島真ほか前掲書、九三頁。

(59) 外務省アジア局中国課「戦後日華関係重要誌」一九六三年一一月九日、外務省外交記録「大平外務大臣中華民国訪問関係(1964.7)」(A'1518)、外交史料館。

(60) 外務省「台湾に対する経済協力」[日付不明]、外務省開示文書「対中華民国円借款」(04-1216)、外交史料館。

(61) From Josiah W. Bennett to Mr. Clough, US-Japan Policy Planning Talks: Taiwan Japanese draft paper on the Foreign and domestic position of Taiwan, November 28, 1966, Container 9, RG0059 Department of State Bureau of East Asian and Pacific Affairs/Office of the Country Director Subject Files 1951-1978.

(62) 同右。

(63) 同右。

(64) 同右。

(65) Ambassador McConaughy's debriefing for the intelligence community, May 7, 1967, Container 9, RG0059 Department of State Bureau of East Asian and Pacific Affairs/Office of the Country Director Subject Files 1951-1978.

(66) Ambassador McConaughy's debriefing for the intelligence community, May 7, 1967, Container 9, RG0059 Department of State Bureau of East Asian and Pacific Affairs/Office of the Country Director Subject Files 1951-1978.

(67) 外務省「李国鼎経済部長に対する発言要領」一九六七年八月二七日、外務省開示文書「佐藤総理訪台」(04-1220)、外交史料館。

(68) 外務省経済局「中共向け延払輸銀資金の適用を認める場合の日華経済協力関係」一九六八年四月六日、外務省開示文書「日中貿易」(04-605)、外交史料館。

(69) Memorandum of Conversation (Y. S. Tsiang, Secretary-General, Executive Yuan; David Dean, Political Counselor), April 30, 1969, Container 9, RG0059 Department of State Bureau of East Asian and Pacific Affairs/Office of the Country Director Subject Files 1951-1978.

(70) 力平・馬芷蓀編『周恩来年譜一九四九―一九七六』中央文献研究室、一九九七年、三六二―三六三頁。

(71) 同右。

(72) 外務省アジア局「蔣経国行政院副院長の来日に関する参考資料」一九七〇年四月二二日、外務省開示文書「蔣経国副総理訪日」

(04–649)、外交史料館。

(73) 外務省アジア局中国課「総理と蔣経国との会談」一九七〇年四月三〇日、「蔣経国副総理訪日」。

(74) 同右。

(75) 同右。

(76) 駐日大使館発外交部宛第九三三号電報、一九七〇年一二月一二日、外交部档案「第二次日円借款」(030.5/0001)、中央研究院近代史研究所。

(77) 外務省「対アジア援助の基本構想」一九六九年七月一一日、外務省開示文書「アジア政策」(04–1138)、外交史料館。

(78) 同右。

(79) 李国鼎、孫運璇両部長簽呈（機密）、一九七〇年九月一日、行政院国際経済合作委員会「日円借款総巻」(36–08–027–003)、中央研究院近代史研究所。

(80) 国廣前掲書、六五頁。

(81) 中華民国財政部備忘録（機密件）、[日付不明]、「日円借款総巻」。

(82) 中華民国駐日本大使館発急電、外交部電報来電五七五号、一九七〇年七月三〇日、「日円借款総巻」。

(83) 「與日本大蔵省国際金融局長奥村等談話節略」（極機密）、一九七〇年八月一八日、「日円借款総巻」。

(84) 同右。

(85) 奥村局長発潘学彰処長宛書簡、一九七〇年八月一七日、「日円借款総巻」。

(86) 行政院国際経済合作発展委員会発行政院秘書処宛密（59）字号函、一九七〇年一〇月二四日、「第二次日円借款」。

(87) 中華民国駐日大使館発外交部宛、一九七〇年一二月二日、「日円借款総巻」。

(88) 同右。

(89) 「中華民国大使館から日本外務省へ口上書」一九七一年八月二三日、外務省外交記録「円借款　対台湾」(2013–2235)、外交史料館。

(90) 外務省経済協力課、一九七一年一〇月二日、「円借款　対台湾」。

(91) 同右。
(92) 外交部発行政院国際経済合作発展委員会宛函、一九七一年一一月一七日、「第二次日円借款」。
(93) 外務省経済協力課「台湾に対する円借款について」一九七一年一一月八日、「円借款　対台湾」。
(94) 外務省経済協力課「台湾に対する円借款供与について」一九七一年一一月四日、「円借款　対台湾」。
(95) 外務省経済協力課「台湾に対する円借款供与について」一九七一年一一月一一日、「円借款　対台湾」。
(96) 外務大臣発中華民国大使へ「台湾に対する円借款供与方針」一九七一年一一月一五日、「円借款　対台湾」。
(97) 同右。
(98) 大蔵省「交換公文締結済みの円借款案件について今後貸付契約（L／A）を締結する場合の措置」一九七一年一一月一七日、「円借款　対台湾」。
(99) 外務省「送電線計画の取り扱い方針　本件に長期輸出信用を認めるべき理由」一九七一年一一月二三日、「円借款　対台湾」。
(100) 同右。
(101) 外務省中国課「彭孟緝大使と大臣の会見」（極密）一九七一年一二月三一日、「円借款　対台湾」。
(102) 外務省経済協力一課「対華円借款について（南北フリーウェイ）」一九七二年八月二五日、「円借款　対台湾」。
(103) 外務大臣発在中華民国大使宛「南北フリーウェイ」一九七二年五月八日、「円借款　対台湾」。
(104) 在中華民国宇山大使発外務大臣宛「南北フリーウェイ（第一次円借款）」一九七二年四月二〇日、「円借款　対台湾」。
(105) 外務省条約課「対華第一次円借款の使用期限再延長問題についてのコメント」一九七二年五月一日、「円借款　対台湾」。
(106) 外務省中国課「中国課コメント」［日付不明］、「円借款　対台湾」。
(107) 「日華経済特報」日刊、第一五三五号、一九七二年五月三一日、「円借款　対台湾」。
(108) 外務大臣発宇山大使宛「南北フリーウェイ」一九七二年六月八日、「円借款　対台湾」。
(109) 宇山大使発外務大臣宛「南北フリーウェイ」一九七二年六月一七日、「円借款　対台湾」。
(110) 蔣経国発経合会宛行政院令、一九七二年八月一四日、行政院国際経済合作委員会「南北高速公路北基段建設計画」（36–08–033–002）、中央研究院近代史研究所。

(111) 外務省経済協力第一課「南北フリーウェイのL／A締結」一九七二年七月一八日、「円借款　対台湾」。
(112) 行政院経合会発駐日経参処宛「関與第一次円借款項下高速公路北基段計画簽約事、函請査照由」一九七二年一〇月一三日、行政院国際経済合作委員会『日円借款総巻』36-08-027-003、中央研究院所蔵。
(113) 外務省「七一年度対華新規借款供与について（第二回）」一九七一年九月三〇日、「円借款　対台湾」。
(114) 外務省経済協力課「送電線計画の取り扱い方針（台湾）」一九七一年一二月二三日、「円借款　対台湾」。
(115) 在中華民国板垣大使発外務大臣宛「送電線計画の取り扱い方針」一九七一年一二月二七日、「円借款　対台湾」。
(116) 中華民国駐日大使館発外交部宛第八七二号電報、一九七二年一月一五日、「第二次日円借款」。
(117) 同右。
(118) 中華民国外交部亜太司簽呈「為商討有関日円借款計画臺電超高壓線路決標事」一九七二年二月一八日、「第二次日円借款」。
(119) 行政院院長蔣経国発経合会宛、一九七二年一〇月一二日、「日円借款総巻」。

第5章　アジア地域開発と国府の参加

——東南アジア開発閣僚会議とアジア太平洋協議会を中心に　一九六五—一九七一

はじめに

本章では、日本が一九六〇年代のアジア地域開発構想において、台湾をどのように位置づけていたのかという問題を検討する。具体的には、東南アジア開発閣僚会議とアジア太平洋協議会を取り上げる。ここでも経済を軸にした日本と国府の関係がみられることになる。

前述したように、アメリカ合衆国は、将来の台湾の国際的地位の保持の手段として、台湾の経済発展とともに、アジア地域開発への台湾の参加を支持し、日本が台湾のアジア地域開発への参加のために役割を果たすことを促した。実際に、一九六〇年代において、日本の対華経済協力は円借款を中心に行われたが、この二国間の援助だけにとどまらず、戦後日本がアジア唯一の先進国として主導したアジア地域経済開発においても、台湾がその地域開発構想に組み込まれていくことになった。だが、その地域外交における台湾の位置付けについては、十分には論じられていないのが実情だ(1)。また、日華関係史の研究分野においても、アジア地域開発において、日本と国府がいかなる相互認識を有していたのかということは、先行諸研究において比較的看過されてきた。もちろん、先行研究において、アジア地域開発における日華関係が取り扱われて来なかったのには理由があろう。とりわけ、日本のアジア地域開発構想において、台湾がそれほど重要な対象ではなかったということが挙ったのであろう。

しかし、先述したように、台湾のアジア地域開発への参加は、台湾をめぐる国際情勢が変動しつつあった一九六〇年代において、台湾の存続及び国際的地位の維持にとっての重要な手段であり、また日米の中国・台湾政策の一部でもあった。それゆえ、本章では日本のアジア地域外交としてというよりも、むしろ日華経済協力関係の一部として、一九六〇年代の日本のアジア地域開発外交における国府の位置付け、また国府との関係性を明らかにしたい。

戦後のアジアにおいては、一九五〇年代にエカフェ、コロンボ・プランを中心とする経済協力があったが、世界の他の地域における協力活動と比べれば、明らかに低調であった。一九五〇年代の日本の東南アジア外交は、賠償を梃子にした資源供給地や商品市場の確保といった経済的権益が主目的であった(2)。しかし、一九六〇年代になると、日本の主導によって、アジア生産性機構、東南アジア開発閣僚会議、アジア太平洋協議会、アジア開発銀行などを中心とするいくつかの地域協力への動きが見られるようになった。この時期、日本は高度経済成長を遂げ、一九六四年に経済協力開発機構（OECD）へ加盟し「先進国クラブ」の一員となり、アジアにおいてより一層重要な役割を果たす時期に入った。また、アメリカもジョンソン大統領が一九六五年四月に東南アジア諸国に対して一〇億ドルの資金提供を表明するなど、対外援助に関するアメリカの方針転換を示唆していた時期でもあった。当時の日本はそのアメリカの方向転換に応えながらアジア諸国に積極的な役割を模索していた。

その時期に作られた地域組織は、現在まで発展してきているアジア地域主義の原点であるとみなされることが多い。台湾との関係から見れば、アメリカは日本がアジアにおいて役割を果たすことを促しながら、台湾のアジア地域開発への参加についても日本が手助けするように期待していた。台湾が現在参加している国際組織には、アジア開発銀行を中心とする一九六〇年代に設立されたものが少なからずあるのにはこうした背景があったのである(3)。

これまで国府のアジア地域協力への参加が冷戦及び日本の台湾政策の一部であったことには触れてきたが、本章では特に、日本が一九六〇年代のアジア地域主義外交の中に、台湾をどのように位置づけたのかという問題、またそこにおける国府との関係性を解明する。その上で　特に、一九六五年以後の佐藤栄作政権期、とりわけベトナム戦争勃発以降に種々現れた地域構想のうち、東南アジア開発閣僚会議及びアジア太平洋協議会を取り上げ、日本政府がそれらの創設過程において、台湾の参加についてどのような立場を取っていたのか考察する。

結論を先取りするならば、日本政府は国府が日本の地域構想を妨害しないように国府の反共姿勢を抑制しつつ、この地域の一員としての国府の繁栄を導き、また日本に対して友好的な「国」になるように促すために、国府に一定程度の支援を与えたのであった。

1　東南アジア開発閣僚会議構想と国府の排除

一九六五年四月七日、アメリカのジョンソン大統領は、ジョンズ・ホプキンス大学において行った演説において、一〇億ドルの東南アジア援助構想を打ち出した。

このジョンソン構想は、東南アジア諸国が協力し、経済開発を推進するという地域主義的なアプローチによって、この地域のナショナリズムの過激化を抑制するとともに、共産勢力の浸透をも阻止し、さらにアメリカのアジアにおける冷戦戦略の負担減少をも目指すものであった。

その結果、一九六六年四月六日に日本が提唱するかたちで、東南アジア開発閣僚第一回会議が東京で開催され、オブザーバーを含む九ヵ国が参加した。

この会議は、東南アジア地域の経済開発の促進と加盟国相互間の協力連帯の強化を図ることを目的としていた。また、これは戦後日本が初めて主催した国際会議であり、アジア太平洋経済協力会議（ＡＰＥＣ）の起源としても位置づけられている。参加国は、当初インドネシア、日本、カンボジア、ラオス、マレーシア、フィリピン、シンガポール、タイ及びベトナムの九ヵ国であったが、一九七三年一〇月の第八回東京会議からビルマ、オーストラリア、ニュージーランドが参加し、一二ヵ国となった。

日本政府は、これをアジア太平洋協議会（ＡＳＰＡＣ）とともに、日本の地域協力の柱と位置づけ、賠償関係を超える協力の確立、特に各国の経済開発だけでなく、親日感情醸成も狙った(4)。この会議は一九七四年の第九回まで開かれたが、インドシナ情勢の変化、東南アジア諸国連合（ＡＳＥＡＮ）の結成による求心力の低下に加え、財政支出に消極的な大蔵省などの反対で、日本からの具体的な援助がなかったことから、翌年の第一〇回会議が延期され、そのまま立ち消えとなった。この東南アジア開発閣僚会議の具体的成果としては、東南アジア農業開発会議（一九六六年）、東南アジア漁業開発センター（一九六七年）、東南アジアの貿易・投資・観光促進センター（一九七二年）などの設立などが挙げられる。東南アジア開発閣僚会議についての研究は、すでに多くの蓄積があるが、本章では、当初の構想では台湾が含まれていたが、結局台湾が参加しなかったことに焦点を当て、外務省構想における台湾の位置づけ及び同構想から台湾が外れていった過程を明らかにする。

(1) 妹尾事務官私案

先述したアメリカのジョンソン演説を受け、最初に外務省内で浮上したのは経済協力局政策課の妹尾正毅事務官の私案であった。この私案は、ラテンアメリカの「進歩のための同盟」を引き合いに出し、「進歩のための同盟」がラテンアメリカにおける反共体制の確立を目指し、自由諸国のみによる計画の遂行を図っていることに鑑み、その私案において「国際緊張の緩和と国内政治の安定を重視し、共産国諸国の参加を積極的に考慮している」という方針を打ち出した(5)。

同案は、政治的イデオロギーを問わず、幅広い国々の参加を想定しつつ、特に具体的に参加国の範囲について詳しく検討をしている。まず、基本方針について、同案では以下のように述べられている(6)。

アジアの緊張を緩和し、経済的混乱を除去し、民生を安定せしめることとともに長期的に安定した経済発展をはかるためには、多数関係国の国際協力を強力に推進することが最も効果的である。かかる国際協力を成功せしめるためには以下の如き基本原則に基づき具体的計画を作成し、関係国の協賛を得て、これを実施に移す必要があり、我国は本構想の実現を提唱するとともに関係国との協議に入る用意があることを明らかにする。①政治的イデオロギーの如何を問わず、できる限り多数の国の参加を求め、政治不安が経済発展に及ぼす悪影響の防止をはかる。②低開発国のイニシアティブを活用し、自力更正の精神の昂揚と地域協力の促進をはかる。③低開発国の貿易拡大への強い要請を勘案し、開発援助のみならず、地域的支払同盟の結成、一次産品価額の安定案等貿易面での効果的施策を考慮する。

同案は、参加国の範囲について具体的な意見を示していなかったが、台湾を含めるかどうかということは重視され、検討が行われた。まず、「かかる計画に関心を有するアジアの低開発国及び域内外先進国をもって構成し、可能な限り多数の関係国の参加を求め、当面参加の意向のない国についても必要に応じ、参加のみちを残しておくことが望ましい」とし、アジア地域の幅広い国々の参加を主張した(7)。ここで言う、アジア諸国とは「インド、パキスタン、ネパール、セイロン、中共、北鮮、北越を含み、アフガニスタンを除く極東および東南アジア諸国を指し、域外先進共産国としては特にソ連」を指すものであった。しかし、具体的な範囲を確定する場合、台湾を入れるか否かという点が大きな影響力を持った。

これについて、同案では以下のような可能性が考慮された。①ビルマ以東のアジア諸国のみを対象とする場合、台湾（及び韓国）を含めることにより、中共参加の可能性が乏しくなる。②中共の参加にアメリカが応じない可能性がある。③ビルマ以東のアジア諸国（台湾を除く）のみを対象とする場合、アメリカが参加する可能性に乏しい（しかし、台湾を除外する案については、同国はすでに経済成長を遂げているので、本計画に含める必要がない旨アメリカに説明する）。④ビルマ以東のアジア諸国（中共と台湾を除く）のみを対象とする場合、北鮮をはじめ、北越、インドネシアも参加しない可能性がある。またアメリカの参加も必ずしも期待されない。⑤ビルマ以東のアジア諸国（中共、台湾および南北鮮を除く）のみを対象とする場合、北越を中共勢力下から引き離すためには効果的であるが、北越がこれに応じるかが問題である。⑥ビルマ以東のアジア諸国（除共産国）のみを対象とする場合、中共対決的色彩が強く、カンボジア、インドネシア、ビルマといった重要な国が参加しない恐れがある。ソ連についても同様である。⑦ビルマ以東のアジア諸国（共産国と台湾、さらには韓国を除く）のみを対象とする場合、右の場合よりは、柔軟性が大きい。

（2）アジア平和計画

その後の四月二一日に、外務省は日米共同出資の「アジア平和計画」を策定した(8)。この計画の目的は「アジアに平和をもたらすためにはまず経済の安定が必要である」ことから、今後一〇年間で民生の安定のために長期低利借款と技術援助などを通じて、国際協力を共同して行うことにあった。参加国は、日本、韓国、台湾、フィリピン、南ベトナム、カンボジア、ラオス、マレーシア、インドネシア、タイ、ビルマとし、北ベトナムには「特に強く参加を求め」、中国、北朝鮮に対しても「将来門戸開放を開く方向で検討する」とされた。域外の援助国としては、アメリカ、ソ連、オーストラリア、ニュージーランドといった先進諸国に広く参加を求め、第一回の拠出金としては、アメリカの一〇億ドルのほかに、日本が五億ドルを計上するとされていた。また、経済協力局はジョンソン構想の一〇億ドルを全額アジア平和計画に供与することが望ましいと考えていた(9)。「アジア平和計画」には、経済成長による自信を背景に、積極的に資金提供をも行い東南アジア経済開発を主導することによって、国際社会における地位の向上を目指すという外務省の意欲が込められていたのである。

この時点で、日本は台湾と韓国に二国間援助を行っていた。一九六五年四月一六日に、日本は台湾に対して一億五〇〇〇万ドルの借款を五年間にわたって供与する交換公文に調印した。また、六月に日韓基本条約が調印され、日本は韓国に対して、無償三億ドル、年利三・五%の有償二億ドルという経済協力を一〇年間で供与することが約束された。佐藤首相は台湾と韓国への経済協力を実施していたことを理由に、「アジア平和計画」における五億ドルの出資に消極的であった。外務省の意欲に反して、佐藤首相が日本の大規模な資金援助に反対したため、アジア平和計画は実現しなかった。

(3) 台湾を除く東南アジア経済開発案

六月に入ると、経済協力局は「アジア平和計画」に代わる案をいくつか考え、検討を行った。六月一一日に経済協力局は「台湾を除く東南アジア経済開発案」を立案した[10]。この構想では、援助対象はメコン河流域四ヵ国に限定されていた。しかし、経済協力局は広く東南アジア諸国を含める枠組みを放棄することができなかったため、六月二三日、外務省は「一〇億ドル構想案」という文書において、ジョンソン構想について再検討し、対象地域をメコン河流域四ヵ国に限定しない枠組みを設けるという案を提起した[11]。その後、六月二五日に打ち出された経済協力局の案では、新しい変更が加えられた。それは、東南アジア経済開発のムードを醸成するための具体的な計画として、東南アジア経済開発会議の開催を提案するものであった。参加国は、ビルマ以東の東南アジア諸国(台湾、韓国を除く)及び日本で、先進国、世界銀行、エカフェなどの国際機関からのオブザーバー参加も想定されていた。そして、同案は六月三〇日に椎名外相の承認を経て、東南アジア開発閣僚会議の原案となった。注目すべきは、同構想はアメリカのベトナム政策に対する追従という印象を避けながら、「ジョンソン構想とか、アジア開発銀行とかいうものとは特別の関係もない」とされ、日本独自のイニシアティブで進めるものとして構想されたということである(12)。日本は将来のアジアにおける主導者としての自らの役割を想定しながら、アジアによるアジアのための経済開発というスローガンを提唱した。アジアをめぐる国際環境については、中国の影響力がますます増大し、経済援助の分野において西側の影響力の排除を目指すことが予想された。一方、アメリカはベトナム紛争の解決に主要な関心を払っており、それに対してベトナム紛争以外のアジアに対する関心は強くなく、そのアジアに対する介入の度合いが将来減少する可能性があると外務省は判断していた。

将来のアジアにおける日本の役割について、当時の外務省は「現在紛争に直接関係する援助は対米協調の線で崩さない程度に従来同様できる限り最小限にとどめることとするが、この紛争が解決し次第、米、ソ、英、仏、独等できる限り広い多くの先進国が参加する大規模な援助が広くアジア全体に向けられるような方向であらゆる努力を開始すべきである」と述べている(13)。

また、「先進諸国のこれまでの援助は必ずしもアジア諸国の真に欲するようなかたちで、その必要に応えて行われていたとはいえない事情にあり、東南アジア諸国の中には援助に強い猜疑心を抱いている国も少なくない。他方、東南アジア地域諸国の一部の指導者は民族意識の昂揚に熱中するあまり、政治的対立抗争に走っている。日本はアジアの指導者として経済開発を通じて各国の連帯感を醸成しつつ、それぞれの国の経済開発のための地道な努力に尽力せしめるように働きかけることができる立場にあり、このような努力を行うことによりアジアに平和と繁栄を齎すことこそ、わが国の対アジア政策の基本」であるとしていた(14)。

参加国の範囲について、外務省は、台湾及び韓国を除くことを考えるようになっていた。しかし、台北の木村大使は、台湾を同構想の対象国に含めないことは理解できないと述べ、「(台湾が)被援助国として含められなくとも、農業関係などでは協力国として参加すべきである」と反対意見を表明した(15)。木村大使の意見に対して、西山経済協力局局長は「台湾、韓国を含めると、承認、非承認国の複雑な問題とカンボジア、インドネシア等の関係」で望ましくないとして、台湾を除外する方針を堅持した[16]。後に、参加国の範囲について、「韓国と台湾は日本と特別な関係があるから、他と区別する必要がある、東南アジア諸国のみを対象とする」ということで、外務省内部で意見の一致をみた[17]。台湾を対象外とした理由は、すでに具体的な経済協力の話がまとまっていたからでもあるが、実際には反共色を薄めようとする外務省の意図があった。また、東南アジア諸国との交渉において、日本側は政治色を薄めようとしていたのである。しかし、それは容易ではなかった。

七月一四日、小田部謙一駐ビルマ大使は、ビルマ外務省のソーチン次官との会談において、「政治色により参加国を選択したわけではないので、是非ビルマも共同主唱国ないしは参加が望ましい」と説得を試みた[18]。それに対して、ソーチン次官はビルマが中立政策を堅持するためには、少しでもブロックと思われるような会議には出席しない旨を表明し、日本側の要請を断った。同時に、カンボジアのクーネイック外相との会談において、田村幸久駐カンボジア大使は東南アジア開発開発会議が非政治的なものであることを強調したのに対して、クーネイック外相は「経済と政治を切り離すことは無理である」と婉曲に拒否した[19]。

二〇日にインドネシアのレイメナ第二副首相兼外相代理は日本側の要請に対して、参加国の問題で煮え切らない態度を示していた。インドネシアの参加の可否は、東南アジア開発閣僚会議の成否を左右する重大な要因であったため、一一月のアジア・アフリカ会議に出席する川島正次郎特使がインドネシアを訪問した。スカルノ大統領との会談において川島は、日本はAA諸国と共通の利益があることを強調し、会議の分裂を避けるため、AA諸国間の経済協力、文化協力、医療協力等を強調したいと考えており、「自由主義諸国とも、社会主義諸国とも協力して相互の繁栄を図りたい」と述べた[20]。

また、同特使は日本の東南アジア開発閣僚会議構想がジョンソン構想やベトナム戦争とは無関係であり、まったくアジアの繁栄と発展のためのものであると強調した。スカルノは「日本が帝国主義の利益に奉仕しているという印象を積極的に与えないよう希望している」と日本への不信を示した。

それに対して、タイ、フィリピン、マレーシア、南ベトナム、ラオスは、早い段階から肯定的な反応を示した。だが、中立または容共の三ヵ国（ビルマ、カンボジア、インドネシア）の参加を促すため、外務省はジョンソン構想との関連性の否定、また政治色の排除を強調し続けた。そのためにも、東南アジア開発閣僚会議構想においては、台湾及び韓国を切り離すことが一層必要になった。外務省は「隣国である韓国および中華民国との関係が最も重要であることは、いうまでもない。しかし、これらの諸国とは、わが国は第二次大戦以前に遡る特別な密接な関係にある。このため、これら隣接諸国に対しては、他と比較できない特別な考慮が必要である。既にこれ等の諸国との関係調整のために各種の努力が行われており、今後も続けられるだろう(21)」などとして、東南アジア開発閣僚会議構想以外の枠組みで台湾と韓国への援助を考えることを表明し、他方で東南アジア開発閣僚会議について「政治問題の混入を防止する(22)」ために、台湾及び韓国の排除をその方針とするに至った。

日本のこの構想を持つに至った背景にとしては、南北問題が対アジア外交に根本的に関わる政治問題であるという日本政府関係者の認識、賠償支払い完了後の新たな輸出拡大の必要性、東南アジアの経済繁栄や政治的安定という安全保障上の重要性、日本の国際社会における地位の向上という四つの政治・経済的考慮を指摘することができる(23)。

同会議構想は、台湾に向けられたものではなかったが、無関係というわけでもなかった。本来、台湾の地域開発への参加に日本が協力することは、アメリカ側の要請でもあり、また、台湾の経済発展によって国府を大陸反攻から繁栄かつ独立した実体を建設する方向へ導くという日本の政策とも合致していた。それは、日本が主導する地域開発計画に台湾を組み入れる政治的考慮であった。

しかし、東南アジア開発閣僚会議構想において、日本は当初台湾を参加国の範囲に含めていたが、東南アジア諸国の要求に応えるため、反共色を薄める方向で再調整し、台湾と韓国を除外することになった。これは、アジアにおける開発と冷戦という二つの枠組みの下にある複雑な情勢に直面した日本が、自らの役割を増大させる方法を模索していった結果でもあった。

一方、国府では反共と自らの経済発展との双方の意味で、アジア地域開発に対する関心が高まりつつあった。しかし、日本の東南アジア開発閣僚会議構想については、国府は必ずしも熱心に参加しようとしたわけではない。先述のごとく、日本側の同構想が打ち出した目的について、国府も各種の調査を通じて情報を入手していた。すなわち、国府の反共の目的は同構想を通じては明らかに何も達成することができなかった。また、アメリカがどの程度同構想を支持するかも不明だった。そのため、同構想を通じてアジアにおけるリーダーシップを目指す日本の目的は国府にとってむしろ警戒するところであった。

国府は、当初参加の意向を伝えたものの、日本側に婉曲に断られた。また、一九六七年四月二六日から二八日にかけて、フィリピンで第二回の閣僚会議が開催される際に、ホスト国のフィリピンが国府に参加についての意向を打診した。この時、国府内部では外交部と経済部は異なる意見を主張した。経済部は、経合会と協議した後、東南アジア開発閣僚会議を通じて東南アジア各国の関係を促進することができるという結論に達し、積極的に同会議に参加すべきだと主張した。(24)

また、李国鼎経済部長は、同会議を通じて、国府が技術及び小額の資金を提供することによって、自らの開発のために多くの資金を借りることができるため、なるべく参加すべきだと主張していた。(25)

しかし、陳之邁駐日大使は、この構想が国府とあまり関係のない話であり、さらに反共の目的も達成できず、参加の表明を避けるべきだと主張していた。(26) 国府にとっては、参加諸国の態度、とりわけアメリカの支持あるいは参与の程度を観察しつつ、明白に参加するとの姿勢を表明しないという立場を取っていた。

結局、台湾は同会議から外れることとなった。そのため、同時期のアジア地域開発における日華関係を検証するに際しては、国府が積極的に提唱したアジア太平洋協議会についても検討課題となる。

2　アジア太平洋協議会（ASPAC）における日華関係

ASPACは、韓国の朴正煕大統領の提唱で一九六六年六月にソウルで開催された第一回アジア・太平洋閣僚会議において発足した地域協力機構である。韓国のほか、日本、台湾、フィリピン、タイ、南ベトナム、マレーシア、オーストラリア、ニュージーランドが参加した。加盟国は、マレーシアを除いていずれもアメリカの同盟国で、当時激化しつつあったベトナム戦争に関与していた国も少なくない。

この組織は、最終的に、一九七一年の国連中国代表権交代、一九七二年の米中和解などアジアの国際構造が大きく変化したことによってその存在意義が失われ、一九七三年には実質的な活動を停止した。ASPACについては、アジア地域主義や韓国外交などの視角から論じられることが多かったが、本章では、これまで十分に注意が払われてこなかった冷戦と開発をめぐる日華関係を中心に考察する。

(1) 東南アジア外相会議の開催をめぐる攻防——反共色の褪色

一九六四年九月に韓国政府は、台湾、フィリピン、ベトナム、タイ、オーストラリア、ニュージーランド、マレーシアに対して、東南アジア外相会議への招請状を発した。その後、一一月一二日に韓国は日本に対しても外相会議への参加を要請したが、日本に拒絶された。それから、タイは同外相会議の準備会議として、バンコクで関係国の大使級会議を開催することを提唱した。タイのタナット外相は、ニューヨークにおいて椎名外相に対して、同会議への参加を働きかけた。また、オーストラリアの要請もあり、韓国側は外相会議への出席要請を留保したかたちで準備会議への参加を日本に要請した。

そうした状況を受けて、日本政府は外相会議の参加問題に関して、すべてに関するコミットなしで、かつ非公式に討議するということを前提とし、参加することを決定した[27]。こうして、一九六五年三月一一日に日本を含む九ヵ国の代表が、バンコクで開催された外相会議準備会議に出席した。

同会議の結論として、政治、安全保障、経済及び社会、文化のあらゆる分野について定期的に協議を行うことが決められた。参加国の範囲について、同準備会議に参加した国に限定しようとする意見が多かったのに対して、日本政府はアジアの他の諸国の意向を無視するのは不適当だと主張した[28]。

外相会議のあり方をめぐっては、反共体制の強化という国府及び韓国側の目的に対して、マレーシアは、外部に、特に他のAA諸国に反共ブロック形成という政治的、軍事的な色彩を帯びたものだという印象を与える恐れがあるとして、参加反対の意向を強く滲ませていた。それを踏まえ、マレーシアは、タイ政府に対して、インド、パキスタン、ビルマ、ラオス、シンガポールにも第二回の準備会議への招請状を出すよう要請し、また、外交関係を有していない台湾の参加に反対する旨を表明した[29]。しかし、他の関係国政府は基本的に消極的であり、参加表明を避けた。

このような経緯の中で、外相会議への参加を正式に表明したのは、台湾、タイ、南ベトナムに限られた。そこで、韓国はタイに対して、日本をはじめとする関係諸国の説得に取り組むことについての協力を要請した。他方、国府もまた、もし反共色が強ければ、外相会議の開催がほぼ不可能だと認識した。多数の国が消極的であり、それぞれの立場も異なる状況であることに鑑み、国府は軍事同盟の話を避け、まず、外相会議の開催を実現させるという方針へと転換した[30]。

その後、日本政府が外相会議参加へと方針転換したのは、日韓国交正常化が主因であった。一二月中旬に、日韓条約批准書の交換の際に行われた日韓外相会議において、椎名外相は韓国が提唱した外相会議の参加に原則として同意したのだった。

(2) 第一回閣僚会議：主導権の争い

第一回の閣僚会議において、日本政府は、外相会議への参加を決定した以上は、従来の消極的な態度からむしろそこでの主導権を握ろうとする態度へとその方針を変えた。外務省の北東アジア課は、対処方針について以下のように述べた。(31)

まず、基本的な立場としては、

我が方は外相会議のもつ意義が、東南アジア各国外相が域内の諸問題につき自由なる意見交換を行い、もって相互の理解を深めることにあると考えており、したがって、外相会議を反共組織樹立のための会議とはしないとの関係国間の了解を再確認の上、安全保障上の参加国間の紐帯を強化する、左の協力の方策等を議題とするとの提案があった場合には、これに強く反対し、もし議題とはせずたんに非公式の意見交換に止めるとの多数意見があれば、その意見交換の場には出席せざることとあるべき旨を示唆する。しかしながら、多数がこれを議題として採択するとの態度をとる場合には、外相会議における本件議題討議には参加できないのみならず、外相会議自体への参加も再考せざるをえない（略）

という強硬な姿勢を示すに至っていた。

また、外相会議について、「政治的問題についての強い決議はさけ、社会、経済文化面での決議のみに止めるべき」

であり、定期的に開催する必要はなく、必要に応じ随時開催することを主張した。すなわち、同会議の方向性について、日本は反共色に強く反対した。このような日本側の主張を実現するため、日本政府は関係国への根回しを早急に開始した。

一九六六年四月一五日、日本の駐マレーシア大使館関係者が、マレーシア外務省のカシムアジア局長を訪問し、準備会議での協力を要請した。カシムは、新たな政治ブロックの形成に反対するという点で、日本側の考え方と一致したため、日本側と協力することを表明した。[32] 五月一八日、マレーシアのラモス外相は、記者会見で「従来、これらアジア諸国は米国という共通分母によって結ばれていたが、今やアジア諸国が相互の結びつきを求めるべき時であり、その基盤は極力広いものとすべきである」と発言した。[33] 日本は韓国政府にも働きかけ、参加国の範囲をなるべく拡大することを考慮してほしいと重ねて強調した。[34]

日本側の要請に対して、六月九日に韓国外務省は軍事同盟の形成を考えておらず、極めて弾力的に会議に臨むべきであり、協力体制の持続という点を最も重視していると表明した。また、「特に日本代表が困られるような発言は考えておらず、むしろ日本がよく理解されて日本の積極的協力を得ることが極めて大切であると考えている」と日本の立場を尊重することを保証した。[35]

会議後、日本の駐華大使館は、ソウルでの第一回会議に関する国府側の意見について照会をおこなった。外交部の楊西崑次長は「外交部としては日本側の態度を多としているコミュニケには反共的色彩は強くは表現されてはいないが、under statement の真意はアジアの自由国家が反共に纏まっていることを示すものであることを一般的に充分に了解できるものである。また日本が国府の国連における代表権確保のため、参加国が一致協力すべき旨の提案を行ったこと、本会議が定期的に継続されるための連絡委員会の設置に日本が同意したことなどに対して国府側は特に感謝している。現在の厳しい世界情勢の変化のもとにおいては、国府の外交もこの変化に即応する必要があり、頑固な態度では、この難局は乗り切れない」と述べた[36]。

第一回の会議において、提唱国たる韓国は当初アジア太平洋の軍事的連携の強化を考えていたが、日本をはじめとする諸国が反対したため、初期の目的を変更し経済的文化的協力を主眼とする閣僚会議を呼びかけるに至った。

（３）アジア・太平洋圏構想とＡＳＰＡＣ

同じ時期に、日本は独自の東南アジア開発閣僚会議を提唱していた。ＡＳＰＡＣの開催とほぼ同時に、「アジア太平洋圏」構想の模索も始まっていた。一九六七年五月二二日に経済同友会合同調査会において、三木武夫外相は「今後の世界の最大の課題の一つは、いわゆる南北問題の解決、アジアの貧困の問題を解決するために、アジア・太平洋という広さで問題の解決の途を見出して行くことが必要である。アジア・太平洋諸国との接点にある日本は、太平洋先進諸国とアジアを結びつける役割を持っていると考えられる」と述べた[37]。

この構想を推進するために、一九六七年一月に三木大臣出席の下に幹部連絡会議が開催され、討議の結果次のような骨子がまとめられた。

①　当面の東南アジア経済開発協力を一層推進し、マルティラテラル・ベースで取上げられた具体案を実現しながら、実績を積み重ね拡大していく。北東アジア、南アジア諸国とのバイラテラルな協力関係は、情勢の推移に応じ地道に拡大していく。

②　太平洋五ヵ国間でアジア・太平洋地域の連絡意識を醸成し、これを基礎として何等かの協力関係設定の途を探求するため、政府間のみならず、ひろく民間（財界、学界）で協議を重ね交流を促進していく[38]。

日本のアジア太平洋構想はＡＳＰＡＣの進路に大きな影響を与えた。一九六六年、アジア太平洋協議会、東南アジア開発閣僚会議、東南アジア農業開発会議の開催及びアジア開発銀行の開設が行われた。外務省は「今のアジアの問題はアジア・太平洋全体の規模で捉えられるべき時期に達している」と考え、「現段階では、アジア後進国と太平洋先進国とを一体として検討することは実際的でないので、まず、アジアの地域協力と太平洋先進五ヵ国（日、米、加、豪、ニュージーランド）の協力を別々に検討しつつ、それぞれの側において、両者の結びつく意義と態様とを見出して行くのが適当であろう」という構想を打ち出した。(39) こうしたアジアの地域協力に対する日本の立場について、外務省は以下のように述べている。(40)「現在アジアにおいて注意すべきことは、政治的要素を導入すると、一部の国の参加が困難となり、協力機構に閉鎖的な性格が生ずることである。ＡＳＰＡＣの会議において、ＡＳＰＡＣに戦闘的反共主義の色彩を与えないように日本が努力したのはそのためである」、「地域協力からできる限りイデオロギー的政治色を排除するという我が国の立場を貫くためにも、少なくとも現時点ではＡＳＰＡＣに深くコミットメントしない方が賢明であると考えられる」。ここでも政治色を薄めるという方針は継続していた。

他方、外務省の構想においては、東アジアと東南アジアの関連性について、特に、中国との関係、また、台湾と韓国の位置づけについても詳しい検討が行われた。まず、中国政策について、外務省は中国との平和共存の路線を明確に打ち出した。(41)

アジアにおいては中共の存在は余りにも巨大であり、残余の諸国の団結をもってしても容易に対抗しえないであろう。したがってアジアには歴史的に事大主義的傾向があり、米側の希望するようなアジアの周辺諸国による対中共抑制組織はできそうにもない。わが国も憲法の制約もあり、この面での協力は行い得ないことは先述のとおりである。しかし長期的な国際社会への誘引政策についてはわが国としても全面的に支持するというところであり、この面でできるだけの協力を行いたい。現在わが国は政経分離の下に中共と貿易を行っているが、今後ともこれを推進し、さらに社会、文化、スポーツなどあらゆる部内で交流を進め、中共の窓を開く役割を果たしたい。そして中共に外の平和で自由な豊かな社会を覗かせて、穏健な平和建設に向かうよう改心させることに貢献したい。英仏ともに中共とも外交関係を有しており、わが国と協力してこのような open window policy ともいうべき長期平和路線を推進することを期待したい。

その上で、東南アジア地域外交について、外務省は以下の立場を表明した。[42]

わが国はマレーシアとともに反共同盟の結成を好まず、政治色を薄めるように努めて来たにもかかわらず、ニクソンはわが国将来その態度を変更し、アジアの集団安全保障に積極的な役割を果たすようになるであろうと予言する。憲法改正が容易に行われると思われない。また東南アジアにはわが国の昔のイメージも消えやらずに、軍事、防衛面でわが国が重要な役割を果たすのは好まない。東南アジアにはわが国のほかにもビルマ、カンボジア、シンガポール、インドネシアなどの中立ないし非同盟路線をとる国もあり、足並みがそろわず、逆にできれば、これら諸国を中心に、親西非同盟ともいうべきものを作り、米ソから離れた中立的な地帯で、どちらかと言えば、親欧米的なものに育てていくのも一案であろう。いずれにしても、わが国としては強い反共同盟を形成することは、ますます中共の敵意を挑発することとなり、アジアの平和と安全に適さないと考える。それよりもなるべく多くのアジア諸国の連帯協力をはかるためには、政治的色彩は薄くし、主として経済その他社会、文化等の面で協力関係を推進していきたいというのがわが国の方針であり、東南アジア開発閣僚会議もこの趣旨によるものである。

さらに、台湾と韓国の位置づけについて、外務省は以下のように述べている。[43]

北東アジアの韓国、台湾は経済発展の段階では東南アジアと異なり、全く低開発国ではないというのが主な理由であった。しかし、両国の東南アジア地域協力への参加が現実に検討される場合は、強い反共の政治的立場を有する両国と非同盟的色彩を有する東南アジア諸国との協調をいかに行うかが当然問題となる。さらに分裂国家の一方と同席すること自体が東南アジア諸国の政治的位置づけに関連するという現下の国際的条件も両国の参加の障碍となろう。しかし日本としては両国がアジア諸国の友好国としてアクセプトされ、アジアにおいて安定した地位を確立することは非常に望ましいことであると考える。また、日本と特殊の緊密関係を有する隣国として、そのため、できるだけの協力を行う責任も大きいので、東南アジアに劣らぬ協力を別途行っていく。

日本のアジア・太平洋協力構想における台湾と韓国の位置づけについて外務省は、「この両国が穏健な態度をとることを期待するとともに、他方これにより両国がアジア諸国の友好国として安定した地位を見出すことを期待するものである」と考えた。[44] 以上の外務省が構想していたアジア地域開発の進め方、及び台湾の位置づけは、ASPACの交渉過程に反映されることとなった。

（4）第二回閣僚会議：ASPACのあり方をめぐる交渉と国府の「食糧肥料公庫」案

一九六七年七月五日から七日にかけて、第二回閣僚会議がバンコクで開催された。第二回会議では、日本、マレーシア、オーストラリア、ニュージーランドがASPACの協議機構としての機能を重視したのに対し、フィリピン及び韓国は協議だけにとどまらず、経済や社会の分野の協力をも希望する旨を繰り返し強調し、タイ及び国府もこれを支持した。また、政治問題の討議について、日本政府は、「本来日本がＡＳＰＡＣはこの地域に関連するすべての共通の関心事項について自由な意見交換の場である」と主張し、政治問題を含める討議の提案はその主旨に反するものではないが、「常任委員会が政治問題を公式の議題としてとりあげ討議を行うことが適当かつ有意義であるかは若干の疑問を感じている」として政治問題の討議をなるべく避けようとした(45)。

この会議における日本政府の立場は、「①参加国の外相の多角的定期協議の場としての年次閣僚会議を求めるべきである。②会議は各国間に立場の相違に存する問題について強いて結論を求めることなく、自由な意見交換を求めるべきことを基本的な態度として同会議に臨んだ」というものであった。同時に日本は「今後ＡＳＰＡＣの発展に積極的に協力していくためには、国民の間に存する懸念ないし誤ったイメージを正す必要があることを率直に説明し、各国の理解を求めた。これに対し、各国は会議を通じ、わが国の立場に協調的な態度を示し、その結果、今次会議はわが国の立場からも極めて望ましい現実的な方向で、今後のＡＳＰＡＣのあり方をかなり明確に性格づけることとなった(46)」。

結果として、会議は日本からみて、極めて望ましい現実的な方向で今後のＡＳＰＡＣのあり方を明確に性格づけることとなった。会議後の共同コミュニケにおいても刺激的な表現はすべて削除された。同会議における討議を通じて確認された、ＡＳＰＡＣの基本的性格ともいうべき点は以下の通りである。

①　ＡＳＰＡＣは実際的、弾力的アプローチをその基本的原則とすべきであること。

②　外部のいかなる諸国との対抗ないし対決をも意図するものではなく、その関心と努力はすべて協力を通ずるこの地域の発展に向けられるべきであること。

③ 合意を強いることなく、異なる立場に基づく自由な意見の交換を助長すべきこと。[47]

他方、国府は、ASPACについて反共同盟を組織する絶好のチャンスであると捉えたが、日本の消極的な態度をみるに及び、まずASPACを設立し、運営させることを当面の目的に再設定した。その設立過程において、国府は反共的な表現をできるだけ避けたが、同会議において提出したのは「食糧肥料銀行」案であった。これは、表面的には、各国の食糧生産及び肥料の利用を促進させるという純粋な経済的提案であったが、実際には中国との貿易を阻止する目的もあった。[48] 銀行の設立に反対する国が多かったため、国府は銀行案を放棄し、改めて「食糧肥料公庫」を提案した。食糧肥料公庫案以外に、国府は経済閣僚会議の開催を提議することを検討した。[49]

この、ASPACの場を利用して各国経済閣僚会議を設けるという考えは、経合会の発想であった。経合会は東南アジア開発閣僚会議を通じて、地域内の経済協力を推進させ、共産国の経済進出に対抗できると考えていた。[50]

しかし、経合会の提議に対して、国府の駐タイ大使館は「ASPACでは、各国の提案は経済的議題を中心とすることが多く、それは日本、マレーシア、ニュージーランドの態度による結果である」と述べ、ASPACがすでに国府の最初のアジア太平洋構想と異なるものとなったため、現時点で東南アジア開発閣僚会議の開催を提議すると、地域の経済協力を促進するという意義があるが、本来政治的な性格を持つ外相会議が経済的な会議になる恐れがある」として反対意見を表明した。[51]

国府の外交部は、駐タイ大使館に対して、経済部の提案について、従来の指示通りタイ政府と交渉するよう命じる一方で、経済部に対して、外相会議が変質しないように経済閣僚会議を次長レベルの会議へ変更することについて意見交換を行った。[52]

四月になると、外交部は東南アジア経済開発閣僚会議の開催についての提案を検討した結果、次長レベルでも他国からの支持をえることは難しいと予測し、同案を棚上げした[53]。そして、五月以降、国府は再び食糧、肥料領域における協力に重点を置くことになった。すでにエカフェ、アジア開発銀行、東南アジア開発閣僚会議などの地域経済協力組織が存在していたため、国府は具体的な提案でなければ支持を得ることは難しいと判断し、「食糧肥料公庫」及び「食糧肥料センター」という二つの提案を用意した[54]。

国府がもともと提案していた「食糧肥料銀行」と「食糧肥料公庫」案に対して、日本政府は慎重な態度を取っていた[55]。外務省南西アジア課は「食糧肥料銀行」案に対して、「一つの構想案としての意義は認めるが、ケネディ・ラウンド交渉の結果合意を見た穀物協定における食糧援助計画、FAOの食糧生産資材計画等この計画の内容と密接な関係のある他の国際機関による計画がいまだ固まっていないこと、ASPAC諸国以外の国の参加が当初から不可欠である計画をASPAC諸国のみで、この時期にこの構想の詳細な検討を進めることが適当であるか否かは疑問である旨」を表明するとともに、「専門家会議の開催に先立ち、少なくともある程度の実現の可能性についての見通しを得る必要がある」との立場をとることとした[56]。

また、同案の今後の取り扱いについて、外務省は「中国政府（国府）の出方如何によるところが大きい。わが国は引き続き慎重な立場をとる意向であるが、中国政府（国府）および常任委員会の動きによって、その予備的な検討には応じて行く」という方針を採っていた[57]。

日本政府はASPACの主権権を握るようになると、同会議に対する態度も積極的になっていた。第二回会議以降、毎年八月に常任委員会が開催されるようになったが、一九六七年八月、外務省は今後の日本の役割について、以下のように言及している[58]。

第二回のバンコク会議の結果はわが国の立場からも極めて現実的な方向で今後のASPACのあり方をかなり明

確に性格づけることとなった。各国の態度はわが国の引き続く参加のみならず、積極的な貢献を期待したことによるものに他ならないと考えられる。日本としては、今後ASPACが真に有意義な機構としての発展を遂げるよう一層積極的な努力を払う責任を有するにいたったといわねばならない。

一九六七年一一月七日、第三回閣僚会議のホスト国であるオーストラリアのブッカー（Malcolm R. Booker）外務次官補が北原秀雄欧亜局長のもとに来訪した際、ASPACに対する日本側の協力を要請し、もし「日本が政治問題の討議に消極的な態度をとると、他の加盟国、例えばマレーシアに退屈的な態度をとらせる結果となり、協議機関の機能を著しく制約することとなりかねない」と述べた(59)。また、オーストラリアは、シンガポール、インドネシア、さらにインドの加盟を望んでいた。

ASPACにおける政治問題の討議についての日本政府の態度は、一九六八年の第三回会議から次第に変化してゆくことになる。

（5）第三回閣僚会議：日本の主導性強化と「食糧肥料技術センター」案

第三回の閣僚会議は、一九六八年七月三〇日から八月一日にかけてキャンベラで開催された。第二回会議において、日本はASPACが軍事同盟的な方向に進むことに反対したため、安全保障問題を取り上げるべきではないとの態度をとった。しかし、この安全保障問題に関する日本の姿勢はこのころ変化があった。第二回の会議以後、ベトナム情勢の変化、パリ会議の開始をはじめアジア情勢に変化があったため、日本は第三回の会議において安全保障問題を回避しない態度へ転換し、具体的なプロジェクトに対しても前向きに考慮することとなった(60)。日本の態度の転換は、第四回の閣僚会議を日本で主催したいという姿勢からも窺える。

東南アジアにおける経済協力と安全保障の関係について、外務省は以下のように考えていた。(61)

この地域の安全保障上最大の課題は域外国の直接的、軍事的な脅威に対処することよりも、むしろ、各国内の経済的、社会的○○を強化するとともに、地域内諸国間の協力関係を緊密化することによって地域外からの圧力に対する政治的な抵抗力を強め、同時に、地域内における国際紛争の原因を除去することにあるものと考える。わが国としては、このような考えから二国間の協力を通じて、あるいは東南アジア開発閣僚会議の組織を通じて地域内諸国の経済的基礎の強化に協力して来た。最近今後の安全保障の問題を契機としてこれら諸国は協力関係を一層強化する方向に動いているが、このような動きを通じて地域内諸国相互間の確執から生じる安全保障上の問題が除去されることを期待している。

このような方針の下で、日本政府にとってのＡＳＰＡＣの新しい意義は次のように理解されることとなった。

東南アジアの安全保障にとっての最も緊急の課題が地域外からの軍事的侵略に備えることではなく、国内の社会的、経済的基盤を強化し、他方地域内諸国の連帯性を増進することによって破壊浸透の如き間接的な安全保障上の脅威に対する抵抗力を増大せしめることであることを考えれば、現在の性格を発展せしめることによってＡＳＰＡＣが果しえる役割は間接的ながら安全保障の面から極めて大きいといわねばならない。わが国としてはＡＳＰＡＣが今後とも現在の性格を維持しつつ、一層の発展を図っていくことを強く希望する。(62)

第三回の閣僚会議における日本の立場は、第二回の会議で合意された原則を再確認するとともに、その一層の定着化に努めることにあった。また、安全保障面についても、前述のように完全に回避するのではなく、経済開発と結びつけるかたちで安全保障面の意義を想定するようになっていた。他方、注意すべきは、日本政府がＡＳＰＡＣを日本の東南アジア構想及びアジア・太平洋構想に吸収しようとした点である。日本政府にとって、ＡＳＰＡＣは外部のいかなる諸国との対決も意図すべきではなく、その活動はひとえにアジア・太平洋地域内諸国間の協議と協力の強化に向けられるべきものであった。

国府の「食糧肥料技術センター」案に対する日本の立場は、常任委員会においていまだ検討が行われておらず、ＡＳＰＡＣプロジェクトとして採択の可否を決定する段階にない旨を指摘しつつ、常任委員会が具体的検討を行うことに同意するというものであった(63)。

国府は第三回閣僚会議開催前の三月に、「食糧肥料公庫」案についてオーストラリア政府に意見を求めた。オーストラリアは、日本と同様に積極的に同案を支持することはしないと表明した。五月に李国鼎経済部長がオーストラリアを訪問した際に、オーストラリア外交部次官は、韓国の社会文化センターの提案を参考にした「食糧肥料技術センター」の設立をアドバイスとして李国鼎に提案した(64)。

国府は、結局オーストラリアの提案を受け入れ、「食糧肥料銀行」案を改定し、「食糧肥料技術センター」案として第九回常任委員会に提出した。七月二六日に、島津駐華大使は国府外交部を訪問し、ＡＳＰＡＣ閣僚会議について国府側の意見を照会した。国府側は、「食糧肥料技術センター」案について日本側の支持を得たいと述べ、「同案が肥料の輸出国たる日本にとっても多大な利益を与えるものと考える」と付言し、日本側を説得しようとした。結局、国府側の提案は第三回の閣僚会議において原則的に支持され、台北において専門家会議による検討を行った後、第四回の閣僚会議において正式決定されることが合意された。

(6) ＡＳＰＡＣの解散及び食糧肥料技術センターの存続

一九六九年二月二三日から三月一日にかけて、台北において食糧肥料技術センターの設立を検討する専門家委員会会議が開催された。ＡＳＰＡＣの各国はそれぞれ二名の代表を派遣した。同会議は日本外務省アジア局副局長金沢正男が臨時主席を担当し、また会議において国府の主席代表の張研田が会議主席に選出された(65)。そして、一九六九年六月九日に東京で開催された第四回の閣僚会議において、食糧肥料技術センターの設立が正式に承認された。一九七二年にはＡＳＰＡＣ自体が解散されることとなったが、国府が提唱した食糧肥料技術センターは残され、現在も存続している。

表（二三〇頁）に示された一九七〇年から一九七四年までの同センターへの出資額をみれば、日本が資金面において相当額の支援を行ったことがわかる。一九七一年になると、ＡＳＰＡＣは国連での中国代表権の変更によって大きな影響を受けた。国府は不利な国際情勢に対抗するため、第七回の閣僚会議を台湾で開催することを関係国に働きかけた。国府が韓国政府と交渉した際に、韓国政府は支持の意を表明したが、マレーシア、日本、オーストラリアが反対した(67)。そのため、国府が強硬な姿勢を続ける場合、ＡＳＰＡＣを解体させる可能性があると韓国側は打診した(67)。また、国府の駐日大使館は外務省アジア局と交渉したが、須之部量三アジア局長は婉曲に国府側の要請を断った(68)。

一九七一年一〇月二五日に国府が国連から脱退したことにより、ＡＳＰＡＣにおける国府の地位はますます敏感な問題となった。オーストラリアとニュージーランドは、中国との国交正常化を発表し、日本は積極的に中国との接触を行っていた。こうした状況において、国府の外交部は対応方針として、ＡＳＰＡＣにおける国府のメンバーシップを保つことを優先させ、柔軟な姿勢を示した(69)。当時、日本がどのような立場を採るかが非常に重要であったため、国府はＡＳＰＡＣの問題について日本政府と頻繁に交渉を行った。一九七二年三月一四日、駐日大使館は木内昭胤アジア地域政策課長を訪問し、日本外務省の意見を照会した。それに対して、木内は日本のＡＳＰＡＣ政策は国連と直接

表　食糧肥料技術センターの出資額と比率（1970–1974、単位：ドル）[66]

	1970年	1971年	1972年	1973年	1974年
日本	30,000 37.1%	60,000 37.9%	60,000 35.4%	60,000 33.8%	60,000 34.7%
豪州	15,100 18.7%	30,348 19.2%	30,348 17.9%	30,384 17.0%	退出
台湾	— 0	15,748 9.9%	15,401 9.1%	18,689 10.5%	73,158 42.2%
韓国	13,500 16.7%	14,769 9.3%	15,000 8.8%	15,000 8.4%	20,000 11.6%
マレーシア	— 0	— 0	4,000 2.4%	— 0	不明
ニュージーランド	11,200 13.9%	22,400 14.2%	29,880 17.6%	37,683 21.2%	不明
フィリピン	3,000 3.7%	5,000 3.2%	5,000 2.9%	6,000 3.4%	10,000 5.8%
タイ	5,000 6.2%	6,000 3.8%	6,000 3.5%	6,000 3.4%	6,000 3.4%
ベトナム	3,000 3.7%	4,000 2.5%	4,000 2.4%	4,000 2.3%	4,000 2.3%
合計	80,800 100%	158,265 100%	169,629 100%	177,756 100%	173,158 100%

的な関係がなく、アジア太平洋においてこのような組織の存続が望ましいと述べた[70]。一九七三年になると、マレーシアが同年度にバンコクで開催予定だった閣僚会議への不参加を宣言したことにより、ＡＳＰＡＣは大きな打撃を受けた。韓国は、国府に対して、自主的に脱退するよう説得しようとしたが、国府に拒絶された。結局、ＡＳＰＡＣは解散されることとなったが、日本の支持が一つの要因となり、国府が提唱した食糧肥料技術センターは現在まで存続している。

おわりに

本章では、東南アジア開発閣僚会議構想及びアジア太平洋協議会に焦点を当て、日本が一九六〇年代のアジア地域開発構想において、台湾をどのように位置づけていたのかという問題を検討した。

東南アジア開発閣僚会議は、日本が提唱した構想であった。当初、台湾は同構想の構成国として含まれていたが、日本政府はジョンソン構想との関連性を否定し、かつ同構想の政治色を排除するために、台湾及び韓国を切り離していった。ＡＳＰＡＣは、日本政府の提唱したものではないが、結局、日本政府は同組織が反共色を持つことや軍事同盟化していく可能性を抑制し、日本にとって望ましい方向で主導権を握ることとなった。

この過程において、国府は食糧肥料技術センターの設立という経済議題を通じて、反共及び地域経済への参加という二つの目的を達成しようとした。結局、一九七〇年代にＡＳＰＡＣは解体されたものの、この構想の下で、日本政府の支持によって、経済組織として設けられた食糧肥料技術センターが残されることになった。さらに同組織を通じ、台湾は引き続き地域の経済活動へ参加することが可能となった。このように、一九六〇年代後半のアジア地域開発において、日本政府は自らの地域構想を妨害しないように国府の反共姿勢を抑制する一方で、地域の一員としての繁栄並びに日本に対して友好的な「国」へと導くため、国府に一定程度の支援を与えたといえよう。

註

（1）大庭三枝『アジア太平洋地域形成への道程――境界国家日豪のアイデンティティ模索と地域主義』ミネルヴァ書房、二〇〇四年。高橋和宏「『南北問題』と東南アジア経済外交」波多野澄雄編『池田・佐藤政権期の日本外交』ミネルヴァ書房、二〇〇四年。保城広至『アジア地域主義外交の行方――一九五二―一九六六』木鐸社、二〇〇八年。曺良鉉『アジア地域主義とアメリカ――ベトナム戦争期のアジア太平洋国際関係』東京大学出版会、二〇〇九年。野添文彬「東南アジア開発閣僚会議開催の政治経済過程――佐藤政権期における日本の東南アジア外交に関する一考察」『一橋法学』第八巻第一〇号（二〇〇九年）、六一―九九頁。李相泫「ＡＳＰＡＣ（アジア太平洋協議会）をめぐる国際関係 一九六四―一九七三――アジア反共連合とアジア版英連邦諸国会議の狭間で」筑波大学大学院博士論文（二〇一〇年）。渡邊昭夫『アジア太平洋と新しい地域主義の展開』千倉書房、二〇一〇年。

（2）宮城大蔵編著『戦後日本のアジア外交』ミネルヴァ書房、二〇一五年、一一八頁。

（3）台湾の国際組織の参加状況は下記のリンクを参照。http://www.mofa.gov.tw/igo/News_igo_1.aspx?n=163B8937FBE0F186&page=1&PageSize=20 最終アクセス：二〇一七年三月一七日。

（4）『日本史大事典（五）』平凡社、一九九二年、一〇二頁。

（5）「アジアの安定と繁栄のための国際協力計画」一九六五年四月一二日、外務省外交記録「東南アジア開発閣僚会議関係 第一回会議関係開催経緯（一）」（B'6.1.0.63-1-1）、外交史料館。

（6）同右。

（7）同右。

（8）「アジア平和計画の構想について」一九六五年四月二一日、「東南アジア開発閣僚会議関係 第一回会議関係開催経緯（一）」。

（9）外務省経済協力局「ロッジ特使訪日の際問題となる経済協力案件（「アジア開発銀行」）」一九六五年四月二三日、外務省外交記録「ＡＤＢ」（B'0148）、外交史料館。

（10）外務省経済協力局「東南アジア拡大経済社会開発計画（案）」一九六五年六月一一日、「東南アジア開発閣僚会議関係 第一回会議関係開催経緯（一）」。
(11)「一〇億ドル構想案」一九六五年六月二三日、「東南アジア開発閣僚会議関係　第一回会議関係開催経緯（一）」。
(12)ラングーン小田部大使発外務大臣宛「東南アジア開発大臣会議」一九六五年七月一四日、「東南アジア開発閣僚会議関係　第一回会議関係開催経緯（一）」。
(13)外務省経済協力局「東南アジア開発会議について（案）」一九六五年七月一〇日、「東南アジア開発閣僚会議関係　第一回会議関係開催経緯（一）」。
(14)同右。
(15)外務省経済協力局「東南アジア開発大臣会議構想についてわが方の非公式打診に対する関係国の反応振り」一九六五年七月九日、「東南アジア開発閣僚会議関係　第一回会議関係開催経緯（一）」。
(16)椎名大臣発木村大使宛「東南アジア開発大臣会議」一九六五年七月七日、「東南アジア開発閣僚会議関係　第一回会議関係開催経緯（一）」。
(17)外務省経済協力局「東南アジア経済開発大臣会議構想」一九六五年七月八日、「東南アジア開発閣僚会議関係　第一回会議関係開催経緯（一）」。
(18)前掲ラングーン小田部大使発外務大臣宛「東南アジア開発大臣会議」。
(19)プノンペン田村大使発外務大臣宛「東南アジア開発大臣会議について」一九六五年七月一五日、「東南アジア開発閣僚会議関係　第一回会議関係開催経緯（一）」。
(20)ジャカルタ斉藤大使発外務大臣宛「川島特使スカルノ大統領会談」一九六五年八月二四日、「東南アジア開発閣僚会議関係　第一回会議関係開催経緯（一）」。
(21)「東南アジア開発閣僚会議の開催について（大臣の閣議における説明書）」一九六五年九月二一日、「東南アジア開発閣僚会議関係　第一回会議関係開催経緯（一）」。
(22)「東南アジア開発閣僚会議について」一九六五年一〇月一五日、「東南アジア開発閣僚会議関係　第一回会議関係開催経緯（一）」。
(23)鄭敬娥『「開発」問題の国際的展開と日本のアジア多国間枠組みの模索――一九五〇―一九六〇年代を中心に』（菅英輝編著『冷

戦と同盟——冷戦終焉の視点から』松籟社、二〇一四年)。
(24)「簽呈:関與参加東南亜経済発展第二届部長会議事」一九六七年四月七日、外交部档案「東南亜閣僚会議」(11-INO-06256)、中央研究院近代史研究所。
(25)同右。
(26)同右。
(27)外務省南西アジア課「東南アジア外相会議準備会議の開催」一九六五年三月一八日、外務省外交記録「東南アジア外相会議/アジア太平洋地域の協力のための閣僚会議」(2010-4110)、外交史料館。
(28)同右。
(29)マレーシア鈴木代理大使から外務大臣宛「東南アジア外相会議について」、「東南アジア外相会議/アジア太平洋地域の協力のための閣僚会議」。
(30)「九国外長会議予備会議我方因応方針」一九六五年三月三日、外交部档案「亜洲太平洋九国外長会議(二)」(020-010211-0002)、国史館。
(31)「アジア外相会議準備会議に臨むわが方の対処方針(試案)」一九六六年四月一日、「東南アジア外相会議/アジア太平洋地域の協力のための閣僚会議」。
(32)駐マレーシア大使発外務大臣宛「東南アジア外相会議準備会議に対するわが方態度について」一九六六年四月一五日、「東南アジア外相会議/アジア太平洋地域の協力のための閣僚会議」。
(33)駐比竹内大使発外務大臣宛「東南アジア外相会議について」一九六六年五月一九日、「東南アジア外相会議/アジア太平洋地域の協力のための閣僚会議」。
(34)駐韓国木村大使発外務大臣宛「アジア太平洋地域協力のための閣僚会議について」一九六六年五月一七日、「東南アジア外相会議/アジア太平洋地域の協力のための閣僚会議」。
(35)駐韓国吉田代理大使発外務大臣宛「アジア・太平洋地域の協力のための閣僚会議について」一九六六年六月九日、「東南アジア外相会議/アジア太平洋地域の協力のための閣僚会議」。

(36) 駐華中田代理大使発外務大臣宛「ソウル会議の成果に対する国府側の主張」一九六六年六月一八日、「東南アジア外相会議／アジア太平洋地域の協力のための閣僚会議」。
(37) 外務省国資部「アジア太平洋地域構想について」一九六七年九月一九日、外務省外交記録「アジア・太平洋地域構想」(2010–4241)、外交史料館。
(38) 同右。
(39) 外務省国際資料部「アジア太平洋の規模における地域協力」一九六七年四月一四日、「アジア・太平洋地域構想」。
(40) 同右。
(41) 「ポストベトナムのアジア情勢とその対策」一九六七年一一月八日、「アジア・太平洋地域構想」。
(42) 同右。
(43) 前掲外務省国際資料部「アジア太平洋の規模における地域協力」。
(44) 外務省国資部「アジア太平洋協力について日豪、日NZ協議発言資料」一九六七年一月九日、「アジア・太平洋地域構想」。
(45) 「東南アジアにおける地域協力機構の経緯と現状」[日付不明]、外務省外交記録「ASPAC閣僚会議」(2012–2615)、外交史料館。
(46) 同右。
(47) 同右。
(48) 外交部発駐豪州沈(剣虹)大使宛「糧食肥料公庫専家会議事」一九六七年八月九日、外交部档案「亜細太理事会」(014.3/0025)、中央研究院近代史研究所。11–EAP–01383.
(49) 「魏部長與泰外長他那会談参考資料」一九六七年三月二一日、外交部档案「亜洲太平洋理事会九国外長会議(二)」(020–010211–0011)、国史館。
(50) 経合会兼主委厳家淦発外交部宛、一九六七年三月三〇日、「亜洲太平洋理事会九国外長会議(二)」。
(51) 駐タイ大使館発外交部収電三九九号、一九六七年四月一八日、「亜洲太平洋理事会九国外長会議(二)」。
(52) 外交部発駐タイ大使館宛電報、一九六七年四月二七日、外交部発経済部宛、一九六七年四月二八日、「亜洲太平洋理事会九国外長会議（二）」。
(53)外交部亜東司簽呈、一九六七年四月二八日、「亜洲太平洋理事会九国外長会議（二）」。
(54)経済部発行政院宛、一九六七年六月六日、「亜洲太平洋理事会九国外長会議（二）」。
(55)駐日大使館発外交部宛、一九六七年六月一二日、外交部档案「亜洲太平洋理事会九国外長会議（四）」（020-010211-0013）、国史館。
(56)外務省アジア局南西アジア課「第二回アジア太平洋協議会（ASPAC）閣僚会議対処方針」一九六七年六月二六日起案、三〇日決裁、外務省外交記録「ASPAC閣僚会議」（2012-2615）、外交史料館。
(57)外務大臣発在豪大使宛「ASPAC常任委員会対処方針」一九六七年八月一日、「ASPAC閣僚会議」（2012-2615）。
(58)外務大臣発在豪大使宛「ASPAC常任委員会対処方針」一九六七年八月一日、「ASPAC閣僚会議」（2012-2615）。
(59)外務省南西アジア課「ASPACのあり方に関するブッカー豪外務次官補との協議概要」一九六七年一一月九日、「ASPAC閣僚会議」（2012-2615）。
(60)外務省南西アジア課「ASPAC関係打合会記録」一九六八年六月六日、「ASPAC閣僚会議」（2012-2615）。
(61)外務省南西アジア課「スハルト大統領代理・佐藤総理会談資料」一九六八年三月一六日、「ASPAC閣僚会議」（2012-2615）。
(62)外務省南西アジア課「東南アジアにおける地域安全保障問題について」一九六八年三月一一日、外務省外交記録「ASPAC閣僚会議（第三回）」（2012-1907）、外交史料館。
(63)外務省南西アジア課「第三回アジア・太平洋協議会（ASPAC）閣僚会議対処方針」一九六八年七月一二日、外務省外交記録「ASPAC閣僚会議（第三回）」（2012-1908）、外交史料館。
(64)駐豪大使館発外交部代電、一九六八年五月六日、「亜洲太平洋理事会九国外長会議（四）」。
(65)「亜太糧食與肥料技術中心専家会議経過節略」［日付不明］、外交部档案「亜太理事会第六届部長会議」（648.019/88017）、中央研究院近代史研究所。
(66)外務省外交記録「アジアおよび太平洋地域のための文化および社会センター」（2010-3509）を参照し筆者作成。
(67)駐韓大使余先栄発外交部宛三九三号電報、一九七一年七月八日、「亜太理事会第六届部長会議」。

(68) 駐日大使館発外交部宛四五一号電報、一九七一年七月八日、「亜太理事会第六届部長会議」。

(69) 外交部国組司発亜太司会宛、一九七一年一一月三〇日、「亜太理事会第六届部長会議」。

(70) 駐日大使館発外交部宛二二号電報、一九七二年三月一四日、「亜太理事会第六届部長会議」。

第6章　日華断交以後の経済協力の継続　一九七二―一九七八

はじめに

本章では、一九七〇年代、とりわけ国際連合における中国代表権問題の決着以後、また日中国交正常化以後の国際金融機関における中国問題について考察する。国連脱退以後、国府がいかに世界の金融秩序の中で自らの位置付けを確保しようとしたのか、またこの問題に対して日本はどのような姿勢で臨み、いかなる役割を果したのであろうか。本章の考察を通じて、結果的に台湾が一九七〇年代を通じて国際金融機関に残ることができ、また日本がそれに関して積極的な役割を果したこと、その日本の姿勢は断交以前から形成されてきた国府に関する政策と連続性を有していることが理解できるであろう。

一九七二年に日本は中国と国交正常化を実現し、中華民国との外交関係が断絶されたが、その一方で、日本と国府との間の経済・文化などの実務関係は維持されることとなった。戦後の日台関係をめぐる外交史や国際関係史の研究は、史料公開の制約もあって、これまで主に一九七二年までの時期が対象とされてきた。

一九七二年以後の日台関係の研究は、断交の政治過程、実務関係維持機構の設立及び航空路線問題を主な主題として行われてきた(1)。また、アクターからみれば、一九七二年以後の日台関係は断交によって政府関係から民間関係へと転換するという見方が根強いため、断交以後の日台関係についての研究では、議員や政党の役割について論じられることが多く、政府内部の議論に対してはあまり実証的に論じられてこなかった。

先述したように、台湾経済の安定及び成長への支持こそが、独立的な政治実体としての台湾の存続にとって重要な政治的意味を持つとの認識が日本側にも、また台湾側にもあった。本章では、断交後の日華の貿易、投資関係及び経済面における台湾の国際参加に対する日本の対応に注目する。すなわち、断交の影響を受けた日台の経済関係がいかに再編されたのかを考察し、また経済関係における象徴的な意味あいを持つ、世界銀行（世銀）と国際通貨基金（IMF）の事例を取り上げ、台湾のメンバーシップの問題がどのように処理されたかという論点を検討する。この二つの問題を通じて、一九六〇年代からの連続的な観点に立って、一九七二年体制下の日台関係が経済協力の領域においてどのように展開されてきたかを考察し、日台関係における「一九七二年」の意義の相対化を試みる。

1　日華経済関係の調整

(1) 断交前後の経済関係の再編

断交を控え、円借款が早期に着手されたほか、断交を見据えて国府の駐日経済機構の再編も一九七二年の半ばから進められていた。

例えば、招商局は不動産の販売や船を外国籍へと転換し、他国の国旗を掲げる準備を進めた[2]。中央信託局東京代表処は一九七二年五月二〇日に信昌貿易株式会社を設立し、元中央銀行経済研究処処長孟慶恩を社長とし、中央信託局の業務を引き続き遂行できるよう変更した[3]。また、中信局が運営していた資金及び日本の富士銀行のリンゴ貿易の残金を日本にあるアメリカの銀行の支店と中国国際商業銀行東京支店に移転し、撤退へ向けて準備を進めた[4]。そして、中国国際商業銀行も民営化の方向へ転換した。ただ、国府の断交に向けた各種の準備は、単に国際政治の現実を受け止めるという消極的な対応ではなく、むしろ、積極的に日台関係の転換を模索しようとしたものであったと言える。

八月八日に外交部は、断交への対応を協議するため、財政部の李国鼎部長、経済部の孫運璿部長、交通部の高玉樹部長、経合会の張継正秘書長、教育部の蔣彦士部長をはじめとする部長級会議の開催を提案した。八月一〇日に行われたこの会議で、対日工作小組を一週間以内に設立することを決定し、対日交渉、断交後の撤退及び新機構の設置をこの小組の業務の中心とし、また今後の具体的な対応を次のように決定した。(5)

① 外交上、日中国交樹立に必死に反対しながら、同時に将来の対日経済貿易関係上の平等及び互恵の地位のために力を尽くすこと。

② 対日貿易について、日本からの輸入の代替を検討し、対日農産物の輸出はなるべく長期の契約を締結すること。

③ 一ヵ月以内に個人会社の設置と駐日商務人員の配置を完遂し、在台日本人に彼らの財産や安全を守ることを伝え、安心させること。

九月一日、経済部国際貿易局の汪彝定局長は、外交部の楊西崑次長に「中（華——筆者注）日断交が我々の貿易に対して与える影響及び対策」という文書を提示した。その文書は、対日経済依存を分析しつつ、日本の商社が台湾の対外貿易権を掌握することに憂慮を示し、日中関係正常化に乗じて、新しい貿易関係を切り開いていくことを提言した。(6) 九月二九日、国府が対日本断交声明を発表した後、その日のうちに沈昌煥は立法院において「現在の日華関係の変化は一つのチャンスであり、われわれとしては、これを機に、外国に過度に依頼することを止め、自立、自強の基礎を固めるべきである」と述べた。(7)

また、九月三〇日には、外交部、経済部、財政部の部長級会議が開催され、今後の対日交渉について、「われわれは目下日本側のやましさ及び経済関係を維持したいという心理を利用して、必要ならば、台湾に対する友好人士の力を借り、新しい経済関係を樹立すべき」との結論をえた(8)。そのような論調は、日華断交を国民に説明するためのものであった一方で、「断交」が国府の官僚層にとってむしろ日台経済関係再構築のチャンスとして捉えられていたことを示している。すなわち、「断交」の現実を受け止めながら、さらに、「断交」は今後の日台関係の再編において利用できるものであるということが国府内部の認識であり、これが断交以後の日台関係にも反映されることとなった。

一九七二年一〇月、宇山厚大使は辜振甫を訪問し、断交以後の日台会談の実現を促すよう働きかけた。辜振甫はこの件について沈昌煥に意見を求め、沈昌煥が蔣経国に相談した結果、蔣経国はこれを許可した。こうして、辜振甫と宇山の会談が実現し、また日本側が提示した今後の新しい機構の設立方案を持ち帰ることによって、断交以後の日台の交渉ルートが回復されつつあった(9)。

こうした一連の協議の結果として、日本側は一二月一日に東京で「財団法人交流協会」を設立し、国府側は一二月二日に台北で「亜東関係協会」を設立した。それぞれのトップには、従来の日華協力委員会のリーダーたちが就任することとなった。そして同月二六日に、交流協会と亜東関係協会は「在外事務所相互設置に関する取り決め」に調印した。これによって、断交後の日台関係は再編に向けた制度化が始まることとなった。

この協定の締結直後、日台の技術協力に関する交渉が開始された。一九七三年一月二六日、交流協会台北事務所技術協力担当の島本幸典は、経合会国際技術合作署との調整を図り、従来の技術協力の延長線上で一九七三年度の日台技術協力計画について交渉を行った。

また、一九六九年一二月五日に締結された「金属製造工業設立職業訓練中心之協定」に基づく「南北区職業訓練中心」の設立については、一九七三年三月に日本の労働省及び海外技術協力事業団の代表が台湾を訪問し、引き続き事業を推進することで経済部と合意した。

それに続き、一〇月に経済部は日本側による専門家の派遣、研修生の受け入れ、機材や設備の費用として三億円を要する新しい「中部区職業訓練中心」設置案を打ち出した。このほか、断交前に日華協力委員会がすでに経済関係を重視し、独立した経済委員会を立ち上げていたことも看過できない。その経済委員会を継承するものとして、一九七三年一一月二九日、三〇日に東亜経済人会議が開催された。

実務関係の継続に対応するため各種のルートが再編成されたが、それにとどまらず、親台湾派以外の政界の要路との関係も模索された。国府は断交声明の発表に際し、日本側を批判しながら、「わが政府はすべての日本の反共民主人士に対して、依然として、引き続き友誼を保持する」ことを表明していた。

実際、台湾側は特に大平正芳との間で、再び関係を「正常化」するオプションを模索した。一九七五年、李国鼎経済部長がアジア開発銀行の年次総会に出席するため、日本を訪問し、当時大蔵大臣であった大平正芳と意見交換を行った。李国鼎は日華経済貿易会議の再開を要請し、大平はただちに交流協会本部理事長の木村四郎七に再開するよう命じた。その結果、同年二月、一九六七年に発足した日華貿易経済会議が再開されることになった(10)。

(2) 中国の反応

断交後の日台関係にとって、中国の態度は極めて重要であった。中国政府は従来、日本の台湾への経済進出を「経済侵略」として非難していたが、田中政権発足以降、日中国交正常化の交渉まで日台の経済関係を黙認する態度を採っていた。

周恩来は一九七二年七月二七日の竹入義勝との会談において黙約事項を提示したが、その第三項には「戦後、台湾における日本の団体と個人の投資及び企業は、台湾が解放される際に、適当な配慮が払われるものである」という内容が含まれていた(11)。

日中国交正常化交渉の首脳会談において、大平外相は九月二八日に「日中国交正常化後の日台関係」という文書を読み上げ、「日本政府としては、今後とも『二つの中国』の立場はとらず、『台湾独立運動』を支援する考えは全くないことはもとより、台湾に対し何等の野心も持っていない」と日本側の基本的な立場を表明しながら、今後も台湾との実務関係を保持していきたいという意向を述べた(12)。

大平の発言に対して、周恩来以下中国側は、「正面から認めるとは言わなかったが、わかっているから心配するなという表情となり、うなずいた」と同席した橋本中国課長は記している。ただ、福田円が指摘したように、「このような政治的決着が、以降の日台関係をどのように規定するのかは不明確であった(13)」。

日華断交後における実務関係を取り扱う事務所設立に関する動きに対し、一一月一七日、日中覚書貿易事務処東京代表処代表の許宗茂は、以下の談話を発表した(14)。

日本の新聞界によりますと、日本政府が六〇％で出資し、民間が四〇％で出資することによって、一二月の間に「交流協会」が成立すると見込まれています。それは実質的な領事館の設置と同じことになります。さらに過去の政府協定を新しい民間協定に置き換えられるようです。それらが本当のことであれば、日本は日中共同声明に違反することは間違いなく、中国政府はそれに対し、黙っていてはいけません。偽装形式で行われる領事業務及び各協定の締結を一切許してはなりません。

また、同代表処の首席代表蕭向前は、日本の外務省中国課の橋本恕課長にこの件について照会を提出し、「台湾省の経済発展を支持するために、台湾を解放する前に、日中国交正統性を妨害しない前提の上、この組織を過渡期の措置として、中国はしばらく黙認する。ただ、今、日本、香港、アジア諸国において、これは大いに宣伝されているので、中国はこの問題に注意を払わなければならない。それゆえ、日本政府に『交流協会』及び『亜東関係協会』の実際の状況を説明するよう」要求した。[15]

この中国側からの照会に対する橋本の返答の骨子は以下の通りである。[16]「戦後二〇年にわたって、日台経済関係は非常に緊密になってきた。台湾における多くの生産と加工は日本の原料、技術及び資本に依存しており、この関係を断絶すると、台湾の人々は直ちに損害を受ける恐れがある。台湾が自立して発展を遂げるまでは、日本は台湾を援助しなければならない。両協会の設立もそのためである」。

この橋本の返答に対して、許宗茂は「中国の目的は日本政府が大幅に日中共同声明の了解事項を逸脱してはいけないと警告することにある。この件に対する説明があれば、中国は正式な抗議を行うことはない。ただ、『交流協会』と『亜東関係協会』の設立によって行われる領事活動が、日中共同声明に反するものであることを日本の国民に普遍的に認識させるために、日中友好団体の機関紙や華僑団体の定期刊行物を通じて『交流協会』の違法性を追求しようとするものである」と述べた。[17]

以上の中国側の発言から、日台実務関係の交渉について、中国側がそれを実質的に「領事関係」であると認識していたことがわかる。ただ、この頃、中国は日台の実務関係が大々的に宣伝されるべきではないと配慮していた。少なくとも、日中平和条約を締結するまでは、日台の実務関係が日中関係の障害とならないよう、中国側としてはある程度抑制していた。

一九七三年九月九日、周恩来は小川平四郎駐華大使に対して、日中の間ではすでに国交が樹立されたが、台湾という障害が確かに存在することは認めざるをえないと指摘し、それに続けて「この問題は遅かれ早かれ解決できるだろう。中日両国はそのことによって大きな方針が妨害されるべきではない。その大きな方針とは日中平和条約の締結であり、それは極東情勢の改善に有益なものである。われわれは日中両国が小さな利益にとらわれて大きな損失を招くようなことをすべきではなく、小局は大局に従うべきである」と表明した[18]。中国側が認識していた、このような日中関係の「大局」の枠組みの下で、日台の経済関係をはじめとする実務関係が実質的に容認されたことは、一九七〇年代において台湾が独立した政治空間の維持を成し遂げた重要な要因の一つであるといえよう。

(3) 一九七四年の肥料貿易をめぐる交渉

断交後の日台間の経済協力に関する事例として注目されるのは、一九七四年の肥料貿易をめぐる交渉である。一九七四年の台湾の日本からの肥料購入は大きな意味を持っていた。なぜなら、日本国内にこれに反対する勢力がおり、また中国からの抗議もあったにもかかわらず一九七四年に実施された肥料貿易は、まさに断交以後最初に日本政府から直接台湾に肥料を輸出した出来事だったからである。

日華断交の際に、国府は今後も引き続き日本の友好人士との交流を保っていくことを明言していた。日本側も日華議員懇談会を結成することによって、親台勢力を再結集させた。一九七四年の日台の肥料貿易の交渉過程において、日華議員懇談会が大きな役割を果したが、日本政府自体の立場がそもそも台湾との関係を何らかの形式によって保持したいというものであったことにも注意すべきだろう。

もともと戦後の日華経済関係において、肥料貿易は非常に重要な分野の一つであった。一九七三年一〇月に中東戦争によって引き起こされた石油危機は、原油価格を大幅に上昇させた。燃料不足のために肥料の生産は大いに制限されることになり、日本の肥料輸出量も減少せざるえない状況に陥った。もともと、一九七三年度の日本の肥料輸出契約量の内訳は、中国（尿素一一五万トン、硫安六〇万トン）、インド（尿素二五万トン）、インドネシア（尿素四〇万トン）、セイロン（尿素一五万トン）となっており、輸出総量全体の合計は尿素二七〇万トン、硫安一一〇万トンであった。通産省が特別な措置を採用したことによって、一九七三年の契約は正常に履行されたが、石油危機の継続によって、日本の電力及び鋼鉄業界の燃料の需要増が見込まれていたので、主要産業に石油が優先的に回されることで、一九七四年度の化学肥料はその生産量の減少が予測されていた。

日中国交正常化以降、日本の中国への肥料輸出が増加しつつあり、その一方で、他の国々も日本政府に肥料輸出を要請していた。特に、この頃中国及び東南アジア諸国で食糧危機が発生していたため、日本政府への肥料輸出の要請が増加していた。国府も同じく日本からの肥料購入を計画していた。しかし、それは単純な経済案件というわけではなかった。当時、日本と国府との間では、航空路線交渉が紛争状態に陥っていた。この日台航空路線問題は、従来断交以後の日台関係を研究する上で重要な事例とされてきた。だが、本章で取り上げる肥料貿易の問題は、日台航空路線問題とほぼ同時期に行われた交渉であったにも関わらず、必ずしも重視されてきたわけではない。

日台の肥料貿易の交渉に際して、国府側の担当部局は外交部、亜東関係協会、中央信託局、台湾省糧食局及び財政部であった。だが、個々の部局には、糧食局の李連春局長、財政部の李国鼎部長といったキーパーソンがおり、彼らが頻繁に実際の交渉を行った。また蔣経国もしばしば交渉に関与した。他方、日本側の担当部局は通産省、大蔵省及び農林省であった。当初、日台の政府間の斡旋を行ったのは藤尾正行衆議院議員と日華議員懇談会が推薦した親台湾派実業家である森田産業会社社長の森田二三男であった。藤尾と森田は福田赳夫蔵相と倉石忠雄農相を訪問し、台湾への肥料輸出を働きかけた。

倉石農相も福田派であり、戦時中に台湾に渡り、日曹コンツェルン系の南日本化学工業専務、台湾製塩監査役等を歴任した人物であった。その後の閣議において、台湾への一〇万トンの肥料輸出が決定された。藤尾は一九七四年五月二八日に駐日経済文化代表処の林金莖副代表を訪問し、企業経営者の立場から両大臣に働きかけることはよくないと語り、速やかに国府の関係機関あるいは中央信託局が二〇万トンの輸出を要請する書簡を福田と倉石に送ることを提議した。(19)

五月二九日、林副代表が倉石を訪問し、書簡を提出した。それに対して倉石は、現在アジア諸国の日本に対する肥料輸出要請が多いので、日本政府の具体的な輸出計画はまだ調査に時間を要するが、台湾に対してまず二万トンの輸出を決定したと語り、さらに倉石は、肥料輸出問題の担当大臣である中曽根康弘通産相の同意を得る必要があるが、通産相と田中首相は反対しないだろうという見通しを述べた。同時に、倉石は日本政府からの直接の輸出は困難なため、すでに自民党の橋本幹事長と相談し、自民党による同案の処理の意向を橋本が表明したことも伝えた。[20]

当時、日本と中国との間では肥料価格の交渉が難航し、さらに田中首相の東南アジア訪問に際して、東南アジア諸国も日本に対して肥料の輸出を強く要請した。それにもかかわらず、通産省はまず台湾に対して二万トンの輸出を決めた。[21]馬樹礼代表が九月一二日に倉石を訪問した際、倉石は今回の日本から台湾への肥料輸出は大きな意味を持つと述べ、また一九七五年前半の輸出も促進すると承諾した。

農林省が通産省と協議し、その上で通産省は自民党から書簡が示された後に台湾への肥料輸出に正式に同意し、九月二七日に通産省は日本硫安工業協会に対して台湾への肥料輸出の指示を出した。九月三〇日、林副代表と森田は同協会の相馬常敏常務理事を訪ね、相馬は日本の肥料業界は中国との関係で非常に複雑な状況にあるが、通産省の指令を受けた以上、速やかに対応していくと返答した。[22]

以上のように、断交以後においても、日台の経済関係は実際に維持され、過去のルートも残されていたのである。だが、国府内部においては、断交以後の対日交渉ルートをめぐって大きな意見の相違があった。従来、日台の肥料貿易については、李連春と日本硫安輸出会社、特に宇部興産会社の西岡専務理事の間のルートで行われてきた。一九七四年においても、同社は国府側へ書簡を出し、李連春の訪日を促した。李連春本人も肥料貿易が第三者を経由すべきではなく、台湾の対日貿易の尊厳を保つべきだと語り、さらに直接貿易を通じて中国のコントロールを打破すべきだと主張した。糧食局は中央信託局に対して、森田の介入を婉曲に断るよう要請した。

しかし、亜東関係協会は日本硫安工業協会が親中国であり、今回の肥料貿易は実際のところすべて日華議員懇談会によって推進されたと述べ、李連春が訪日すれば実施には推進したわけではない硫安工業協会を重視したことになり、逆に推進した日華議員懇談会のメンバーたちに、彼らの影響力が軽視されたという印象を与える恐れがあることを指摘し、それを理由に李連春の訪日に反対した。また日本側の輸出許可をえた後で、関連業務を経済部門に移管すると主張した[23]。他方、日本の議員を経由するというやり方について、財政部も反対の意見を表明した。

他方、一〇月一四日に李国鼎は外交部亜東司に対して、日本の議員たちや森田を通じて肥料問題を処理することについて異なる意見を表明し、従来の李連春の交渉ルートを利用し、李連春による直接交渉を行うことを主張した。日本議員の努力について、李部長は今後別の方法で対応することにし、肥料の問題については日本議員の介入に反対する意見を表明した[24]。最終的に、国府の経済官僚層は議員のルートと従来のルートを同時に利用することを決定した。

一〇月一五日に、玉置和郎が馬樹礼代表を訪問し、同日に自民党本部において竹下登副幹事長、藤尾正行議員、日本硫安協会代表三井東圧会社社長の三人が台湾の肥料問題について議論を行なったこと、またその議論の結果を伝えた。それはすなわち、台湾への肥料輸出を三井東圧会社に担当させるというものであった。また、日本側は台湾への肥料をすでに輸出したことを二〇日に中国大使館商務処に伝えると予定していた[25]。しかし、中国の反対や日本硫安協会の内部の反対によって、日本側が予定していた人員の訪台を延期せざるをえなかった。

一〇月二五日、自民党本部において、藤尾議員、玉置議員、橋本幹事長、中曽根通産相の四人が肥料問題について協議した結果、日本硫安工業協会に対して速やかに代表を台湾へ派遣するよう厳命することになった[26]。しかし、三井東圧会社は中国向けの肥料輸出も多く、対中配慮の結果、最終的に台湾への肥料輸出はやはり宇部興産会社に担当させることとなった[27]。

日台の肥料交渉過程においては、日本側の親台湾派議員だけではなく、運輸相の徳永正利、自民党副総裁の椎名悦三郎、衆議員の有田喜一、自民党交通部会長の佐藤孝行などの人物が馬樹礼代表と密談し、交渉に少なからず関与した。[28]一九七四年の肥料問題は、一一月一四日に東京において李連春と日本側の確認によって最終的に解決された。その結果、一九七五年から毎年一〇万トンが日本から台湾に輸出されることとなり、日台の肥料貿易が安定することになったのである。

2　一九七〇年代の国際通貨基金・世界銀行における台湾のメンバーシップ問題

(1)　IMF・世銀における台湾のメンバーシップの重要性——中華民国の国連脱退前後の日米台交渉

一九六〇年代半ばにアメリカの対華援助が打ち切られて以降、台湾の経済建設は、電力、鉄道、電信、漁業などの面で国際金融機関からの長期借款に依存することが多かった。一九七一年までに、国府が世銀と結んだ借款契約だけで三億二八九〇万ドルに達していた。[29]中華民国が国連から脱退した後、IMF・世銀における中国代表権問題をめぐる争いが浮上した。そのため、これらの機関から国府への新規借款が停止されたが、もしメンバーシップの保有が続けられれば、新規借款を行うことが可能になるはずであった。この問題が解決されれば、国府にとって、すでに断交された国あるいは国交のない国の政府銀行や民間銀行からよい条件の借款を受けることが容易となり、同時に孤立しつつあった台湾の国際空間の維持にとっても重要な意味を持っていた。[30]それゆえ、IMF・世銀における台湾のメンバーシップの維持が一九七〇年代初期において、日米台の間で大きな交渉課題となった。

一九七一年六月三一日に、ニクソン大統領と駐華大使マカナギーは、台湾の国連脱退と今後の経済問題について議論した。[31]ニクソンは「今後ますます多くの国が中国と国交を結んでいき、アメリカもまたそうであるが、ただ、それは台湾を損害する意味ではない、というのもわれわれは他の側面でいろいろと考えているから」だと発言した。[32]これに対して、マカナギーは、台湾が心配しているのは、国連加盟国の資格を失うと、欧州経済共同体が台湾を優先国家のリストから排除し、関税の優遇も取り消される可能性があるのではないかという問題を典型とする、貿易面を含む様々な領域で、台湾を差別する措置が取られるのではないかということであると指摘した[33]。

一〇月二九日に、外交部長周書楷、駐米大使沈昌煥はキッシンジャーを訪問し、今後対米、対日外交を強化することを表明しつつ、周部長はたとえ台湾の安全保障問題が確保されても、経済成長が継続できるどうかということも問題になること、また資本の流出と投資の減少は望ましくないことを述べた[34]。また、一一月一五日に沈昌煥は再びキッシンジャーを訪問し、中華民国の今後についてキッシンジャーの意見を求めた。キッシンジャーはアメリカが台湾を切り捨てないことを明言し、台湾が自らを確保できれば、今後の情勢は大きく変わると示唆した。この会談では、沈昌煥は台湾がＩＭＦ・世銀に残ることができるか否かということに重大な関心を持っていることを述べたが、それに対してキッシンジャーはＩＭＦ・世銀における台湾の議席を最大の努力で確保することを保証した[35]。

一九七二年三月八日にロジャーズ国務長官がキッシンジャーに提出し、そしてキッシンジャーによってニクソンに渡された「台湾政策」という報告書では、アメリカが中台の間で平和的な方式で統一するよう提唱すべき、あるいは台湾がある種の分離状態で存在することを中国に認めさせるべきであることが述べられている。さらに以上のことを実現するために提出された具体的な措置のうち、台湾の地位については軍事や政治面より、国際金融機関における台湾のメンバーシップに対する支持を含め、経済的側面を強調すべきだと述べられている[36]。

米台間での議論、あるいはアメリカ政府内部の議論にとどまらず、アメリカは日本に対しても協力を要請した。日本は台湾にとって重要な貿易パートナーであっただけではなく、一九七〇年代初期からＩＭＦ・世銀の任命理事となり、五大国と肩を並べるようになった。すなわち、日本の国際経済組織における重要性も高まり、台湾の国際経済組織における地位を保つためには欠かせない国となったのである。

一九七一年一一月二九日に、サン・クレメンテでの日米首脳会談に備えてアメリカ国家安全保障会議が準備した

「ニクソン大統領宛のメモランダム」において、以下の談話要領がニクソンに提言された[37]。

台湾の経済的活力はその将来にとって決定的な重要性を有しているために、貿易と投資の拡大は非常に重要である。しかし、もし日本が冷淡な態度を示せば、それは台湾に有害な効果を及ぼすであろう。日本は台湾にとって第二位の貿易相手国だからである。われわれは閣下に次の内容を佐藤に表明するよう勧告する。①日本の国連代表権に関するかつてない協力姿勢に感謝の意を表する。②われわれが台湾との絆を維持し、防衛上のコミットメントを維持することを保証する。③アメリカは台湾経済の見通しについて自信があり、その経済成長なしに台湾の政治的将来もない。特に、アメリカは世界銀行、国際通貨基金及びアジア開発銀行における台湾の地位を支持する決心を佐藤に表明する。また、アメリカは台湾の将来について自信があること、及び台湾との貿易や台湾への投資が望ましいことを自国の実業家と他国に繰り返し述べていることを佐藤に伝え、日本政府も同様の政策を採ることを希望する旨を表明する。

そして、サン・クレメンテで日米首脳会談が行われていた一九七二年一月三日には、駐米大使牛場信彦とアメリカ駐日大使ジョンソン（Ural A. Johnson）が会談を行った。ジョンソンは一九六九年のニクソン・佐藤声明における台湾要項の重要性を強調し、台湾の安全が日本の安全にとって重要であるという認識が、アメリカ政府の沖縄返還の日程を決定する過程において核心の部分であると述べ、沖縄返還が日米の台湾に対するコミットメントを履行する能力に基づいたものであるというアメリカの立場を述べた[38]。

また、一月七日のキッシンジャーと福田外相の会談では、キッシンジャーが台湾の将来について、米華外交関係の継続を表明しながら、強力で健全な経済が台湾の将来と緊密に関わっているので、投資の機会と商業の繁栄の面で台湾の経済成長に協力すると述べた。福田は、日本の政策とアメリカの政策との間に本質的な違いはないと述べ、台湾の経済成長が非常に重要だと語り、北京を刺激しないという前提で台湾に対する経済援助を引き続き行うことを表明した。福田の発言の後、ロジャーズ国務長官が日米の政策は同じであり、今後いかにして台湾の生存と活力を維持するのかについて日米間で緊密に協議することを提案した(39)。

中華民国が国連から脱退した二ヵ月後の一九七一年一二月三一日に、彭孟緝駐日大使が福田外相を訪問した。国連の議席を失ってからの国府の対処について、大使は「政策の変更は将来あり得るべく、国府の姿勢は今後より現実的で柔軟なものとなろう」、「国府としては今後、経済外交を重視し、内政面でも経済発展と社会の安定に重点を置く。また、外交面では対米対日外交に重点を置く」などと表明した(40)。大使の発言に対して福田は「満足」と述べ、「経済が一番大事」であると説得し、「これまでの対華借款についての約束を守り、政治借款をなるべく避けるが、商業借款でやっていきたい、また輸銀まで差し止めるつもりはない」、「国際通貨基金やアジア開発銀行に残る問題については、日米協議して善処する」と協力的な姿勢を示した(41)。

以上の日米台の間の交渉が示すように、一九七〇年代初期において、国際金融機関における台湾問題は「中華民国」が国際空間において存続していく上での象徴的な案件であるとともに、中華民国と中華人民共和国との対立構造が変容しつつあった東アジア国際政治において、従来自由主義陣営の一員であった台湾に対するコミットメントを日米が如何に継続、調整するかという重要な課題に関わっていた。換言すれば、日米にとって、中国との国交樹立が不可避となる潮流の中で、経済領域において台湾の利益を確保することこそが喫緊の政治的イシューとなったのである。

（2）未完の中国代表権問題——IMF・世銀の特殊性

一九七一年一〇月二五日、国連総会においてアルバニア決議案が可決されたことによって、中華人民共和国が中国の代表政府として国連に加盟し、その一方で中華民国は中国代表権を失うこととなった。続いて中国は一連の国連専門機構に加入し、その反面、国際組織における国府のメンバーシップは失われつつあった[42]。しかし、国際組織における中国問題が消滅したわけではなかった。特に留意すべきは、国際通貨基金（及び世界銀行）には中国政府が加盟せず、国府の議席が保持されていたことである。一九八〇年まで、中国政府が加盟しなかったため、国府の議席が継続されることとなった[43]。

ＩＭＦと世銀は一九四四年にアメリカのブレトン・ウッズで調印されたブレトン・ウッズ協定に基づいて一九四六年に創設され、戦後国際金融秩序の根幹を成した。ＩＭＦと世銀のメンバーシップを保有することは、融資をえられるのみならず、安定的な経済環境を望む投資家にとって、投資先を決める上での重要な指標でもあった[44]。

そのＩＭＦ・世銀の政策決定の概要は以下の通りであった。まず機構としては、国連の専門機関でありながら、独立して政策を決定する機構としての性格を有していた。意思決定機関は総務会と理事会であった。総務会は最高の意思決定機関であり、年一度、年次総会として知られている合同会議を開催し、加盟国政府の意見が理事によって代弁された[45]。総務会に留保された権限を除いて、かなりの権限が理事会に委任されていた[46]。理事会の構成員については、世銀は二五名（一九九二年以前は二二名）で、ＩＭＦは二四名（一九九二年以前は二〇名）で構成されている。五大出資国から五名の任命理事（Appointed Director）が任命され、ほかの理事は一ヵ国ないし数ヵ国から構成される選挙区ごとに一名の選任理事（Elected Director）が選出される。ＩＭＦの加盟条件は、主権国家であることであり、また世銀の加盟条件はＩＭＦの参加国であることを前提としていた。

中華民国は一九四五年一二月二七日に創立国としてＩＭＦと世銀に加盟した際に、五億五〇〇〇万ドルを出資し、アメリカ、イギリス、ソ連に続き、第四大クォータ及び投票権を有していた。国府は、台湾に移って以降、ＩＭＦ・

世銀内部での地位が徐々に低下し、一九六〇年までは任命理事であったが、一九六六年からは数ヵ国から構成される選挙区選出の選任理事となった[47]。

一方、中華人民共和国政府は一九四九年の発足以後、一九五〇年代からIMF・世銀における国府追放を繰り返し主張していた。IMF・世銀は国連の専門機関でありながら、独立して政策を決定する機構でもあるため、国連のアルバニア決議案が自動的に適用されるわけではなかった。ただ、一九七一年の国連における中国代表権問題の変更は、IMF・世銀に対して中国問題をめぐる議論をおこなうことを迫ることとなった。

しかし、IMF・世銀の加盟国には経済データの公開などの義務があるため、改革開放が始まった一九七八年以前に、中国はIMF・世銀の加盟条件を満たすことができず、国府の追放は主張したが、自らの加盟は主張しなかった。そのため、IMF・世銀では中国代表権問題を避けつつ、台湾のメンバーシップを維持する可能性が残された。

従来、IMF・世銀における中国問題の解決は、米中関係及び中国に自ら加盟する意思があるかどうかによって大きく左右されていたと思われてきた。そのため、先行研究では、中国がいかに西側諸国の主導する国際金融秩序に組み込まれてきたか、すなわち中国の両機構への加盟過程を中心に研究が進められた[48]。その反面、台湾のメンバーシップが維持されていたということ自体については深く議論されていないかった。特に、アン・ケント（Ann Kent）が指摘した中国の内政及びアメリカの要因以外の他のアクターについては、いまだ十分に研究されていない状態である[49]。そこで本章では、IMF・世銀における中国代表権及び台湾のメンバーシップ問題の特殊性を解明するために、国府だけでなく、日本外務省の対応に焦点を当て、一九七〇年代の日華関係が国際組織においていかに展開されていたかを明らかにする。

日本は一九五二年九月にIMF・世銀に加盟し、一九七〇年に第五位の出資国となった。一九七〇年代に、日本は経済大国化への道を歩み始め、国際金融機関における地位が上昇しつつあり、またその頃、対中国政策を大きく転換した。一九七二年九月二十九日に日本は中国との国交正常化を実現し、国府との外交関係を断絶したが、経済・文化などの実務関係は維持されることになった。このような状況において、日本政府はかかる国際金融機関の中国問題に対してどのような姿勢を示していたのだろうか。

以下では、まず、IMF・世銀における台湾の議席問題について、中華民国の国連脱退前後にアメリカ、日本、台湾の間でどのような議論、交渉がなされたのかを考察する。次いで、一九七二年の日華断交という転換の前後に、外務省がIMF・世銀における台湾の議席問題についてどのような立場を採っていたのかを明らかにする。そして、日中国交正常化以後における外務省の中立化の動きを検証する。最後に、福田赳夫内閣の時期まで、この問題に対して日本政府がバランスを取りながら「解決」への模索を続けた過程を跡付ける。

(3) 一九七二年の日華断交前後の対処

①中華民国の「台湾化」への試み

国連脱退後、一九七二年の四月と九月に開催されたアジア開発銀行年会及びIMF・世銀年会に対してどのように対応するかは、国府にとって重要な問題であった。国府はこれらの国際金融機関における議席問題に対応するために、駐米大使の沈剣虹、元中央銀行総裁の徐柏園及び中華民国の世銀理事王蓬からなる「三人小組」を設置した。さらに、財政部の李国鼎部長と中央銀行の俞国華総裁も不定期に訪米し、アメリカ国務省、財務省及び世銀の上層部や他国の理事などと調整、交渉を行った。(50)

国府は議席の問題について、積極的な対応策を打ち出すことを希望した。それはすなわち、台湾の議席がまだ安定していた一九七二年四月のアジア開発銀行年会の開催後から九月のIMF・世銀年会の開催前の時期に、世銀グループの常務会から「中華民国」の会籍で退会し、また新しい名称で新規会員として加入するという「アウト・イン」

(Out-In) 方案であった。その方案は、中国代表権問題を避けられ、永遠的かつ安定的な台湾議席を確保できると同時に、「台湾」として加入すれば、台湾が支払う負担金も従来の二割にまで削減できるという一石二鳥の妙案であった。[51] 経済成長の外部環境を整えるために、国府は国際金融機関において、等身大の台湾としての議席の確保を準備し始めたということであった。

一九七一年一二月に沈大使は世銀の法律顧問ブローチス（Aron Broches）に対して、以下の措置による国府の議席維持を要請した。すなわち、①IMF・世銀における中華民国の一切の活動は台湾ドル地域に限定する。②理事会のコンセンサスがあれば、中華民国のクォータを減少することに同意する。③名称について、「中華民国 台湾」へ変更することが可能だと考えている、という内容であった。[52] ブローチスは、台湾の議席については代表権の問題とはせず、メンバーシップの問題として対処する可能性があると答えた。[53]

国連での失敗を繰り返さないように、国府は国際機関における議席を維持する論理も変えた。例えば、李国鼎財政部長はアジア開発銀行の台湾の議席について、一九六〇年代の後半から台湾がアジアの経済発展に大きく貢献していることを強調する談話を発表し、「地域の共同事業への参加が多ければ多いほど、台湾のアジア地域全体の繁栄への貢献も多くなる」とアピールした。[54] すなわち、国府は政治的な正統性の争いから、台湾に限定した中華民国の経済業績を強調する方針へと立場を変えたのである。

日本がアジア開発銀行における加重投票権の比重が高かったことに加え、IMF・世銀においても重要な位置を占めていたため、台湾は日本との間で議席の問題について交渉を重ねた。[55]

一九七一年一二月、沈大使は世銀の日本理事鈴木秀雄を訪問した。鈴木理事は、日本政府では台湾の代表権あるいはメンバーシップの問題について国府を支持する声が主流であると述べた。これを受けて、沈大使は直接日本の駐米大使館及び外務省と協議すべきであると周書楷外交部長に建言した。[56] 一九七一年一二月一四日、王蓬は鈴木を訪問し、中国の代表権問題ではなく、台湾を加盟国としてＩＭＦに残すことができるよう日本側の協力を求めた(57)。続いて、王蓬は一九七二年二月、三月にそれぞれ日本を訪問し、外務省で安川壮外務審議官と二度の会談を行い、牛場駐米大使も会談に同席した(58)。この会談において、王蓬はまずＩＭＦ・世銀における台湾の議席についてアウト・イン案を相談した。それに対して、安川は法律と技術の問題が複雑すぎることを理由として反対の意見を表明しつつ、多くの国の支持を集めることによって台湾の議席を保持すべきであると主張した。

王蓬はアウト・イン案が採用されなければ、年次総会の前に台湾議席問題は吹き飛ばされてしまうとして代替案を提起し、台湾と国交のない国に対する日本側の働きかけを要請し、特に、インドの台湾支持を得られるよう日本政府に協力を要請した。安川は国際金融機関における台湾議席問題について宇山厚駐華大使を通じてこの件について日華間で緊密に交渉すると述べた(59)。

また、アジア開発銀行における台湾の議席問題について、王蓬は渡辺武アジア開発銀行総裁との会談で合意した内容を安川に伝えた。その内容は次のとおりであった。

① アジア開発銀行は国連の特別機構ではなく、国連やエカフェとの正式な関係は存在しない。
② 中華民国の分担は「台湾」地域に限定されている。
③ アジア開発銀行の表決規則は単純多数決であり、世銀・ＩＭＦとは大きく異なる。
④ アジア開発銀行のメンバーシップを規定する条項三の最終解釈権は理事会にある。
⑤ 一九七二年九月までに、台湾は新しい借款を提出しない。
⑥ パキスタン代表が非公式に中華人民共和国をオブザーバーとしてベトナムでの年次総会に呼ぶことを提出したが、現在パキスタン政府の指示を請訓している。

⑦アジア開発銀行の上層部は、台湾の法律や政治的地位についての見解を発表せず、中華民国政府の事実上の権利と義務を認め、理事会による政策変更を行う前においては、アジア開発銀行は引き続き中華民国政府との関係を保持する

この会談の終了後、王蓬は政府への報告書の中で、日本側がアウト・イン案に反対する理由は、日中国交正常化へ向けて国内の政治情勢が許さないためだと分析し、もしこの推測が正しければ、台湾は日本側に全力で他の代替案を提起し、特に年次総会で他の国の支持をえられるよう圧力をかけるべきであると主張した(60)。直接の交渉以外にも、国府はアメリカ政府に対しても、日本側に圧力をかけるよう働きかけた。一九七二年八月二八日、沈大使はグリーン国務次官補を訪問し、日米ハワイ首脳会談において日本側に協力を働きかけるよう要請した(61)。しかし、中国が何らかの行動に出る前に、議席問題を解決したいという国府の意図に対して反対する国が多かったため、実現には至らなかった。それゆえ、それ以後の国府の対応は関連諸国への外交工作を中心に展開されることとなった。

②日華断交前の外務省の検討

日本の外務省は、国府側が提示したアウト・イン案に積極的に賛成したわけではなかったが、IMF・世銀における中国問題について、中国代表権問題と国府の議席及び権益を分けて考えていた。一九七一年一一月五日、外務省経済局は「IMFにおける中国問題」という文書の中で、今後の情勢の展開に関し、国府にとって不利となることと有利となることとの要因を以下のようにまとめた(62)。不利な要因は、各国がアルバニア決議案の表決態度と同様の投票態度を採った場合、総務会の表決では、代表権の変更、国府追放の決議案が過半数を制しうること、またアルバニア決議案に反対した加盟国も、国府が総会から追放された今となっては、IMF内での国府の地位擁護を主張せず棄権にま

わる可能性があることであった。有利な要因としては、IMFが元来資本主義国の集団であり、中国政府は現実にIMFに入ってこないと見られることから、アルバニア決議案に賛成した諸国もIMFについては国府により有利な態度を取る可能性があること、また国府とアメリカが強力な工作を展開する可能性があることであった。以上の情勢判断の下で、外務省は、表決の際に日本がもし棄権すれば、国府の敗北が決定的になると認識した。この問題における日本の重要性を認識していたのである。

同文書は、具体的な対応として以下のような基本的な姿勢をとることを提示している。まず、単純な中国代表権問題として提起されることを阻止しえない場合は棄権すること。しかしながら、国府を追放することは日華平和条約の関係及び国連総会での日本の国府地位擁護の態度との一貫性などの見地から見て、政策的、実質的考慮の点で望ましくないと考えられていた。中国政府による潜在的代表権の留保のみでは、義務違反もなく、また強制脱退の事由もない現加盟国たる国府の追放に十分な理由となりえないなどの議論を行う余地が残るため、結論としては、「国府の存続を図るためには、中共が回復した代表権を行使してIMFに参加する意志がない以上、本件を単なる代表権問題として処理して国府をIMFから追放することは適当でないとの立場を取るべきである」と総括している。

他方、アジア開発銀行について、外務省経済協力課は一九七一年一一月一〇日付の「アジア開銀における対国府融資案件と中国問題」と題する文書の中で、国府の地位について予想される事態を次のように整理している[63]。①「代表権」により中共と入れ替わる場合。ここには、中共の参加意志が問題であるが、ほとんど問題にならないと想定されるとコメントが付されている。②国府だけを追放ないし無資格とする場合。特にエカフェや国連専門機関加盟国の地位を国府が失ったときにアジア開発銀行における国府の地位も問題となるとされている。③手続き的には、例えば具体的な投票にあたり国府投票権の有効性に疑義が提出される場合。④このほか、実質的に融資対象圏として適当かどうか（国府の国際的境遇からみた償還可能性等）が問題とされる場合がある。

以上の起こりうる事態を想定しながら、同文書では日本政府がアジア開発銀行における国府維持の方針を固めた場合の方策も以下のように検討されている。①できるだけ討議の延期をはかる。その方法のメリットは、事態の推移ないし沈静化を待ちうるということであり、デメリットは対国府融資の決定も停滞するということであり、いずれにしても国府擁護と見なされると判断するものであるとコメントが付けられた。②はっきり国府擁護のラインで投票する。③棄権して、結果として国府反対派をブロックする。ただ、以上の三つの手法には、いずれにしても国府擁護と見なされる心配あり、と記されている。

この文書は引き続き、「国府の地位を救ったとしても、次の問題が残る」と指摘している。それはまず、①「二つの中国」という批判であり、次に②「台湾地域」のみの国（出資金算出は同地域に基づく）としても、可能性として、「二つの中国」と同じ批判を受けて中共寄りの国々が満足せず、将来の対国府融資案件についてクレームが寄せられ、やりにくい状態が続く。国府自身が応ずるか否かも疑問がある、ということ。そして、③国府がアジア開発銀行以外の場で国際的孤立を深め、経済的にも衰微するが如き事態にいたった場合、債権確保等の見地から、あえて国府を存続させたことに改めて批判が生じうる。さらに、④かりに日中国交回復後に国府との関係を断絶した場合、その態様いかんによりアジア開発銀行において国府をどう扱うかが問題となりうる。以上の外務省経済協力課の議論から、いかにして台湾の議席を維持しながら、国府を支持しているという印象を外部に与えないようにするか、ということに苦慮する外務省の姿が読み取れる。

田中政権に移行した後も、日中国交正常化を目指しながら、台湾への配慮を欠かさないというのが依然として外務省の基本的な立場であった。一九七二年九月一三日、外務省国際経済第二課は、国際金融機関における台湾の議席の問題について以下の明確な方針を打ち出した。(64)

基本方針――わが国としては、国府がＩＭＦ・世銀等において議席を維持することは台湾経済の活力を維持するため望ましいと考えるので、日中国交正常化の障害とならないよう配慮しつつ、議席維持を可能な限り支持する方向で下記具体案のラインにより対処する。具体案――①今次総務会において、国府の地位をチャレンジする代表権問題を含む決議案が提案される場合、その時点で日中国交正常化が実現しているか否かを問わず、本件を理事会等に所托する等の実質的棚上げを目指す決議案に賛成する。②棚上げに成功しなかった場合、中国に代表権を認める決議案には棄権する。③国府の議席維持に関する提案の支持獲得のための積極的工作はしない。しかし、できる限り目立たぬかたちで、アメリカ等からの協議要請に応じ、また、要すれば、各国代表団、理事との間で、棚上げ方式の可能性を非公式に打診するなどのことは差し支えない。

（４）中国による台湾追放議案の提出と外務省の中立への試み

中国は一九七二年九月から国際金融機関において台湾が中国を代表することに反対し、直ちに台湾を追放することを要求し始めた。一九七二年九月の国連貿易開発理事会、国連経済社会理事会等で、中国代表は第二六回国連総会決議があるにもかかわらず、ＩＭＦが台湾を追放していない事実を指摘し、批判した。日本政府は、一九七三年の世銀やＩＭＦにおける中国問題をめぐって、日中国交正常化がすでに実現された状況の下で、中国が正式に台湾の追放を提起するという新しい事態に直面することとなった。

日中国交正常化以後、国際情勢が複雑化する中で、日本政府は中国・台湾政策についてどのような基本的な立場を有していたのか。外務省は「わが国のアジア政策」という文書の中で次のように述べている。(65)

当面の対中国政策について、①中国が広く国際社会、特に（多数国間の場）での経験を深めることは、その対外姿勢をより柔軟かつ合理的なものとすることが期待されるので、かかる機会を多くするよう留意する。但し、台湾の経済利益についてはできるだけの配慮をする。②台湾問題もあり、対中国関係についても緊密な日米間の協議を行う。③日中平和条約の締結については、わが国の外交目的の達成に最大限利用しうる時期にこれを行う。

また、同文書では今後の台湾政策について、次のように述べられている。

① 基本的に、台湾の国際的地位に根本的に変化が生じない限り、日台実務関係は維持する。
② 当面は、マルチの場では、台湾の経済利益が損なわれないようできるだけ配慮するが、表決等の際には日中間の基本関係に基づいて対処する。
③ 日台経済面では、輸銀資金使用の延払いを含め、台湾の経済的向上に役立つ面で好意的に協力する。
④ 政治面では、「二つの中国」や「一つの中国・一つの台湾」ととられるような行動には一切加担せず、節度を守る。

以上のように、日本政府は中国、アメリカ、台湾との関係においてバランスを取りながら、台湾との関係を調整していく意図を表明していた。しかし、ＩＭＦ・世銀の台湾問題について具体的にどのようにバランスを取るかは容易なことではなかった。

日中国交正常化は無論、ＩＭＦ・世銀における台湾の議席問題に大きな影響を与えた。一九七三年の第二八回のＩＭＦ・世銀総会に向け、外務省内部では異なる意見が出はじめていた。アジア局は以前の対応方針に対し、日中国交正常化ということを踏まえた上で対応すべきだという立場から、一九七三年の世銀総会への対応方針として以下の案を提出した[66]。

基本方針――①日中友好関係を損なうことのないよう対処する必要がある。②同時に世銀・IMFの国際金融機関としての特殊性、中国が当面世銀・IMFへ参加の意思がないと推定される事実、台湾追放が台湾経済に与える影響等を考慮する。

具体方針――台湾の議席維持ないし台湾の追放に関する提案につき支持あるいは不支持獲得のための積極的工作は行わないが、総会会期前、会期中のロビイングについては、米国などから要請があった場合は、これらの国の意向の聴取、意見交換に応じる等のことは差し支えない。台湾の地位をチャレンジする代表権問題を含む決議案が提案される場合、①棚上げを目指す決議案（本件を理事会等適当な場に付託する等の決議案）および同決議案を先議する手続き提案また右と同様の性格、効果を持つ提案には棄権する。②棚上げが成功せず、代表権問題の表決に追い込まれた場合は請訓する、請訓の余裕がない場合は台湾の追放または中国の加盟に賛成する。

一九七二年の対策案に比べ、このアジア局案では次のような変化がみられる。まず、原則としては台湾の議席維持を可能な限り支持するといった内容から、日中関係を損なわないことを前提とすることへ変わった。そして具体的な方針については、棚上げ案に賛成することから、棄権するということへ、代表権が表決される場合に棄権するという方針から、賛成するという方針へと変わった。

しかし一方で、アジア局案に対して、経済協力局と北米局は二点の反対意見を表明した[67]。一つは「金融機関たる特殊性に鑑み、単に台湾のメンバーシップが失われるのみの結果を招来することは好ましくないとの立場に変りないとすれば、かかる方針の変更を要するいかなる事態の進展があったか必ずしも明らかとは思えない」というものであり、もう一つは「棚上げ案に引き続きわが方の同調を期待しているアメリカとの関係も慎重に考慮すべき要あらん」というものであった。

外務省内部で検討が進められる中、九月六日にアメリカ駐日公使エドモンドは宮崎弘道経済局長を往訪し、台湾を強く支持するという立場を伝え、また、総会において万が一台湾追放が提起された場合について、日本側の意見を照会した。それに対して、宮崎は外務省内で検討中であったため結論を明言することはなかったが、日本の立場がより中立的となることがありえるかもしれないと表明した。(68)

実際のところ、一九七三年のIMF・世銀総会で台湾追放案は再度棚上げとなった。一九七三年九月二四日のナイロビでのIMF・世銀総会に際し、中国外交部の姫鵬飛部長はウィッテフェーン（Hendrikus J. Witteveen）IMF事務局長及びマクナマラ（Robert S. McNamara）世銀総裁に対し、台湾を追放すべしとする電報を発した。(69)

それは、中国が初めて世銀グループに対する正式な立場を表明したものであった。この総会において、アルジェリアは国府追放を取り上げようと動いたが、事務局は姫部長の電報の宛名が総会議長ではなく、専務理事、総裁であることを理由として、理事会付託が適当と判断し、アルジェリアの動きを抑制した。(70) そして、中国政府の要求に対して、同総会は、従来の棚上げの方式で、IMF・世銀のそれぞれの理事会において本問題を検討することを決定した。そして、一〇月に開催されたIMF理事会では、中国側の要請に対し積極的に共感を示す理事が多かったが、専務理事から提出された、非公式に中国側と接触を行い、中国側の意図や法律あるいは実務的な問題について明らかにするという提案が多くの支持を集めたため、その専務理事の提案が承認された。すなわち、IMF事務局は国府追放の問題に対して技術的、法律的問題の検討を口実として持ち出し、問題解決の引き延ばしを図ろうとしたといえよう。

日本側の立場は、中国加盟あるいは台湾追放案の直接表決が要請された場合には、技術と法律の問題で疑義を提出し、それにもかかわらず万が一最終的に表決に付されることとなった場合には賛成するというものであった。(71) 一〇月のＩＭＦ理事会において、日本の代表は中国代表権を承認しながら、中国の意思をはっきりさせ、法律、財政の問題を検討し、メンバーシップの問題に慎重に対応すべきだと発言した(72)。

日本外務省内部では、台湾支持の方針を変更するべきかどうかについて意見が一致していなかったが、棚上げ案に賛成すること、また中国の加盟や国府追放については棄権するというアメリカの姿勢に同調するという従来の方針について、日中国交正常化以降になると変化が見られ、中立的な立場を採る可能性も含めて検討されるようになった。ただ同時に、法律や技術面から、国府の議席問題を日本にとって有利な方向へ導くよう、米、台との間で協力する姿勢も維持されていた。

（5）米台断交までの再模索

①アメリカの「三段階論」

一九七四年四月の国連第六回特別会議で、中国の国連大使黄華はＩＭＦ・世銀の両組織が国連決議を守らず、「二つの中国」を作り出そうとしていることを批判し、さらに両組織の活動に参加しないと宣言した。中国政府が国府追放を提起したことを受けて、一九七四年五月三〇日に、王蓬とアメリカ国務省経済局開発金融室室長のベネディク(Richard E. Benedick)は対応策について協議した。

ベネディクは、キッシンジャーにより確認されたアメリカの政策がすでに確定されたと述べた。それはすなわち、アメリカの態度は中国と台湾の双方が同時にＩＭＦ・世銀に加盟した状態になることを歓迎するというものであり、中国に加盟の意思があるとしても、国府追放を条件とするのであれば、これに反対せざるをえないとするものであった。さらに、ベネディクは王蓬に対して、以下の方法で国府がアメリカ政府と交渉すべきだと提言した。それは、第一段階――中国が参加を表明しない限り、現状維持とする。第二段階――中国が参加を表明した場合、義務の履行を承諾すべきだと要求する。第三段階——中国が義務の履行を承諾した場合、アメリカ政府は国府の追放を代価としないことを主張するという三段階であった[73]。

他方で、中国政府と国府の双方は日本に対し本件について働きかけた。一九七四年二月六日、中国人民銀行の国外業務局長が駐中国日本大使館員と接触し、すでに国連の下にある一一機関のうち、八機関には参加したが、残りの三機関には参加していないことを指摘し、IMFが蔣介石を追放した後、中国が実際に参加するかどうかは別の問題であると説得を試みた[74]。

一方、国府側も棚上げ案を引き続き支持するよう日本政府に働きかけた。一九七四年九月一三日、亜東関係協会の林金莖副代表は徐永齢経済商務組長とともに、交流協会を通じて、九月三〇日の総会において中国代表権問題が提起された場合には、理事会で検討する案に賛成してもらいたいという要望を外務省に提出した[75]。結局、一九七四年と一九七五年は中国側から特に何の動きも見られなかったため、IMF・世銀年次総会で台湾追放案が正式な議題として提起されることはなかった。

②資産・権利の帰属をめぐる争い

しかし、台湾の議席問題は一九七六年に新たな局面を迎えることとなった。一九七六年一月のIMF暫定委員会で、IMFの保有する約一億五〇〇〇万オンスの金のうち六分の一は四年間にわたり競売のかたちで市場売却すること及び六分の一は一九七五年八月三一日現在の加盟国に出資額に応じて返還すること（一オンス当たり約四二ドルの公定価格で売り戻すこと）が決定された。IMFはすでに五回にわたり金の競売を行っていたが、加盟国への金の返還は一九七七年一月一〇日から行われることとされた。中国に対して返還される金は約四七万オンス（公定価格で約一億九〇〇〇万ドル）であり、第一回の返還はその四分の一であった。この時、そのIMFの保有金を中国に返すのか、それとも台湾に返還するのかということが問題となったのである。

一九七六年の総会に向けて、日本外務省は従来の方針を改めつつあった。従来、中国代表権問題に関しては中国の主張を認めつつ、対米協調のラインで台湾にも配慮すべきという立場であり、また具体的方針については、特に棚上げ案に対して、賛成あるいは棄権するという単純な立場であった。それを、よりバランスを取るようにするという方針へ転換したのである。すなわち、棚上げ案に賛成する一方で、代表権の交代については棄権とし、技術的、法律的問題として理事会、事務局で検討することに賛成する一方で、単に先延ばしを図ろうとする提案には棄権するというものであった。その具体的な方針は、「ＩＭＦ・世銀総会における対処法案　一九七六年一〇月」という文書で次のようにまとめられた(76)。

（1）基本方針

（イ）ＩＭＦ・世銀における中国問題については、日中国交正常化の事実を踏まえ、かつ、日中両国間の友好関係を損なうことのないように対処する必要がある。

（ロ）わが国としては、本来中国が実際にＩＭＦ・世銀の活動に参加するか否かを問わず、「中国を正当に代表していない台湾が中国を代表する形でＩＭＦ・世銀にとどまっている事実は許し難い」との中華人民共和国の主張は認めざるを得ない立場にある。

（ハ）特に、これが「代表権問題」として中国代表権の交代を問題とする限りＩＭＦ・世銀は国連の専門機関であることからして、一九七一年一〇月の中国代表権問題に関する国連決議が尊重されて然るべきである。

（ニ）しかしながら、台湾がＩＭＦ・世銀のメンバーシップを維持することは、台湾への国際投資が円滑に行われる基礎とも考えられ、この意味で上記（イ）ないし（ハ）のわが方立場と矛盾しない限り、台湾経済の活力を保てるように取り計らうとの観点にも十分配慮すべきものと考えられる。

（ホ）また、ＩＭＦ・世銀いずれについても台湾の出資の取り扱いの問題、また、世銀については、台湾に融資した債権の今後の取り扱い問題等があるので、これら諸問題及びこれらに関連する技術的、法律的な特定事項についてＩＭＦ・世銀が国際金融機関としての立場から検討することも必要かと思われる。

（2）具体的方針

（イ）代表権問題は、理事会の権限事項であると考えられるので（ＩＭＦ法律部の見解）、総会等理事会以外の場で本件が提起された場合において、本件を理事会に付託するとの提案がなされたときは、同提案に賛成する。ただし、下記（2）（ニ）の提案が同時に提出されその先議問題が生ずる場合には請訓する。請訓の余裕なき場合には請訓の余裕がなかった旨を発言して先議問題自体には棄権する。

（ロ）上記（1）（ホ）の問題を中心に技術的、法律的問題を理事会あるいは事務局で検討することには賛成する。ただし、本問題の討論を単に遅らせることを意図する提案（いわゆる棚上げ案を含む）には棄権するものとする。

（ハ）中国がＩＭＦ・世銀の活動に参加する意思の有無（台湾の世銀に対する債務を承継する意思の有無、weighted voting 制を認めうるか等も適宜含む）等についての中国の見解を事務局等が打診するとの案には賛成する。

（ニ）代表権の交代に関する決議案（単に台湾を追放すべしとする決議案を含む）が提出される場合には代表権交代に賛成する。

（ホ）特定の決議案を成立若しくは不成立とするための積極的な工作は行わない。

一九七六年一〇月に開催予定のＩＭＦ・世銀総会前の九月三〇日に、中国人民銀行総裁の陳希愈はＩＭＦ専務理事のウィッテフェーンに書簡を送り、政府の命により、国府の代表を直ちに追放することを要求するとともに、さらに

ＩＭＦにおける「中国」のすべての資産、権利及び利益は中国人民に属すべきであり、中国の国家銀行である中国人民銀行のみがこれらを処理する権利を有していると主張した。[77]

こうした中国側の要請に対して支持や同情を寄せる国は少なくなかった。一〇月のマニラでのＩＭＦ・世銀総会においては、ネパール、パキスタンなど若干国の代表から両機関において中国の正当な権利を回復すべきである等の主張がなされた。また、ＩＭＦの総会ではフランスなどの国も積極的に中国寄りの立場に立って働きかけた。中国側の新しい主張に対し、ＩＭＦの専務理事ウィッテフェーンは、資産、権利及び利益は財政の義務と切り離して考えることはできないと表明し、他方で再び中国側の意図の説明をまだ受け取っていないと回答する返書を用意した。[78]当時のアメリカの態度は、中国の加盟に最後まで反対するものではないが、単に国府を追放することだけになるのは避けるべきであるというものであった。[79]ウィッテフェーンが用意した返書は、実際にアメリカが台湾の地位を維持しようとした一種の処理方法に基づいていた。

ただ、その返書に対しては、ＩＭＦの理事会で意見の分裂がみられた。一九七六年一二月三日にデンマーク理事は、中国代表権問題に関する結論を出した後に専務理事書簡を出すべきであると提案し、フランス、オランダ、オーストラリア、インド、シリア、ザンビアもその意見に同調した。[80]しかし、その意見は大勢を占めるには至らず、アメリカ、イギリス、ドイツ、日本などの多くの理事がまず書簡を出すべきであるとの提案を行ったため、原案通りに承認された。[81]また、一二月二九日のＩＭＦ理事会で、フランスの理事が、一九七七年の一月一〇日からのＩＭＦの保有する金の加盟国への返還に関して、台湾に対する返還は中国代表権問題が解決されるまで棚上げにしておくべきであると発言した。日本政府の対処方針は、積極的な発言を差し控え、大勢の意見に同調し、判じ難い場合には棄権するというものであった。[82]結局、理事会を構成する二〇名の理事のうち、日本を含む五ヵ国が発言しなかったため、結論は先延ばしとなった。

一月六日、前述の中国人民銀行総裁宛の書簡に対する中国側の返答が三月末までに来ない場合、台湾に金を返還することとし、それまでの間、台湾に対する返還は留保するという妥協案が専務理事から提出された。これに対し、フランスなどの国が反対したが、アメリカ、イギリス、ドイツ、カナダ、オーストラリア、日本などの国が賛成したため、その案が可決された(83)。

日本代表は同調の意見を表明したが、もし記録などのため何らかの留保的立場を表明する場合の対応について、外務省は日本代表に指示を与えていた。それは、「わが方としては本案に全く満足している訳ではないが、現在の情勢においてやむをえない妥協案であると考えるので、コンセンサスによる採択には特に反対しない」という説明を述べるようにするということだった(84)。結局この問題は、一九八〇年四月一七日に中国が正式に加盟する直前に、アメリカの提案で、四〇％を国府に返還し、残りを中国政府に返還するということで決着した(85)。

③福田赳夫内閣の再確認

多数の親台湾派議員を擁する福田派の首班である福田赳夫の内閣が一九七六年一二月二四日に発足し、一九七八年に日中平和友好条約の締結を実現させた。この過程において、自民党内の対立は依然深刻であり、親台湾派は条約締結への反対論を展開した。この対立は、国際金融機関における台湾の議席問題についても政府内部の不調をもたらした。

一九七七年八月三一日に、国府からの書簡が親台湾派の藤尾正行議員によって外務大臣に届けられた。この書簡の中で、国府側は「両機構と中華民国の貿易、経済との関係は極めて緊密である。もし、代表権問題が提起された時には、わが国を排斥する提案に対し反対意見を述べ、中華民国に有利なあらゆる提案、修正案または動議を支持するよう」お願いしたいと訴えた(86)。台湾の議席問題は、中国代表権問題と関わるかたちで取り扱われる場合、国府の追放を認めざるをえないという方針が日中国交正常化以降の外務省の一貫した立場であったが、一九七七年のＩＭＦ・世銀総会に向けて準備を進める中で、外務省と大蔵省との間で意見の対立が生じた。一九七七年九月二一日、外務省は以前と同じ方針を日本代表団に伝えたが、親台湾派の坊秀男蔵相は「日本の総務として出席する自分が台湾追放決議案に賛成投票することはできない」と発言し、対処方針の再検討を外務省に要請した[87]。

もともと大蔵省は、アジア開発銀行における台湾地位問題に関して、台湾を強く支持する立場をとっていた。大蔵省のアジア開発銀行に関する対応方針は以下の要点にまとめられる。①日中国交正常化の枠組みの中で態度を決定すべきだが、日台の実務関係と台湾とＡＤＢの債権債務などの関係についても考慮を払う必要がある。②もし、ＡＤＢにおいて台湾が問題視される場合においても、日中国交正常化の枠組みを逸脱しない限りにおいて、台湾がメンバーシップを失う事態を回避すべきである。③第三国によって中国代表権問題の交代に関する問題として提起される場合、代表権の変更には賛成せざるをえないが、かかる決議案について発言を求められる場合には、「本件を単なる代表権問題として処理して台湾をＡＤＢから追放する結果、ＡＤＢの将来にいかなる影響をもたらすか慎重に検討する必要がある[88]」などと発言する。

一九七七年九月二六日から三〇日にかけてワシントンで開催される運びとなっていたＩＭＦ・世銀総会での対処方針について、坊大臣は「台湾を追放することはできない」との見解を表明し、政治的に決着しようとすることは好ましくないとの態度をとった。そして、大蔵省はアジア開発銀行における台湾議席問題の対処方案に基づいて作成した、ＩＭＦ・世銀年次総会への対処案を外務省に提出した。この大蔵省案は、日中関係の枠組みを尊重するものではあったが、台湾への配慮が外務省より強く表れていたものであったため、外務省は強い反対の意見を表明し、特に、中国課は国際金融機関における台湾地位問題に関する日本の態度が福田内閣の対中非友好政策の象徴になることを懸念した。

中国課が一九七七年九月一九日に作成した「ＩＭＦにおける中国代表権問題について」という文書には、「これ等決議案（中華人民共和国政府が中国を代表するものとして迎え、台湾を追放するべきとの決議案及び台湾を追放するのみの決議案―筆者注）に反対しないまでも棄権投票を行った場合であっても、これはわが国対中政策の変更を意味するものと諸外国に受け止められることは必定であり、それは直ちに中国側に伝わり、わが国の中国に対する極めて非友好的態度であるとして激しい反発をうける恐れがある。これに対しては、中国側は福田内閣の中国に対する非友好的姿勢として日本側の対中国政策の変更と受け止めることとなり、極めて問題である」と記されている。(89) しかし、結局一九七七、一九七八年のＩＭＦ・世銀総会において中国問題を深く追及しようとする動きが見られなかったために、日本政府の立場も追い詰められることのないまま、米中の国交正常化を迎えるまで、すなわち一九七〇年代にはこれらの国際金融機関における台湾の議席は保持され続けることとなった。

おわりに

本章では、一九七〇年代における東アジアの国際情勢の変動を背景として、国際金融機関における中国問題について、中国が資本主義陣営の主導する国際金融秩序に組み込まれていった過程のもう一つの側面、すなわち台湾の議席維持に関する日米華の交渉に焦点を当て、特に日本外務省の対応を中心に考察した。それを通じて、日本が中華人民共和国との関係を模索しつつある一方で、従来の台湾をめぐる国際秩序が国際金融秩序においていかにして継続されていたのかを明らかにした。

中華民国が一九七〇年代においてなお国際金融機関という「国際舞台」に残留できたことは、様々な要因が絡み合うことによって達成されたといえる。まず、国際金融機関への加盟に際し、各種の条件を満たす必要があったため、中国はただちにそれらの国際金融機関に加盟することができなかったし、その意思もなかった。もし、中国の真意が自ら加入することにあるとすれば、それを阻止することはほぼ不可能であるということを、アメリカ、日本及び国府も認識していた。一九七〇年代において、中国政府のねらいが国府の追放のみにあったため、関係各国には検討の余地が残されていた。

国府の議席を支持する陣営においては、アメリカが主導的な役割を果たしたが、アメリカの単独の力では国府の議席を保持することは不可能であった。アメリカのアジアにおける最も重要な同盟国であり、また台湾と深い関係を持つ日本が、この過程において重要な役割を果たした。一九七〇年代の国際金融機関における中国問題に対して、日本政府は一貫した立場を取り続けたわけではなく、中、米、台などの各方面とのバランスをとるべく、相当苦慮していた。

日本政府は日中国交正常化以後、日中関係に配慮しつつ、台湾を可能な限り支持するという観点を持ち、その観点の下に台湾の立場を考慮しつつ日中友好を損なわない、という方針へと転換した。しかしながら、日本政府は日中国交正常化という前提の下で、中国代表権問題として問題が取り扱われる場合には、国府追放案に賛成するとの立場に立ちながら、表面上は中華人民共和国を支持するあるいは台湾を支持するというような工作を行わず、水面下では可能な範囲でアメリカと台湾への配慮を怠らなかった。ＩＭＦ・世銀における台湾のメンバーシップの問題について、本章では、福田内閣までの時期を取り上げたが、国府の議席問題が一九八〇年代までにいかにして決着したのかという問題を考察するには、さらなる史料の公開が必要であり、現段階では今後の課題とせざるをえない。

以上の分析からみれば、国府は断交以後においても日本との経済関係の継続、また国際経済組織における地位の保持について積極的に日本側の支持をえようとした。他方、日本側は日中国交正常化以降、これを前提として台湾との関係に対応しなければならなくなったが、本章で考察した貿易関係の再編、及び国際経済組織における台湾のメンバーシップの問題において示されたように、基本的に台湾の経済成長への日本の支持と協力は続けられていった。この支持と協力は、一九七二年体制に規定される単純な民間関係ではなく、断交以前から漸次形成されてきた、経済成長を支持することによって台湾を独立した政治実体として中国大陸から分離させるという戦略の延長線上にあると理解すればよいだろう。

註

(1) 日華断交については、添谷芳秀「米中和解から日中国交正常化へ」(石井明ほか編『記録と考証 日中国交正常化・日中平和友好条約締結交渉』岩波書店、二〇〇三年)。同「一九七〇年代の日中関係」(国分良成ほか『日中関係史』有斐閣、二〇一三年)。毛里和子『日中関係 戦後から新時代へ』岩波新書、二〇〇六年。服部龍二『日中国交正常化――田中角栄、大平正芳、官僚たちの挑戦』中公新書、二〇一一年。井上正也『日中国交正常化の政治史』名古屋大学出版会、二〇一〇年。神田豊隆『冷戦構造の変容と日本の対中外交――二つの秩序観 一九六〇―一九七二』岩波書店、二〇一二年。石井明「日台断交時の「田中親書」をめぐって」『社会科学紀要』第五〇号(二〇〇〇年)、八九―一〇九頁。川島真「中華民国外交档案に見る『別れの外交』(日華断交)――椎名悦三郎の訪台を中心に」(加茂具樹・飯田将史・神保謙編著『中国改革開放への転換――「一九七八年」を越えて』慶應義塾大学出版会、二〇一一年)、一九九―二二〇頁。清水麗「蔣経国時代初期の対日政策――日台断交を一事例として」『筑波大学地域研究』第一七号(一九九九年)、二三七―二四八頁。同「蔣経国体制への移行と日華断交」『二一世紀アジア学会紀要』第五号(二〇〇七年)一七―三七頁などを参照。航空路線問題については、清水麗「航空路問題をめぐる日中台関係」『筑波大学地域研究』第一八号(二〇〇〇年)、一五七―一七二頁。李恩民『転換期の中国・日本と台湾――一九七〇年代中日民間経済外交の経緯』御茶の水書房、二〇〇一年。丹羽文生「日中航空協定締結の政策決定過程――自民党日華関係議員懇談会の影響力」『問題と研究』第三七巻第四号(二〇〇八年)、一三七―一五六頁。陳冠任(川島真訳)「日華断交後の航空交渉――一九七二―七五年」『近きに在りて』第五六号(二〇〇九年)、九三―一一六頁。福田円「日中航空協定交渉一九七三―七五年」(高原明生・服部龍二編『日中関係史一九七二―二〇一二 政治』東京大学出版会、二〇一二年)、七一―九八頁などを参照。

(2)「招商局輪船有限公司在日本業務輿機構概況応変対策」一九七二年八月二二日、外交部档案「各部会対中日断交応変計画及其擬交渉事項」(012.1/89001)、中央研究院近代史研究所。
(3)「中信局対該局東京代表処之応変対策」一九七二年八月二一日、「各部会対中日断交応変計画及其擬交渉事項」。
(4) 同右。
(5)「針対中日関係新発展我財経部門応採因応措施」一九七二年八月一〇日、「各部会対中日断交応変計画及其擬交渉事項」。
(6) 同右。
(7) 宇山大使発外務大臣宛「日中正常化(国府の対策)」一九七二年九月三〇日、外務省外交記録「日中関係」(2013-3308)、外交史料館。
(8)「商討中日断交後財経方面有関問題処理弁法会議記録」一九七二年九月三〇日、「各部会対中日断交応変計画及其擬交渉事項」。
(9) 黄天才、黄肇珩『勁寒梅香:辜振甫人生記実』聯経出版、二〇〇五年、三八二頁。
(10) 黄自進、簡佳慧『林金莖先生訪問記録』中央研究院近代史研究所、二〇〇三年、一〇八頁。
(11) 石井明ほか編『記録と考証　日中国交正常化・日中平和友好条約締結交渉』岩波書店、二〇〇三年、三四頁。
(12) 同上、三七三頁。
(13) 福田円前掲論文、七一頁。
(14) 一九七二年一二月一五日「中央委員会大陸工作会発外交部宛四六五〇号電報」、「各部会対中日断交応変計画及其擬交渉事項」。
(15) 同右。
(16) 同右。
(17) 同右。
(18) 力平・馬芷・蓀編『周恩来年譜一九四九—一九七六』中央文献出版社、六一九頁。
(19) 東京弁事処発外交部宛収電第九七四号、一九七四年五月二八日、外交部档案「我向日採購肥料」(020-010104-0095)、国史館。
(20) 東京弁事処発外交部宛収電一九七四年五月二八日第九七六号、一九七四年五月三〇日、「我向日採購肥料」。
(21) 東京弁事処発外交部宛収電一九七四年八月一日第〇七三号、一九七四年八月一日、「我向日採購肥料」。

(22) 東京弁事処発外交部宛収電第一七三号、一九七四年一〇月三日、「我向日採購肥料」。
(23) 東京弁事処発外交部宛収電第一九二号、一九七四年一〇月九日、「我向日採購肥料」。
(24) 外交部亜東司呈部次長、一九七四年一〇月一五日、「我向日採購肥料」、李国鼎発馬樹礼宛電報第七九六号、一九七四年一〇月一五日、「我向日採購肥料」。
(25) 東京弁事処発外交部宛収電第二〇八号、一九七四年一〇月一六日、「我向日採購肥料」。
(26) 同右。
(27) 東京弁事処発外交部宛収電第二二四号、一九七四年一〇月一八日、「我向日採購肥料」。
(28) 同右。
(29) 「聯合国與国際財政合作相関史料」中華民国財政部史料陳列室、http://museum.mof.gov.tw/ct.asp?xItem=3759&ctNode=9&mp=1 最終アクセス二〇一五年一一月三日。
(30) タイトルなし、B00-590-002、李国鼎個人史料、中央研究院近代史研究所所蔵。
(31) *FRUS 1969-1972*, XVII, Document 136.
(32) 同右。
(33) 同右。
(34) *FRUS 1969-1972*, XVII, Document 169.
(35) *FRUS 1969-1972*, XVII, Document 237, 245, 172.
(36) *FRUS 1969-1972*, XVII, Document 208.
(37) Meeting with Sato, Memorandum for the President, 01486, NSC, Digital National Security Archive.
(38) Memorandum for the Conversation, Nixon-Sato Talks, January 3,1972, 01493, NSC, Digital National Security Archive.
(39) US-Japan Summit Talks, January 7, 1972, 01512, NSC, Digital National Security Archive.
(40) 外務省中国課「彭孟緝大使と大臣の会見」(極密) 一九七一年一二月三一日、外務省外交記録「円借款　対台湾」(2013-2235)、外交史料館。

（41）同右。

（42）外務省中国課「各国による中華人民共和国承認・外交樹立状況」一九七六年四月二五日、外務省外交記録「IMF／中国代表権」（2015-0616）、外交史料館。一〇月二九日に国際連合教育科学文化機関（UNESCO）、一一月一六日に国際労働機関（ILO）、一一月一九日に国際民間航空機関（ICAO）、一九七二年二月二五日に国際気象機関（WMO）、四月一三に万国郵政連合（UPU）、五月一〇日に世界保健機関（WHO）、五月二三日に政府間海事協議機関（IMCO）、五月二九日に国際電気通信連合（ITU）など。

（43）世界銀行は、実際には世界銀行グループであり、国際復興開発銀行（IBRD）、国際開発協会（IDA）、国際金融公社（IFC）、多数国間投資保証機関（MIGA）、投資紛争解決国際センター（ICSID）という五つの機関から構成される。本文で言うところの世界銀行は、この中核である国際復興開発銀行を指す。

（44）Daniel P. Erikson, Bridging the Gap: IMF and World Bank Membership for Socialist Countries, Cuba in Transition, *ASCE* (2003): 151.

（45）世界銀行『世界銀行ガイド』二〇〇三年、八頁。

（46）協定の改正、新規加盟国の承認、世銀の資本金の変更、理事や総裁の選出等。

（47）Bessma Momani, China at the International Monetary Fund: Continued Engagement in Its Drive for Membership and Added Voice at the IMF Executive Board, *Journal of Chinese Economics*, Vol.1, No.1（2013）: 125–150.

（48）Harold Karan Jacobson, Michel Oksenberg, *China's Participation in the IMF, the World Bank, and GATT: Toward a Global Economic Order*,（Amm Arbor: University of Michigan Press, 1990）. Quansheng Zhao, *Interpreting Chinese Foreign Policy: the Micro-Macro Linkage Approach*（Oxford: Oxford University Press, 1996）. Christopher Hudson eds. *The China Handbook*,（Chicago: Fitzroy Dearborm Publishers, 1997）. Ann E. Kent, *Beyond Compliance: China, International Organizations, and Global Security*（Singapore: NUS Press, 2009）; Ezra F. Vogel, *Deng Xiaoping and the Transformation of China*（Cambridge, MA: Belknap Press of Harvard University Press, 2011）. Bessma Momani, "China at the International Monetary Fund: Continued Engagement in Its Drive for Membership and Added Voice at the IMF Executive Board", *Journal of Chinese Economics*, Vol.1, No.1（2013）: 125–150. Eric Helleiner and Jonathan Kirshner eds. *The Great Wall of Money: Power and Politics in China's International Monetary Relations*（Ithaca: Cornell University Press, 2014）などを参照。

（49）Ann Kent は、当時の世銀総裁ロバート・マクナマラの役割について言及している。Ann Kent の前掲書を参照。

（50）タイトルなし、李国鼎個人史料（B00–590–002）、中央研究院近代史研究所。

（51）為国際貨幣基金徐執行董事柏園編具「関与基金世銀会籍問題之節略第一号」［日付不明］、李国鼎個人史料（B00–590–013）。

（52）駐米大使館発中華民国外交部長宛、一九七一年一二月二〇日、李国鼎個人史料（B590–39）。

（53）同右。

（54）ROC's Efforts in Asian Regional Cooperation［日付不明］、李国鼎個人史料（A00–242–012）。

（55）加重投票権制度とは、一国一票ではなく、出資額に応じて加盟国の投票数に差を設ける制度。一九七一年のアジア開発銀行における加重投票権の分布はアルバニア案表決態度によって以下のように分けられる。三五ヵ国のうち、アルバニア案賛成国（アフガニスタン、セイロン、インド、ラオス、マレーシア、ネパール、パキスタン、シンガポール、オーストリア、ベルギー、カナダ、デンマーク、フィンランド、フランス、イタリア、オランダ、ノルウェー、スウェーデン、イギリス、計一九ヵ国）が三五・三〇九％を占め、アルバニア案反対国（オーストラリア、日本、カンボジア、ニュージーランド、フィリピン、アメリカ、計六ヵ国）は四六・九四〇％を占めていた。また、国府自身は一・八四六％を占めていた。

（56）前掲駐米大使館発中華民国外交部長宛、一九七一年一二月二〇日。

（57）ＩＭＦ理事鈴木秀雄発駐米大使牛場信彦宛電報第一〇七六三号、一九七一年一二月一五日、外務省外交記録「ＩＭＦ／中国代表権問題」（2015–1203）、外交史料館。

（58）Report on discussion with Japanese Government officials on matters concerning IBRD/IMF and ADB membership of ROC, March 8,1972, 李国鼎個人史料（B00–590–026）。

（59）同右。

（60）同右。

（61）駐米大使館発外交部宛外交部収電四七八号、一九七二年八月二九日、李国鼎個人史料（B00–590–008）。

(62) 外務省経済局「ＩＭＦにおける中国問題」一九七一年一一月五日、「ＩＭＦ／中国代表権問題」(2015-1203)。
(63) 外務省経済協力課「アジア開銀における国府融資案件と中国問題」一九七一年一一月一〇日、外務省外交記録「円借款　対台湾」(2013-2235)、外交史料館。
(64) 外務省国際経済第二課「ＩＭＦ・世銀等総務会における中国問題に関する対処方針対照表」一九七七年九月一九日、外務省外交記録「日中関係・ＩＭＦ、世銀代表権問題」(2013-3309)、中央研究院近代史研究所。
(65) 外務省アジア政策プロジェクト・チーム(極密、無期限)、一九七三年七月三日、外務省開示文書「本邦外交政策・対アジア(政策関連情報)」(2014-2775)、外交史料館。
(66) 外務省中国課「ＩＭＦ・世銀クループ総会における中国問題に関する対処方針(考え方)」一九七三年九月五日、外務省外交記録「ＩＭＦ／中国代表権」(2015-0616)、外交史料館。
(67) 外務省経済局国際経済課「ＩＭＦ・世銀クループ総会における中国問題に関する対処方針(案)幹部会資料」一九七三年九月一〇日、「ＩＭＦ／中国代表権」(2015-0616)。
(68) 大平外務大臣発駐米大使宛「ＩＭＦ・世銀総会における中国問題」一九七三年九月一〇日、「ＩＭＦ／中国代表権」(2015-0616)。
(69)「関於我在国際貨基金及国際復興開発銀行会籍問題資料」[日付不明]、外交部档案「一九七五年世銀基金年会我代表権」(639.015/0009)、中央研究院近代史研究所。
(70) 外務省国際経済課「ＩＭＦ・世銀における中国問題」一九七三年九月二八日、「一九七五年世銀基金年会我代表権」。
(71) 安川大使発外務大臣宛「ＩＭＦ・世銀における中国問題」一九七三年一〇月二七日、「ＩＭＦ／中国代表権」(2015-0616)。
(72)「米国安川大使発外務大臣宛「ＩＭＦ・世銀における中国問題」一九七三年一〇月三〇日、「日中関係・ＩＭＦ、世銀代表権問題」。
(73)「関於我在国際通貨基金及国際復興開発銀行会籍問題資料」[日付不明]、「一九七五年世銀基金年会我代表権」。
(74) 小川駐華大使発外務大臣宛「最近の国際通貨情勢に対する反響(報告)」一九七四年二月七日、「ＩＭＦ／中国代表権」(2015-0616)。

(75) 外務省中国課「ＩＭＦ世銀総会における中国問題に関する台湾からの支持要請」一九七四年九月一八日、「ＩＭＦ／中国代表権」(2015-0616)。

(76) 同右。

(77) 外務省国際経済第二課「ＩＭＦにおける中国問題(中国人民銀行総裁に対するＩＭＦ専務理事の回答案)について」一九七六年一一月一日、「日中関係・ＩＭＦ、世銀代表権問題」。

(78) 「返書案」[日付不明]、「日中関係・ＩＭＦ、世銀代表権問題」。

(79) 「ＩＭＦ理事会「中国問題」討議に関する各国理事意見」[日付不明]、「日中関係・ＩＭＦ、世銀代表権問題」。

(80) 東郷駐米大使発外務大臣宛第四七四四号電報、一九七六年一二月三日、「ＩＭＦ／中国代表権」(2015-0616)。

(81) 外務省国際経済第二課「ＩＭＦ理事会における中国問題の討議振り」一九七六年一二月四日、また駐米東郷大使発外務大臣宛「ＩＭＦにおける中国問題」一九七七年一月六日、「日中関係・ＩＭＦ、世銀代表権問題」。

(82) 「ＩＭＦにおける中国問題」一九七七年一月一日、「日中関係・ＩＭＦ、世銀代表権問題」。

(83) 駐米西田臨時大使発外務大臣宛「ＩＭＦにおける中国問題(Ｂ)」一九七七年一月一一日、「日中関係・ＩＭＦ、世銀代表権問題」。

(84) 同右。

(85) 外務省アジア政策プロジェクト・チーム(極密、無期限)、一九七三年七月三日、「本邦外交政策・対アジア(政策関連情報)」。

(86) 外務省中国課「ＩＭＦ、世銀における中国代表権問題(藤尾正行議員の来訪)(メモ)、一九七七年九月九日、「日中関係・ＩＭＦ、世銀代表権問題」。

(87) 外務省国際経済第二課「ＩＭＦ、世銀における中国問題について」一九七七年九月二〇日、「日中関係・ＩＭＦ、世銀代表権問題」。

(88) 同右。

(89) 外務省中国課「ＩＭＦにおける中国代表権問題について」一九七七年九月一九日、「日中関係・ＩＭＦ、世銀代表権問題」。

終章

本書は、戦後の日本と中華民国の間の経済外交の実態を、経済協力に焦点を当てて明らかにし、日華関係の外交空間が経済領域においてどのように創出されてきたのかという過程を考察した。

第1章では、第二次世界大戦後、日華関係が再編される過程で、極東委員会での日本の海外商務代表の派遣、日本の台湾への商務代表の派遣、在台事務所の設置、日本の企業関係者の来華問題など、既に経済関係を基礎にした関係性が築かれていたことを示した。それは、戦後に新たに形作られた日華関係において、その形成当初から既に政治の側面に限界性があり、経済面に支えられていたことを示している。

第2章では、一九五〇年代の後半の日華経済協力を扱った。具体的には、日華貿易会議及び岸政権の東南アジア開発基金構想、また第四次日中民間貿易協定締結に際しての日華間の対立に注目し、経済協力を通じた外交空間が創出されてきたことを明らかにした。それは、日華それぞれの思惑の相互作用によって構築された。日本側には日中貿易に関する理解を国府から獲得すること、また台湾確保という冷戦戦略や自らの東アジアにおける役割意識があり、国府の側には政治問題の手段として経済外交を行うとする意識、さらには台湾自身の経済利益重視という考え方があった。

第3章では、一九六〇年代前半の池田政権期に行われた第一次円借款の交渉過程を扱った。この時期は日中民間関係が進展し、日華関係が難しい局面を迎えたとされるが、政治関係が難しくなったこの時期に、日華の経済関係が両者の関係を結びつけ、それが第一次円借款として結実していった様を、政治経済の関係性から描き出した。

第4章では、従来日華関係が比較的良好であったとされる一九六〇年代後半の佐藤政権期の第二次円借款の交渉過程を取り上げた。実際、この時期にも日華関係には多くの困難があったが、第一次円借款交渉、あるいはそれ以前から形成されていた経済関係が形作った外交空間が機能していった。そして第二次円借款交渉を通じて、この外交空間が機能し、次第にこの空間が日華関係で重視されていき、さらには中国問題などの政治問題とは切り離されていったことを示した。

第5章では、一九六〇年代の日本が展開した地域外交における台湾の位置付けを取りあげた。具体的には、東南アジア開発閣僚会議とアジア太平洋協議会を事例とし、こうした側面でも、日華間で経済を軸にした関係が形成されていたことが示された。日本は、自らの地域構想を妨害しないよう国府の反共姿勢を抑制したが、その一方で国府を東アジア地域の繁栄に貢献する一員へと導き、日本に対しても友好的な「国」へと導くため、国府に一定程度の支援を与えたことも指摘した。

第6章では、一九七〇年代、とりわけ国連での中国代表権問題の決着以後、また日中国交正常化以後の国際金融機関における中国問題について、世界銀行と国際通貨基金を取り上げた。結果として、台湾は一九七〇年代を通じて国際金融機関に残ることができたが、その上で日本が積極的な役割を果たし、またそのような姿勢は断交以前に形成された国府に対する政策の延長線上にあることを描き出した。

以上の考察をふまえ、この時期の日華関係は以下のように捉え直すことができると考える。

一九五〇年代前半において、日華の経済協力関係は、通商関係の回復及びその深化を重点として展開し、日台通商協定や日華平和条約の締結だけでなく、日本の在台事務所の設置、日本の企業関係者の来華問題、日華間の協力方式の検討、交渉ルートの確立といった一連のプロセスが、政府主導の下で進行する中で形成されていった。この過程において、民間レベルの技術協力などが進められたが、この時期、貿易計画の実行を除くと、政府レベルの日華間の経済協力案件は議論の段階にとどまることが多く、必ずしも多くの成果を挙げたわけではなかった。

国府は当初、日本に対する警戒感を抱いていたため、日本の経済復興や日本の台湾への経済進出などの問題に対して、厳しい立場をとっていた。しかし、台湾に撤退した国府にとっては、国際社会における中国の正統政府としての地位を維持すべく、対日関係を早期に回復させることが最優先の外交目標となった。こうした状況の下で、国府は日本との経済関係について次第に警戒感を和らげるようになり、経済協力関係を通じて、日華平和条約へのみちを開くことを目指した。経済関係の緊密化によって、日本との政治関係を促進しようとする国府の意図がむしろ日華間の経済協力を推進する重要な動力となったのである。

他方、日本政府は日華平和条約締結以前、国府との外交関係の樹立を遷延し、まずは経済協力の方式によって日台間の実務関係を構築しようとした。日華平和条約締結後、中国大陸との貿易関係が封じ込められた状況の下で、日本の台湾に対する主要な関心は、旧植民地である台湾との経済関係の回復と、国府の東南アジアに対する影響力を利用して日本の東南アジア進出を図る方向へと向かった。この頃、日本は中華民国との外交関係を前提としつつも、中国大陸との民間経済関係の形成を模索していた。さらに日本は、日中民間貿易の問題を利用し、台湾への経済進出も推進しようとした。

一九五〇年代後半になると、国府は輸入代替工業化から輸出志向工業化への転換を目指し、第二次経済建設四ヵ年計画を打ち出した。ただ、その一方で、アメリカの援助政策が変更され、台湾への経済援助の額が大幅に減額された。このような状況の中で、国府の対日経済依存は強まっていった。特に、経済部門は長期の延払い輸出も含め、日華の経済協力の拡大を強く支持した。日本側は、台湾への経済協力を輸出振興の一環と位置づけ、より多くの資本の進出を推進しようとした。この時期には、一九五〇年代前半に成立した日華協力委員会が経済協力計画に関する協議の主要な場となり、多くの工業建設に関わる協力の実績が積み重ねられた。また、一九五〇年代前半に模索された東南アジアにおける日華間の経済協力は、岸政権が打ち出した東南アジア開発基金構想を契機として、日華間で本格的に議論されるようになった。

このように深化を遂げた経済協力関係は、日華間に新たに外交空間を提供することになった。一九五〇年代の後半に、岸政権は日華関係の緊密化と日中貿易の拡大を同時に追求しようとしていた。両者間の「矛盾」に関し岸政権は「政経分離」の論理を用いて説明しようとしたが、それだけでは国府側の懸念を払拭することができなかった。そのため、この二つの目標を両立させようと、岸は経済協力を対華政策の枠の中に組み入れた。すなわち、岸は、日華間の経済協力を拡大することによって、新しい協力の分野を強調し、国府側の理解を得つつ、日中貿易を進展させようとした。岸政権は、日華間の経済関係の促進や東南アジアへの経済進出においても国府の力を借りるという経済協力を名分として掲げつつ、日華間の政治関係の緊密化を図ろうとした。

国府から見れば、アメリカの助力を得て日中貿易に対抗するができなかったため、国府自身の対日交渉には限界があった。日中貿易の進展に対して強硬な反発姿勢をとっていた国府は、具体的に問題提起を行うことを控えながら、経済協力をはじめとする日華間の実務関係を拡大させ、また東南アジアにおける日本との経済協力を進めることによって、日中の接近を抑制しようとした。一方で、台湾の経済建設の文脈でも日本との経済協力が重視された。張群や外交部の一部の官僚らは、経済協力を通じて対日関係を促進しようと考え、また経済利益を重んじる経済官僚らも対日関係重視という現実主義路線を提起するようになった。従来、一九五〇年代後半については、第四次日中民間貿易協定や長崎国旗事件をめぐる日華間の攻防が注目されることが多かったが、実際のところ、日華双方は経済協力の領域において外交の地平を広げていたのである。

一九六〇年代における日華間の経済協力としては、二度の円借款交渉が代表的な事例として注目される。日本が中華民国と外交関係を結んで以降、一九五〇年代における日華の経済協力関係は、政府間の貿易を中心とし、一九五四年からは技術協力が始まり、また一九五七年から民間投資が本格化したが、東南アジア向けの経済援助のような大規模な日華間の融資は一九五〇年代には存在しなかった。

一九六〇年代に入ると、国府は、第四次経済建設計画と外資の需要、アメリカ援助の打ち切りのために、日本に対して円借款を要請した。そして、第一次借款として、一九六五年四月二六日に一億五〇〇〇万ドルの円借款協定が調印された。その後、国府は引き続き三億ドルの第二次円借款を要請した。それに対し、日本側は原則的に同意したが、案件ごとに逐次審査・交渉するという方針を堅持していた。結局、一九七〇年代初頭の国際情勢の動揺や時間的制約により、実際に処理できた案件は多くなかった。一九七二年一〇月一二日、蔣経国行政院長は断交までに契約したものを除き、他の借款計画を停止するよう指示した。とはいえ、一九六五年にアメリカの対台湾援助が終了するという背景の下で、日本は円借款を通じて、一九六〇年代における台湾の経済建設に重要な支援を提供した。

第一次円借款は、実際に貿易補塡の目的で国府から要請されたが、日中LT貿易協定の締結、池田政権の対中ビニロン・プラント輸出や周鴻慶事件によって政治問題化された。この第一次円借款の交渉は、実際に同時期の日中関係をめぐる日華間の対立と絡み合いながら展開された。結果からみると、第一次円借款は、一九六〇年代前半において日中間の貿易進展に伴う日華間の対立の解決策として機能したと理解することが可能である。すなわち、一九六〇年代前半の日華間の深刻な対立が緩和されてゆく過程において、円借款問題交渉は表面的には政治交渉の従属的要素にすぎないもののように見えるものの、実際には、日華双方にとって日華関係の再構築を模索する機会を提供した。

ビニロン・プラント輸出問題及び周鴻慶事件発生以後、日本政府は一貫して借款問題を外交手段として用いることで国府の憤りを和らげ、また、将来のプラント対中延払い輸出再開の余地を残そうと試みた。一方、この対華円借款の供与には、日中関係の進展とのバランス的な配慮という側面だけでなく、経済協力を通じて台湾の将来のために国府が台湾自身の建設に専念するように導く意図も含まれていた。それに対し、国府からみれば、円借款は、経済利益の追求と反共外交の目的を同時に内包する重大な事案であった。国府は、台湾の経済発展を考慮し、また「吉田書簡」が出された後も日本政府の対中貿易方針が変わらない状況の打開策として経済協力を位置づけ、それを通じて日華関係の深化を促進するという外交戦略を採っていた。

第二次円借款は、第一次円借款の交渉中に切り開かれた外交空間において実践されたものであった。第一次円借款実現の機運に乗じて、一九六七年三月に李国鼎経済部長が訪日し、さらなる日華経済協力について日本側に相談し、三億ドルの第二次円借款を要請した。この第二次円借款要請をめぐっては、日本政府の内部で見解が分かれていた。外務省は、対中国プラント輸出に政府系金融機関資金を適用したことにより中華民国が蒙った損害を、借款を通じて補塡しようと考える一方で、国府側が日本の対華政策を確認するためにさらなる借款を求めてくることを憂慮していた。だが、当時大蔵大臣で、後に外務大臣となる福田赳夫は、借款交渉を推進しようとした。福田の思惑は、日本の対中関係を束縛しないという前提の下で、対華借款を通じて台湾の今後の生存に大いに関わる経済発展を引き続き支援するというものであった。だが、一九七一年に中華民国が国連から脱退した後、政府借款は困難となった。そのため、日本政府は、新規借款交渉を事実上中止するが、すでに契約されたものは引き続き履行する、また従来の政府借款並みの条件で民間借款へ転換するという対応をとった。

国府は、日本政府の対中接近姿勢に対し強硬な外交姿勢を取る一方で、借款の交渉過程においてみられるように、なるべく多くの経済利益を獲得できるよう努めた。佐藤政権期、とりわけその末期においては、台湾が将来の日中関係の障害にならないようにすることを念頭に置きつつ、台湾の経済成長への協力とそれを通じた日台関係を継続するというバランス外交が、円借款の処理を通じて着実に進められた。

日華の経済協力は、国際経済組織における活動にも反映された。すなわち、台湾の経済領域における国際的舞台への参加に対する日本の関与である。この関与については、一九五〇年代においては、冷戦的文脈に基づく考慮という性格が強かったが、一九六〇年代以後においては、経済開発の観点から、国府を反共政策から経済建設の方向へと導き、経済をはじめとする地域的な実務関係枠組みへの国府の参加を支持するという意味合いが強まった。

日華平和条約が締結された後、日本政府は国府の東南アジアの華僑に対する影響力を利用し、東南アジアへ進出しようとした。他方で、国府は反共政策の一環として、日本の東南アジア進出を手助けすることによって、日本の中国との貿易関係の進展を阻止しようと画策した。東南アジアにおける日華間の協力は、岸政権が提唱した東南アジア開発基金を契機として本格的に議論されることとなった。日本は、国府と東南アジア華僑とのつながりを利用したいと考え、また一方で、日華経済協力を通じて国府との関係を深め、日中貿易の促進について、国府の理解を得たいと考えていた。国府は、日本と東南アジアとの経済協力が台湾の商工業界の利益と衝突する可能性を危惧し、反共経済圏形成の可能性についても疑念を抱いていた。結局、同基金の挫折により、アジア地域の経済組織への国府の参加はかなわなかった。しかしながら、岸の東南アジア開発閣僚会議構想の一環であるアジアの技術協力は、アジア生産性機構の設立によって実現された。国府が同機関に参加する動機としては、反共のためという色合いが強かったが、これは、一九六〇年代以降の国府の国際経済組織への参加が次第に実務化へと向かう前奏であったといえよう。

一九六〇年代になると、日本はアジアの秩序において、国府や台湾がどのように位置づけられるかという問題について、より明確な政策を構想するようになった。東南アジア開発閣僚会議構想において、台湾は当初同構想に含まれていたが、日本政府はジョンソン構想との関連性を否定し、かつ同構想の政治色を排除するために、台湾（及び韓国）を切り離すこととした。また、アジア太平洋協議会は日本政府の提唱によるものではなかったが、結局日本政府が同組織の反共色及び軍事同盟の可能性を小さくし、日本にとって望ましい方向で主導権を握ることとなった。この過程において、国府は食糧肥料技術センターの設立という経済議題を通じて、反共及び地域経済への参加という二つの目標を達成しようとした。結局、一九七〇年代に同協議会は解体されたが、日本政府の支持によって経済組織としての食糧肥料技術センターが残され、さらに同組織を通じ、台湾は引き続き地域の経済活動へ参加することが可能となった。一九六〇年代後半のアジア地域協力の進展やそこに見られる地域主義に関して、日本政府は自らの地域構想を妨げないように国府の反共的な立場を抑制する一方で、国府に対して、地域の一員としての繁栄を実現させ、また同時に日本に対して友好的な「国」にするよう導くため、国府に一定程度の支援を与えた。

日華断交以後、一九七〇年代初頭の国連中国代表権問題をめぐる国際政治の変動の中で、国連の議席を喪失し、また国交のない国が増えつつあった国府にとって、経済の安定と成長は自らの存続にとっての死活問題であった。対外経済関係の維持及び国連の専門金融機構である国際通貨基金・世界銀行における台湾議席の維持は、重大な政治的意義を有していた。ただし、アメリカ単独の力では、国府の議席を保持することは不可能であった。そのため、アメリカのアジアにおける最も重要な同盟国であり、また台湾と深い関係を持つ日本が、この局面において重要な役割を果たした。すでに中国との国交正常化を実現していた日本は、中国との関係性を前提とし、もし中国代表権問題として台湾問題が取り扱われる場合には台湾追放案に賛成するとしつつも、水面下ではアメリカ、台湾と協力し、可能な範囲で国府の利益に配慮しようとした。結果として、少なくとも、一九八〇年代まで国府は国際通貨基金・世界銀行における議席を守ることができた。国際金融機関での台湾の存在が、その国連からの脱退以後も一定程度継続したことの背景の一つに、日本による台湾の経済成長への支持と協力が継続していたことを指摘することができるのである。

従来、経済協力をはじめとする日華の実務関係は、断交の時点あるいは断交以降の時期について言及されることが多く、それ以前の時期については政治関係の従属要因として位置づけられ、重視されてこなかった。本書は、日華間の経済協力関係の実態を明らかにすることによって、日華双方が狭義の政治関係に隣接する経済領域において新しい外交空間を切り開いてきた過程を考察し、一九七二年の断交以後も、この漸進的に形成されてきた空間が引き続き機能していったことを解明した。

戦後の日華、あるいは日中関係を俯瞰すれば、一九五二年に日本と中華民国の間で日華平和条約が締結されたものの、日中国交正常化の問題が残されたままとなり、日本の戦後処理が終わらない状況が継続し、東アジアの国際秩序も不正常な状態が続くこととなったと言える。井上正也が指摘したように、日本政府にとって、「台湾問題という言葉には、中華人民共和国と国交を樹立する上で、国府との国交関係をいかに扱うかという『中国承認』問題と、中国大陸と分離した独立政体としての台湾をいかに扱うかという『台湾の確保』の問題の両方が含意される」[1]ようになった。一方、台湾に撤退した国府は、中国の正統政府として対日外交関係を保つことを最大の外交目標とし、日中関係の進展を警戒し、反対する立場を取り続けた。

その意味において、戦後日華関係は自由主義陣営の同士である一方で、最初から構造的な矛盾や政治関係の限界もまた内包していた。中国承認問題をめぐる日華間の外交上の摩擦、交渉、妥協は二十年続いたが、それは一九七二年の日中国交正常化及び日華断交によって一旦収束し、実務関係へ転換した。このような歴史過程はなぜ起きたのか、一体どこに断絶や連続があったのか。中国承認問題をめぐる政治関係を特に重視する従来の戦後日中関係史はもとより、日華関係史でさえも、必ずしもこの問いに全面的に答えているわけではない。

本書は、政治関係において根本的な矛盾が存在する前提の下、日華がその矛盾を解消するために、経済協力という新しい外交空間を創出し、そこにおいて相互関係の新たな可能性を見出そうとした過程を描き出すことを試みた。すなわち、経済協力は単純な経済案件ではなく、外交問題を解決する機能ももち、中国承認問題をめぐる政治問題を乗り越えていく梃子ともなった。日本にとって、経済協力は中国承認と台湾確保という二つの問題を両立させていく外交手段であった。日本においては、対華政策をめぐる様々な議論があったが、日華経済協力を推進する政策意図は一貫して存在していた。他方、国府は、経済協力を利用して日本との政治関係を緊密化しようとし、経済協力関係を利用して日中関係の進展に楔を打とうとした。無論、その効果は芳しくなかったが、国府は日本との関係の新たな地平の拡大を実現した。特に、この過程における経済・技術官僚による台湾経済建設を通じて深まった日本との関係、また日本の力を借りて将来の台湾の国際生存空間を保とうとする意識に注意すべきである。

経済協力による外交空間を創出したアクターは、日華の政治指導層、外交・経済官僚などであり、そこでの交渉ルートには外交ルートのほか非正式ルートもあった。従来の研究では、日本の中国・台湾政策において経済協力という要素が看過される傾向が強かった。それに対して本書は、経済協力が日本の政治家及び官僚層の中国・台湾政策構想においてどのように位置づけられていたのかを明らかにした。すなわち、彼らは日中関係の進展を模索しつつ、日華の経済協力を通じてアメリカと国府側からの圧力を緩和しようとする一方で、台湾の経済発展を支援し、国府を経済建設の道へ導くことによって、独立した政治実体として自由主義陣営にとどめようとした。ただ、本書はいささか政治家及び外務省の観点に偏った分析が多くなり、通産省や大蔵省などの経済・財政部門の役割及び政策決定については、一部円借款のところなどで触れるにとどまっており、十分に議論できていない。この点は今後の課題としたい。

一方で、国府側については、従来蔣介石、張群及び外交部が日華関係における主要なアクターとして取り上げられてきたが、本書はこれらのアクターが日華の経済関係をどのようにみていたのかという点を検討し、また従来の研究で必ずしも多く取り上げられていない経済部門を分析対象に加えた。国府にとっての日華経済協力の意味としては、①反共や日中関係の進展への対抗手段、②事実上の実効統治空間であるは台湾の経済建設の必要性とそこにおける対日経済依存、という二つの側面が存在した。この二つの側面は、必ずしも一致するものではなかった。国府は、当初の反共を重視する方針から次第に経済利益を重視し、実務関係によって日本との関係性を位置付けようとする現実路線へ移行してゆくこととなった。

経済協力の問題は、日華の外交政策担当者の認識枠組みの一部を構成するものであり、日華関係の可能性の一つでもあった。中国承認問題をめぐる日華の政治関係には、最初から構造的な矛盾が特に政治面に存在し、この矛盾が時々の外交事件によって顕在化し、結局一九七二年の日華断交を契機に転換を迎えることとなった。しかし、経済外交の視点から振り返ってみれば、経済協力が日華の中国承認問題をめぐる摩擦、交渉の過程においてダンパーとして機能してきた一方で、この経済協力が台湾自身の生存と経済発展に結びつくことによって、中国承認問題とは異なる次元における日華関係の可能性を生み出し、断交を経ても継続させることに成功した。

この連続性は、単に断交以前にあった実務関係が外交関係の断絶以後も残され、継続したということだけということを意味するのみならず、その実務関係自体が、中国承認問題以外の関係性を築くことが可能な空間として断交以前に次第に形成され、それが継続していったことを意味する。しかし、日華間に最初からこのようなコンセンサスがあったわけではなく、むしろ、それぞれの思惑が異なる中で、多元的なアクターの複合的な作用によって、従来の冷戦や反共の文脈において構築されたハイ・ポリティクス関係を超克し、現実的な関係性を築く場として漸進的に創出されたものだと言うことができるだろう。

日華が政治的断交という「破局」を迎えたにもかかわらず、それ以前から経済協力によって形成された外交空間が、いわゆる一九七二年体制やその維持を支える一つの要素となり、東アジアの国際関係の安定を促進した。しかし、本書が取り扱った時期から四〇年の歳月を経て中国の台頭と経済大国化が進む今日においては、一九七〇年代までに形成されてきた経済成長によって台湾の安全を確保するという前提が動揺しつつある。日本を含む国際社会は、今、中台関係をめぐる東アジア国際秩序がいかにして新しいバランスを見つけるかという課題に直面している。

註

（1）井上前掲書、五頁。

あとがき

本書は二〇一八年二月に東京大学から博士号を授与された著者の学位請求論文「経済協力から見る戦後日華関係」をもとに加筆修正したものである。そのうち、第三章の一部は『日本台湾学会報』（第一八号、二〇一六年、八六―一〇三頁）に掲載し、第四章の一部はアジア政経学会、第六章の一部は東アジア近代史学会で口頭報告する機会を得た。

二〇〇九年に研究生として東京大学総合文化研究科に留学した当時、東アジア諸国の資料に依拠し東アジア国際関係史を書き直すという研究の潮流を目の当たりにし、日本や台湾において多くの新しい史料が公開されるようになった状況の中で、著者は戦後日華・台関係を博論の課題にすることを決めた。しかし、新しい資料が公開されるようになったとはいえ、すでに多くの研究に利用されており、特に日華・台の政治外交史の研究は二〇一〇年前後から新しい成果が続々と発表されるようになった。これらの成果が全ての史料を網羅し、あらゆる史実を詳しく解明したわけではない。だが、たとえ新しい史実を付け加え、あるいは細部に対する新たな見解を打ち出したとしても、先行研究と同じ手法で大きな知的貢献を果たすことが難しいのではないかと考えた私は、正直に言うと、このテーマについてどこから着手すべきか相当に悩んだ。

のちに、国際関係史と日本外交史の勉強を進め、戦後アジア国際秩序の形成における経済開発と援助の役割に関する研究にインプリケーションを受け、経済外交の視点から戦後日華・台関係を捉え直すことができないかという大胆な発想を思い描くようになった。しかし、戦後日華・台の経済関係についての研究は一定程度進められてきたが、全体像の整理はいまだ不十分な状況である。それは、経済外交史を取り扱う場合、日本、台湾、アメリカなどの各地の経済档案と外交档案を同時に読まなければならず、またお互いの関係を常に考えなければならないという困難によるところが少なくない。膨大な作業に取り組む中で、史料を読みながら、研究の切り口をようやく見つけることができたと確信するようになった。その苦しい作業こそは、私の歴史研究者としての覚悟が次第に形作られてきた過程でもあったといえよう。

博論の執筆から本書の完成に至るまで、多くの方からいただいたご指導、お力添えに対し、ここに御礼の言葉を申し上げたい。

東京大学総合文化研究科国際社会科学専攻では、川島真教授から研究生、博士課程の八年にわたり指導を受けた。先生は、歴史学や档案読解の訓練を受けたことがなかった私に対して、研究の手ほどきをし、成長を辛抱強く待って下さった。また、博士課程の時々において、「研究者の仕事は普通のものから面白いことを発見する」、「博論の最後の目標は五行以内で、何をやったのか、何に貢献したのかはっきり言う」などの的確な言葉で、いつも研究の醍醐味や針路を指し示してくださった。

博士論文の審査では、酒井哲哉先生、後藤春美先生、松田康博先生、福田円先生から温かくも厳しい指摘を数多くいただいた。また、若林正丈先生、田中明彦先生、大庭三枝先生にも在学中、授業のゼミの輪読や報告を通じて、多くの指導をいただいた。日本台湾学会、アジア政経学会、東アジア近代史学会などの学会では発表のチャンスをいただき、清水麗先生、神田豊隆先生から貴重なコメントや示教を賜ることができた。

そして、博論に着手してから今に至るまで、私の研究は川島ゼミの面々に心強く支えられている。早丸一真氏は博士論文の原稿を含め、長年日本語の修正に協力してくれ、さらに常に研究についても、日常生活についても多くのアドバイスをくれた。藤原敬士、家永真幸、小池求、阿部由美子、薛軼群、帥如藍、佐藤淳平、木野賢治ら諸先輩は、いつも学問的に大きな刺激を与えてくれる。同期の金賢貞、新田龍希、周俊宇各氏とは、一緒に博士課程に入学して以来、常に研究の進展についてお互いに激励し合う間柄である。また、原田明利沙、田瑜、徐偉信、河合玲佳、陸影、景閔ら後輩たちには、博論及び本書を仕上げる過程で資料の収集や諸々の手続きなどにおいて大いに助けられた。

資料の収集過程においては、日本外交史料館、台湾の国史館、中央研究院近代史研究所档案館、アメリカのスタンフォード大学フーヴァー研究所、国立公文書館のスタッフの方々にサポートしていただいた。在外史料調査中には、特に張力先生、王文隆先生、洪紹洋先生、林孝庭先生、白根晴治先生、黄俊凌先生に大変お世話になった。

留学及び外交史研究にとっては、経済的な支援が不可欠である。本書の研究は、以下の助成によって成立し得たことを記して感謝したい。日本の文部科学省の国費奨学金（平成二一―二五年度）、サントリー文化財団・研究助成（平成二六―二八年度）、東京大学博士課程研究遂行協力制度（平成二八年度）。

本書の刊行に際し、「東京大学学術成果刊行助成制度」（平成三〇年度）の補助を受けられたことにも感謝を申し上げたい。特に、二名からいただいたレビューの中で、概念、方法論、そして研究意義について、広い見地から貴重なコメントをいただくことができた。また、本書を上梓するに当たっては、東京大学出版会の阿部俊一氏の丁寧な編集作業と進捗の管理がなければ、刊行に至ることは不可能であった。ここに深く御礼を申し上げたい。ただし、本書に論旨や表現の歪みがあれば、すべて著者の責任に帰することは言うまでもない。

最後に、長年にわたり学術のキャリアを理解し、支えてきてくれた家族に感謝したい。家族の愛がなければ、研究の活力及びモチヴェーションを維持することは困難であっただろう。本書は著者のはじめての単著として、家族全員に捧げたい。

二〇一九年四月二〇日　上海・閔行にて

許　珩

著者略歴

1985 年　中国安徽省に生まれ
2016 年　東京大学総合文化研究科国際社会科学専攻満期退学.
　　　　博士（学術）.
現　在　上海交通大学人文学院歴史系助理教授

主要論文

「経済協力と日華関係の再模索——第一次円借款の交渉過程を中心に」『日本台湾学会報』（第 18 号，2016 年）他.
第 9 回日本台湾学会賞（政治経済分野）受賞

戦後日華経済外交史　1950-1978

2019 年 6 月 28 日　初　版

［検印廃止］

著　者　許《きよ》　珩《こう》

発行所　一般財団法人　東京大学出版会
代表者　吉見　俊哉
153-0041 東京都目黒区駒場 4-5-29
http://www.utp.or.jp/
電話　03-6407-1069　Fax 03-6407-1991
振替　00160-6-59964

印刷所　株式会社理想社
製本所　牧製本印刷株式会社

ISBN 978-4-13-036275-7　Printed in Japan

人名索引

あ 行

か 行

さ 行

た　行

な　行

は　行

ま　行

や　行

ら 行

わ 行

事項索引

あ 行

か 行

外交三原則　68, 138

さ 行

た　行

な　行

は　行

ま　行

や　行

ら　行

参考文献

1. 未公刊史料

〈日本〉

外交史料館

戦後外務省記録

外務省開示文書

〈台湾〉

中央研究院近代史研究所

外交部档案

行政院国際経済合作委員会档案

李国鼎個人史料

国史館

外交部档案

〈アメリカ〉

Hoover Institution, Stanford University

Chiang Kai-shek Diaries

National Archives and Records Administration II（College Park）

Record Group 59, General Records of the Department of State

Central Decimal Files（1950-1963）

Lot Files

Subject Numeric Files（1963-1973）

Subject Files of US State Department's Office of the Republic of China Affairs（1951-1978）

2. 公刊史料

〈日本語〉

外務省『わが外交の近況』各年

浅井良夫編『経済安定本部戦後経済政策資料』日本経済評論社，1995-1997 年

大蔵省大臣官房調査課『戦後財政史口述資料』1-8，近代日本史料研究会，2006 年

(8)　参考文献

『朝日新聞』
『毎日新聞』
『読売新聞』
『日本経済新聞』

〈中国語〉
力平・馬芷蓀編『周恩来年譜 1949–1976』（上・中・下）中央文献出版社（北京），1997 年.
呂芳上編『蔣中正先生年譜長編』国史館，中正記念堂，中正文教基金会（台北），2014 年.
王正華『中華民国與聯合国史料彙編：中国代表権』国史館（台北），2001 年.
中共中央文献研究室『毛沢東年譜　1949–1976』（1–6）中央文献出版社（北京），2013 年.
中華民国外交問題研究会編『中日外交史料叢編（八）金山和約與中日和約的関係』中華民国外交問題研究会（台北），1966 年.

〈英語〉
Digital National Security Archive, Washington, DC: Geroge Washington University.
China and the United States: From Hostility to Engagement. 1960–1998.
Japan and the United States: Diplomatic, Security, and Economic Relations, 1960–1976.
Japan and the United States: Diplomatic, Security, and Economic Relations, 1977–1992.
Foreign Relations of the United States, Washinton DC: Government Printing Office.

3. 日記・回想録
〈日本語〉
大平正芳『大平正芳全著作集』1–7 巻，講談社，2010–2012 年.
賀屋興宣『戦前・戦後八十年』経済往来社，1976 年.
岸信介『岸信介回顧録――保守合同と安保改定』廣済堂出版，1983 年.
岸信介・矢次一夫・伊藤隆『岸信介の回想』文藝春秋，1981 年.
岸信介・河野一郎・福田赳夫・後藤田正晴・田中角栄・中曽根康弘『私の履歴書　保守政権の担い手』日経ビジネス人文庫，2007 年.
楠田實『首席秘書官――佐藤総理との 10 年間』文藝春秋，1975 年.
―――『楠田實日記――佐藤栄作総理首席秘書官の二〇〇〇日』中央公論新社，2001 年.
國廣道彦『回想「経済大国」時代の日本外交　アメリカ・中国・インドネシア』吉田書店，2016 年.
栗山尚一著（中島琢磨・服部龍二・江藤名保子編）『外交証言録――沖縄返還・日中国交

正常化・日米「密約」』岩波書店，2010 年.
佐藤栄作『佐藤栄作日記』1-6 巻，朝日新聞社，1997-1999 年.
周斌（加藤千洋・鹿雪瑩訳）『私は中国の指導者の通訳だった　中日外交　最後の証言』岩波書店，2015 年.
蕭向前（竹内実訳）『永遠の隣国として——中日国交回復の記録』サイマル出版会，1997 年.
孫平化（安藤彦太郎訳）『日本との 30 年——中日友好随想録』講談社，1987 年.
張群（古屋奎二訳）『日華・風雲の七十年——張群外交秘録』サンケイ出版，1980 年.
張香山（鈴木英司訳・構成）『日中関係の管見と見証——国交正常化 30 年の歩み』三和書籍，2002 年.
中江要介（若月秀和・神田豊隆・楠綾子・中島琢磨・昇亜美子・服部龍二編）『アジア外交　動と静——元中国大使中江要介オーラルヒストリー』蒼天社出版，2010 年.
福田赳夫『回顧九十年』岩波書店，1995 年.
藤山愛一郎『政治わが道——藤山愛一郎回想録』朝日新聞社，1976 年.
矢次一夫『わが浪人外交を語る』東洋経済新報社，1973 年.
劉徳有（王雅丹訳）『時は流れて——日中関係秘史五十年』上・下，藤原書店，2002 年.
『廖承志文集』編輯弁公室編（安藤彦太郎監訳）『廖承志文集』上・下，徳間書店，1993 年.
林金莖『梅と桜——戦後の日華関係』サンケイ出版，1984 年.

〈中国語〉
陳誠『陳誠先生日記』中央研究院近代史研究所（台北），2015 年.
——『陳誠回億録：建設台湾』東方出版社（北京），2011 年.
沈雲龍編『尹仲容先生年譜初稿』転記文学出版社（台北），1972 年.
『故蔣経国総統生誕百年記念特別展図録』国史館（台北），2010 年.
黄自進訪問・簡佳慧記録『林金莖先生訪問記録』中央研究院近代史研究所（台北），2003 年.
康緑島『李国鼎先生口述歴史—話説台湾経験』卓越文化事業，1993 年.
李国鼎『我的台湾経験—李国鼎談台湾財経決策的制定與思考』遠流出版（台北），2005 年.
欧素瑛・林正慧・黄翔瑜・許秀孟訪問・記録『厳家淦総統行誼訪談録』国史館（台北），2013 年.
裴斐・韦慕庭整理・呉修垣訳『従上海市長到台湾省主席 1946-1953　呉国楨口述回憶』人民出版社（北京），1995 年.
陶晋生編『陶希聖日記——中華民国立足台澎金馬的歴史見証』（上，下）聯経出版（台北），2014 年.
田宝岱著，張力編『田宝岱回憶録』中央研究院近代史研究所（台北），2015 年.

王世傑『王世傑日記』中央研究院近代史研究所（台北），2012 年.
許伯埏著・許雪姫監修『許丙・許伯埏回想録』中央研究院近代史研究所史料叢刊 31（台北），1996 年.
葉学皙『国際資金流入』聯経出版事業（台北），1981 年.
張群『我與日本 70 年』中日関係研究会（台北），1981 年.

4. 著作・論文

〈日本語〉

秋田茂『帝国から開発援助へ——戦後アジア国際秩序と工業化』名古屋大学出版会，2017 年.
浅田正彦『日中戦後賠償と国際法』東信堂，2015 年.
アジア政経学会編『1960 年代における中国と東南アジア』アジア政経学会，1974 年.
五百旗頭真「日本外交 50 年」『国際問題』第 500 号，2001 年.
————編『戦後日本外交史　第 3 版補訂版』有斐閣，2014 年.
池井優「戦後日中関係の一考察——石橋，岸内閣時代を中心として」『国際法外交雑誌』第 73 巻第 3 号，1974 年.
———「日華協力委員会——戦後日台関係の一考察」『法学研究』第 53 巻第 2 号，1980 年.
池田直隆『日米関係と「二つの中国」——池田・佐藤・田中内閣期』木鐸社，2004 年.
池山重朗「日本帝国主義と ASPAC——アジアの地域的協力の矛盾と限界　特集 70 年代の日本資本主義」『現代の理論』第 6 巻第 7 号，1969 年.
石井明「日台断交時『日中親書』をめぐって」『社会科学紀要』第五〇号，2000 年.
「1960 年代前半の日台関係——周鴻慶事件から反共参謀部設立構想の推進へ」『国際法外交雑誌』第 101 巻第 2 号，2002 年.
———『中国国境　熱戦の跡を歩く』岩波書店，2014 年.
石井明・朱建栄・添谷芳秀・林暁光編『記録と考証　日中国交正常化・日中平和友好条約締結交渉』岩波書店，2003 年.
井上寿一『戦後“経済外交”の軌跡——なぜ，アジア太平洋は一つになれないのか』NHK 出版，2012 年.
井上寿一ほか編著『日本の外交』（1–6 巻），岩波書店，2013 年.
井上正也『日中国交正常化の政治史』名古屋大学出版会，2010 年.
殷燕軍『中日戦争賠償問題——中国国民政府の戦時・戦後対日政策を中心に』御茶の水書房，1996 年.
———『日中講和の研究——戦後日中関係の原点』柏書房，2007 年.

宇佐美滋『米中国交樹立交渉の研究』国際書院，1996 年.
袁克勤『アメリカと日華講和――米・日・台関係の構図』柏書房，2001 年.
王偉彬『中国と日本の外交政策――1950 年代を中心にみた国交正常化へのプロセス』ミネルヴァ書房，2004 年.
王雪萍編著『戦後日中関係と廖承志――中国の知日派と対日政策』慶應義塾大学出版会，2013 年.
大庭三枝『アジア太平洋地域形成への道程――境界国家日豪のアイデンティティ模索と地域主義』ミネルヴァ書房，2004 年.
――――『重層的地域としてのアジア――対立と共存の構図』有斐閣，2014 年.
緒方貞子（添谷芳秀訳）『戦後日中・米中関係』東京大学出版会，1992 年.
小倉和夫『記録と考証　日中実務協定交渉』岩波書店，2010 年.
小野直樹『戦後日米関係の国際政治経済分析』慶應義塾大学出版会，2002 年.
――――『日本の対外行動――開国から冷戦後までの盛衰の分析』ミネルヴァ書房，2011 年.
加島潤・木越義則・洪紹洋・湊照宏『中華民国経済と台湾：1945–1949』東京大学社会科学研究所現代中国研究拠点　研究シリーズ No. 8，2012 年.
川島真「中華民国外交档案に見る『別れの外交』（日華断交）――椎名悦三郎の訪台を中心に」，加茂具樹・飯田将史・神保謙編著『中国　改革開放への転換――「一九七八年」を越えて』慶応義塾大学出版会，2011 年.
――――「日華断交：日中国交正常化の裏面史？」『中国研究月報』第 66 巻第 9 号，2012 年.
――――「思想としての対中外交――外交の現場からみる蔣介石・中華民国・台湾」，酒井哲哉編著『日本の外交　第三巻　外交思想』岩波書店，2013 年.
川島真・清水麗・松田康博・楊永明『日台関係史 1945–2008』東京大学出版会，2009 年.
神田豊隆「佐藤内閣と『二つの中国』――対中・対台湾政策におけるバランスの模索」『国際関係論研究』第 21 号，2004 年.
――――『冷戦構造の変容と日本の対中外交――二つの秩序観　1960–1972』岩波書店，2012 年.
祁建民「長崎国旗事件の真相とその意味」『東アジア評論』第 6 号，長崎県立大学東アジア研究所，2014 年.
木畑洋一「アジア諸戦争の時代――1945–1960 年」，和田春樹ほか編著『東アジア近現代通史』岩波書店，2014 年.
木宮正史「一九六〇年代韓国における冷戦外交の三類型：日韓国交正常化・ベトナム派兵・ASPAC」，小此木政夫・文正仁編著『日韓共同研究叢書 4　市場・国家・国際体制』慶應義塾大学出版会，2001 年.
――――「1960 年代韓国と台湾の「冷戦外交」比較：ベトナム戦争への対応と ASPAC

を中心として」，張啓雄主編『戦後東北亜国際関係』台北：中央研究院亜太研究計画，2002年.
木村隆和「佐藤内閣末期の対中政策――外務省内における議論を中心に」『国際政治』第164号，2011年.
姜先姫「韓国における日本の経済協力―馬山輸出自由貿易地域を巡る日韓経済協力」『現代社会文化研究』第23号，2003年.
草野厚「戦後日本の外交政策決定過程に於けるいくつの特徴――岸内閣の対中政策を例として」『国際学論集』第2巻第1号，1979年.
―――「第四次日中貿易協定と日華紛争―― 一九五八年三月五日-四月九日」『国際政治』第66巻，1980年.
権容奭「日中貿易断絶とナショナリズムの相克」『一橋法学』第6巻第3号，2007年.
呉密察「台湾人の夢と二・二八事件――台湾の脱植民地化」，大江志乃夫ほか編『岩波講座近代日本と植民地8　アジアの冷戦と植民地』岩波書店，1993年.
高賢来『冷戦と開発――自立経済建設をめぐる1950年代米韓関係』法政大学出版局，2018年.
洪紹洋『台湾造船公司の研究――植民地工業化と技術移転（1919-1977）』御茶の水書房，2011年.
小林英夫『戦後日本資本主義と「東アジア経済圏」』御茶の水書房，1983年.
酒井哲哉『近代日本の国際秩序論』岩波書店，2007年.
佐橋亮『共存の模索――アメリカと「二つの中国」の冷戦史』勁草書房，2015年.
清水麗「蔣経国時代初期の対日政策――日台断交を一事例として」『筑波大学地域研究』第17号，1999年.
―――「航空路問題をめぐる日中台問題」『筑波大学地域研究』第18号，2000年.
―――「『第二次吉田書簡（1964）』をめぐる日中台関係の展開『筑波大学地域研究』第19号，2001年.
―――「戦後日中台関係とその政治力学――台湾をめぐる国際関係」筑波大学国際政治経済学研究科博士論文，2002年.
――「蔣経国体制への移行と日華断交」『21世紀アジア学会紀要』第5号，2007年.
――『台湾外交の形成――日華断交と中華民国からの転換』名古屋大学出版会，2019年.
徐年生「戦後日本の中国政策の模索と日華関係の研究―1950年代を中心に」北海道大学大学院法学研究科博士論文，2007年.
白鳥潤一郎『「経済大国」日本の外交――エネルギー資源外交の形成　1967-1974』千倉書房，2015年.
陳冠任（川島真訳）「日華断立後の航空交渉――1972-1975」『近きに在りて』第56号，2009年.
丹羽文生「日中航空協定締結の政策決定過程――自民党日華関係議員懇談会の影響力」

『問題と評論』第37巻第4号，2008年.
末廣昭・山影進編『アジア政治経済論——アジアの中の日本をめざして』NTT出版株式会社，2001年.
杉浦康之「中国の『日本中立化』政策と対日情勢認識—第四次民間貿易協定交渉過程と長崎国旗事件を中心に」『アジア研究』第54巻第4号，2008年.
曺良鉉『アジア地域主義とアメリカ——ベトナム戦争期のアジア太平洋国際関係』東京大学出版会，2009年.
添谷芳秀『日本外交と中国　1945-1972』慶應義塾大学出版会，1996年.
————『日本の「ミドルパワー」外交——戦後日本の選択と構想』筑摩書房，2005年.
高橋和宏「アジア経済統合問題と池田外交——OAEC構想・西太平洋五か国首脳会談構想をめぐって」『国際政治経済学研究』第11号，2003年.
————「東南アジア開発とヴェトナム戦争をめぐる日米関係」『筑波法政』第36号，2004年.
————「『南北問題』と東南アジア経済外交」波多野澄雄編『池田・佐藤政権期の日本外交』ミネルヴァ書房，2004年.
————「1960年代における『日豪印提携構想』とアジア太平洋の国際関係」『外交史料館報』第19号，2005年.
————『ドル防衛と日米関係——高度成長期日本の経済外交1959-1969年』千倉書房，2018年.
高原明生・服部龍二編『日中関係史　1972-2012　I　政治』東京大学出版会，2012年.
田中明彦『日中関係1945-1990』東京大学出版会，1991年.
張紹鐸『国連中国代表権問題をめぐる国際関係（1961-1971）』国際書院，2007年.
陳肇斌『戦後日本の中国政策——1950年代東アジア国際政治の文脈』東京大学出版会，2000年.
永野慎一郎・近藤正臣編『日本の戦後賠償——アジア経済協力の出発』勁草書房，1999年.
日本政治学会編『年報政治学1997　危機の日本外交——70年代』岩波書店，1997年.
日本政治学会編『年報政治学1998　日本外交におけるアジア主義』岩波書店，1999年.
野添文彬「東南アジア開発閣僚会議開催の政治経済過程：佐藤政権期における日本の東南アジア外交に関する一考察」『一橋法学』8（1）（2009年）.
萩原徹監修『日本外交史30　講和後の外交（II）経済（上）』鹿島研究所出版会，1972年.
波多野澄雄編著『池田・佐藤政権期の日本外交』ミネルヴァ書房，2004年.
——————『冷戦変容期の日本外交——「ひよわな大国」の危機と模索』ミネルヴァ書房，2013年.
波多野澄雄「『周辺大国』と日本外交」，波多野澄雄編『日本の外交　第2巻　外交史戦

後編』岩波書店，2013 年.
波多野澄雄・佐藤晋『現代日本の東南アジア政策［1950–2005］』早稲田大学出版部，2007 年.
服部龍二『日中国交正常化——田中角栄，大平正芳，官僚たちの挑戦』中公新書，2011 年.
原朗編著『高度成長展開期の日本経済』日本経済評論社，2012 年.
長谷川隼人「岸内閣期の内政・外交路線の歴史的再検討——「福祉国家」，「経済外交」という視点から」一橋大学博士論文，2015 年.
中京大学社会科学研究所・檜山幸夫編『歴史の中の日本と台湾——東アジアの国際政治と台湾史研究』中国書店，2014 年.
平川幸子「『二つの中国』ジレンマ解決への外交枠組み——『日本方式』の一般化過程の分析」『国際政治』第 146 号，2006 年.
————『「二つの中国」と日本方式——外交ジレンマ解決の起源と応用』勁草書房，2012 年.
福田円「中仏国交正常化（1964 年）と『一つの中国』原則の形成——仏華断交と『唯一の合法政府』をめぐる交渉」『国際政治』第 163 号，2011 年.
———『中国外交と台湾——「一つの中国」原則の起源』慶應義塾大学出版会，2013 年.
古川万太郎『日中戦後関係史』原書房，1981 年.
保城広至『アジア地域主義外交の行方：1952–1966』木鐸社，2008 年.
増田弘編著『ニクソン訪中と冷戦構造の変容——米中接近の衝撃と周辺諸国』慶應義塾大学出版会，2006 年.
松田康博『台湾における一党独裁体制の成立』慶應義塾大学出版会，2006 年.
松村史紀『「大国中国」の崩壊—マーシャル・ミッションからアジア冷戦へ』勁草書房，2011 年.
松本繁一『諸外国の台湾援助と日中関係』アジア経済研究所，1970 年.
宮城大蔵『バンドン会議と日本のアジア復帰——アメリカとアジアの狭間で』草思社，2001 年.
————『戦後アジア秩序の模索と日本——「海のアジア」の戦後史　1957–1966』創文社，2004 年.
————『「海洋国家」日本の戦後史』筑摩書房，2008 年.
宮城大蔵編『戦後アジアの形成と日本』中央公論新社，2014 年.
—————編著『戦後日本のアジア外交』ミネルヴァ書房，2015 年.
宮島良明・大泉啓一郎『中国の台頭と東アジア域内貿易　World Trade Atlas（1996–2006）の分析から』東京大学社会科学研究所　現代中国研究拠点　研究シリーズ No. 1，2008 年.
毛里和子・毛里興三郎訳『ニクソン訪中機密会談録』名古屋大学出版会，2001 年.

やまだあつし「1950年代における日本の台湾輸出」『人間文化研究』第16号，2011年.
――――「1950年代日本商社の台湾再進出」『人間文化研究』第18号，2012年.
――――「1950年代日台貿易交渉――1955年第2回交渉を中心に」『人間文化研究』第19号，2013年.
山本吉宣・羽場久美子・押村高編著『国際政治から考える東アジア共同体』ミネルヴァ書房，2012年.
横山宏章「日中破局への道　『五星紅旗』掲揚をめぐる日台交渉と長崎国旗事件」『東亜』第439，441，444，445号，2004年.
――――『反日と反中』集英社新書，2005年.
――――「長崎国旗事件　補論　封印が解かれた長崎国旗事件の『真相』――台湾外交部の外交文書から」『東亜』第502号，2009年.
吉次公介『池田政権期の日本外交と冷戦――戦後日本外交の座標軸　1960-1964』岩波書店，2009年.
ラルフ・N・クロフ（桃井真訳）『米国のアジア戦略と日本』オリエント書房，1976年.
李恩民『転換期の中国・日本と台湾――1970年代中日民間経済外交の経緯』御茶の水書房，2001年.
――――『「日中平和友好条約」交渉の政治過程』御茶の水書房，2005年.
李相泫「ASPAC閣僚会議開催をめぐる韓日関係　1964-1966（1）――提唱国である韓国vs会議成功の鍵を握る日本」『筑波法政』第45号，2008年.
――――「ASPAC（アジア太平洋協議会）をめぐる国際関係　1964-1973――アジア反共連合とアジア版英連邦諸国会議の狭間で」筑波大学国際政治経済学研究科博士論文，2010年.
李鍾元『東アジア冷戦と韓米日関係』東京大学出版会，1996年.
劉進慶『戦後台湾経済分析――1945年から1965年まで』東京大学出版会，1975年.
劉進慶「台湾の経済計画と産業政策」，藤森英男『アジア諸国の産業政策』アジア経済研究所，1990年.
林代昭（渡邊英雄訳）『戦後中日関係史』柏書房，1997年.
林満紅（河原林直人訳）「台湾の対日貿易における政府と商人の関係（1950-1961年）」『アジア文化交流研究』第4号，2009年.
若月秀和『「全方位外交」の時代――冷戦変容期の日本とアジア　1971-80年』日本経済評論社，2006年.
――――『大国日本の政治指導　1972-1989』吉川弘文館，2012年.
若林正丈『台湾――分裂国家と民主化』東京大学出版会，1992年.
――――『台湾の政治――中華民国台湾化の戦後史』東京大学出版会，2008年.
若林正丈編著『台湾――転換期の政治と経済』田畑書店，1987年.
若宮啓文『戦後70年　保守のアジア観』朝日新聞出版，2014年.

渡辺昭夫『アジア・太平洋の国際関係と日本』東京大学出版会，1992 年.
――――編『アジア太平洋と新しい地域主義の展開』千倉書房，2010 年.
渡辺昭一編著『コロンボ・プラン――戦後アジア国際秩序の形成』法政大学出版局，2014 年.
――――――『冷戦変容期の国際開発援助とアジア――1960 年代を問う』ミネルヴァ書房，2017 年.

〈中国語〉

陳鴻瑜『中華民国與東南亜各国外交関係史（1912-2000）』鼎文書局（台北），2004 年.
陳怡文『亜大政治経済結構下的台日凤梨貿易』台湾師範大学歴史所修士論文（台北），2003 年.
郭岱君『台湾経済転型的故事：従計画経済到市場経済』聯経出版（台北），2015 年.
―――『台湾経済改革故事（1949-1960）』中信出版社（北京），2015 年.
洪紹洋「中日合作策進委員会対台湾経建計画之促進與発展（1957-1972）」『台湾文献』第 63 巻第 3 期，2012 年.
―――「戦後初期台湾対外経済関係之重整（1945-1950）」『台湾文献』第 66 巻第 3 期，2015 年.
―――「1950 年代台，日経済関係的重啓與調整」『台湾史研究』第 23 巻第 2 期，2016 年.
―――「戦後台日交流下的中日文化経済協会（1952-1972）」『中央大学人文学報』第 63 期，2017 年.
李国鼎『台湾経済発展背後的政策演変』東南大学出版社（南京），1993 年.
李培徳『大過渡：時代変局中的中国商人』商務印書館（香港），2013 年.
廖鴻綺『貿易與政治：台日間的貿易外交　1950-1961』稲郷出版社（台北），2005 年.
林孝庭『台海，冷戦，蔣介石：1949-1988 解密檔案中消失的台湾史』聯経出版（台北），2015 年.
劉冠麟「1960 年代前期中華民国対日外交研究」国立台湾師範大学歴史系修士論文（台北），2010 年.
劉進慶『台湾戦後経済分析』人間出版社（台北），2012 年.
劉淑靚『台日蕉貿網絡與台湾的経済菁英（1945-1971）』稲郷出版社（台北），2001 年.
瞿宛文『台湾戦後経済発展的源起――後進発展的為何與如何』（台北）中央研究院・聯経出版（台北），2017 年.
汪浩『冷戦中的両面派：英国的台湾政策 1949-1958』有鹿文化出版（台北），2014 年.
王鍵『戦後日台関係の演変軌跡』台海出版社（北京），2009 年.
王文隆「中華民国経貿外交之研究（1949-1979）」国立政治大学歴史系研究所博士論文（台北），2011 年.
葉万安「台湾工業発展政策的研定与実施」『台北市銀月刊』第 14 巻第 12 期，1983 年.

張淑雅『韓戦救台湾？解読美国対台湾政策』衛城出版（台北），2011 年.

資中筠・何迪編『米台関係四十年：1949–1989』人民出版社（北京），1991 年.

〈英語〉

Adler-Karlsson, Gunnar, *Western Economic Warfare, 1947–1967: A case Study in Foreign Economic Policy*, Stockholm: Almqvist &Wiksell, 1968.

Amour, Norman St, "Sino-Canadian Relations, 1963–1968: The American Factor," in *Reluctant Adversaries: Canada and the People's Republic of China, 1949–1970*, eds., Paul M. Evans and B. Michael Frolic, Toronto: University of Toronto Press, 1991, 106–113.

Best, Antony ed., *The International History of East Asia, 1900–1968: Trade, Ideology and the Quest for Orde*r, Abingdon, UK: Routledge, 2010.

Borden, William, *The Pacific Alliance: United States Foreign Economic Policy and Japanese Trade Recovery, 1947–1955*, Madison, WI: University of Wisconsin Press, 1984.

Chen, Dean P., *US Taiwan Strait Policy: The Origins of Strategic Ambiguity*, Boulder, CO: First Forum Press, 2012.

Chen, Jian, "The Path toward Sino-American Rapprochement, 1969–1972," *Chi Bulletin Supplement*, 1（2003）: 26–52.

Christensen, Thomas J., *Worse than a Monolith: Alliance Politics and Problems of Coercive Diplomacy in Asia*, Princeton, NJ: Princeton University Press, 2011.

Engerman, David C., "Development Politics and the Cold War," *Diplomatic History*, Vol. 41, No. 1, 2017.

Engerman, David C. and Unger, Corinna R., "Towards a Global History of Modernization," *Diplomatic History*, Vol. 33, No. 3, 2009.

Forsberg, Aaron, *America and the Japanese Miracle: The Cold War Context of Japan's Postwar Economic Revival, 1950–1960*, Chapel Hill and London: The University of North Carolina Press, 2000.

Fuess, Harald ed., *The Japanese Empire in East Asia and Its Postwar Legacy*, Munich: Iudicium, 1998.

Haas, Michael, *The Asian Way to Peace: A Story of Regional Cooperation*, New York: Praeger, 1989.

He, Yinan, "Identity Politics and Foreign Policy: Taiwan's Relations with China and Japan, 1895–2012," *Political Science Quarterly*, 129–3（2014）: 469–500.

Hsueh, Li-min, Chen-kuo Hsu, and Dwight H. Perkins, *Industrialization and the State: The Changing Role of Government in Taiwan's Economy, 1945–1998*, Cambridge, MA: Harvard Institute for International Development, 2001.

Jacoby, Neil H., *U.S. Aid to Taiwan: A Study of Foreign Aid, Self-Help, and Development*, New York: Frederick A. Praeger, 1966.

Katzenstein, Peter J. and Shiraishi Takashi eds., *Network Power: Japan and Asia*, Ithaca, N.Y.: Cornell University Press, 1997.

King, Amy, *China-Japan Relations after World War II: Empire, Industry and War, 1949–1971*, Cambridge, UK: Cambridge University Press, 2016.

Kirby, William C., "Continuity and Change in Modern China: Economic Planning on the Mainland and Taiwan, 1943–1958," *The Australian Journal of Chinese Affairs* 24 (1990): 121–141.

———"The Chinese War Economy," in *China's Bitter Victory: The War with Japan, 1937–1945*, eds., J. C. Hsiung and S. I. Levine, New York: M.E. Sharpe, 1992, 185–212.

———"Engineering China: Birth of the Development State, 1928–1937," in *Becoming Chinese: Passages to Modernity and Beyond*, ed., Wen-Hsin Yeh, Berkeley: University of California Press, 2000, 137–160.

———"China's Internationalization in the Early People's Republic: Dreams of a Socialist World Economy," *The China Quarterly*, 188 (2006): 870–890.

Korhonen, Pekka, *Japan and Asia Pacific Integration: Pacific Romances 1968–1996*, London: Routledge, 1998.

Kunz, Diane B., *Butter and Guns: America's Cold War Economic Diplomacy*, New York: The Free Press, 1997.

Kushner, Barak, "Pawns of Empire: Postwar Taiwan, Japan and the Dilemma of War Crimes," *Japanese Studies*, 30–1 (2010): 111–133.

——— "Ghosts of the Japanese Imperial Army: The 'White Group' (Baituan) and Early Post-War Sino-Japanese Relations," *Past and Present* Supplement, 8 (2013): 117–150.

Lam, Peng-er, "Japan-Taiwan Relations: Between Affinity and Reality," *Asian Affairs*, 30–4 (Winter 2004): 249–267.

Lee, Chae-Jin, "The Politics of Sino-Japanese Trade Relations, 1963–68," *Pacific Affairs*, 42–2 (1969): 129–144.

———*Japan Faces China: Political and Economic Relations in the Postwar Era*, Baltimore and London: Johns Hopkins University Press, 1976.

——— *China and Japan: New Economic Diplomacy*, Stanford, CA: Hoover Institution Press, 1984.

Li, Kwoh-ting, *Economic Transformation of Taiwan, ROC*, London: Shepheard-Walwyn, 1988.

Lin, Hsiao-ting, *Accidental State: Chiang Kai-shek, the United State, and the making of Taiwan*, Cambridge: Harvard University Press, 2016.

Mizuno, Hiromi, Aaron S. Moore and John DiMoia eds., *Engineering Asia: Technology, Colonial Development, and the Cold War Order*, Bloomsbury, 2018.

Moore, Aaron Stephen, *Constructing East Asia: Technology, Ideology, and Empire in Japan's Wartime Era, 1931–1945*, Stanford, CA: Stanford University Press, 2013.

Noble, Gregory W., "What Can Taiwan (and the United States) Expect from Japan?" *Journal of East Asian Studies*, 5 (2005):1–34.

Radtke, Kurt W., *China's Relations with Japan, 1945–83: The Role of Liao Chengzhi*, Manchester and New York: Manchester University Press, 1990.

Soeya, Yoshihide, *Japan's Economic Diplomacy with China, 1945–1978*, Oxford: Clarendon Press, 1998.

Sun, Jin, "Japan-Taiwan Relations: Unofficial in Name Only," *Asian Survey*, 47–5 (September/October 2007): 790–810.

Swenson-Wright, John, *Unequal Allies? United States Security and Alliance Policy toward Japan, 1945–1960*, Stanford, CA: Stanford University Press, 2005.

Tucker, Nancy B., "American Policy toward Sino-Japanese Trade in the Postwar Years: Politics and Prosperity," *Diplomatic History*, 8–3 (1984): 183–208.

———*Taiwan, Hong Kong, and the United States, 1945–1992*, New York: Twayne, 1994.

———*Strait Talk: United States-Taiwan Relations and the Crisis with China*, Cambridge, MA: Harvard University Press, 2009.

Walter, Richard J., *Peru and the United States, 1960–1975: How Their Ambassadors Managed Foreign Relations in a Turbulent Era*, University Park, PA: Penn State University Press, 2010.

Walton, David, *Australia, Japan and Southeast Asia: Early Post-War Initiatives in Regional Diplomacy*, New York: Nova Publishers, 2012.

Wan, Ming, *Sino-Japanese Relations: Interaction, Logic and Transformation*, Washington, DC: Woodrow Wilson Center Press, 2006.

Watt, Lori, *When Empire Comes Home: Repatriation and Reintegration in Postwar Japan*. Cambridge, MA: Harvard University Press, 2009.

Wilkins, Thomas S., "Taiwan-Japan Relations in an Era of Uncertainty", *Asia Policy*, 13 (January 2012): 113–132.

Xia, Yafeng, "China's Elite Politics and Sino-American Rapprochement, January 1969–February 1972," *Journal of Cold War Studies*, 8–4 (Fall 2006): 3–28.

Zhang, Shuguang, *Economic Cold War: America's Embargo against China and the Sino-Soviet Alliance, 1949–1963*, Washington, DC: Woodrow Wilson Center Press, 2001.

——*Beijing's Economic Statecraft during the Cold War, 1949–1991*, Washington, DC and Baltimore: Woodrow Wilson Center Press and Johns Hopkins University Press, 2014.

Zheng, Yangwen, Liu Hong and Michael Szonyi eds., *The Cold War in Asia: The Battle for Hearts and Minds*, Leiden and Boston: Brill, 2010.